古代中國
文化講義

葛兆光——著

三民書局

自 序──
揣一張地圖去古代中國旅行

一

隨著時間流逝，古代漸漸離我們遠去，古代的那個中國文化世界，現在想想也只是一些「記憶」，當「過去」成為「歷史」，而「歷史」變成「文獻」，我們靠著「文獻」喚回「歷史記憶」的時候，彷彿霧裡看花，這個世界就有些面目不清了。說一下我的經驗吧，大概在幾十年以前，我還在讀小學二年級，偷偷地看過《萬花樓》、《三國演義》和《水滸》，那時候，古代中國在我的印象裡，「社會」由好漢、英雄和惡人組成，要說「文化」，印象裡就是豪氣干雲和爾虞我詐。再過十年，在大陸那一場大混亂裡面，偶像坍塌，傳統崩潰，在政治預謀和集體意識共同製造的想像中，古代彷彿又在我心裡變成了一個很殘酷和很恐怖的專制社會，被貼上「奴隸」和「封建」標籤的古代中國，沒有了〈清明上河圖〉中那種熙熙攘攘的生活圖像，只剩下了魯迅《狂人日記》裡面背後寫了「吃人」那幾頁冷冷的文字。再過十年，隨著文化熱的興起，古代中國的文化圖像又一次變得朦朧曖昧，一半是唐詩宋詞老莊佛禪中那

種超脫的飄逸，一半是《大誥》、《聖諭》製造出來那種心靈的禁錮，對飄逸的嚮往是想像的境界，對禁錮的恐懼似乎仍然在心頭蔓延。好在那個時候，大陸對於中國傳統、歷史與文化的觀念，也漸漸地顯出心平氣和來，五四以來形成的讓傳統為現代還舊債，叫歷史替現實背黑鍋的方式，也漸漸被反省。

我總覺得，五四時代以及後五四時代對古代中國文化的描述，多少有點問題。一方面，是因為它把不斷變化的文化傳統，描述成為一個永恆固定的傳統文化，這使得我們的閱讀者以為，我們承繼的就是這樣一個「歷史」。於是，要麼把它當成負擔不起的沉重包袱，要麼把它當成消受不盡的巨大寶庫，正反雙方彷彿領了規定題目的大專辯論會隊員，永遠固執在自己的立場上沒完沒了地辯論下去。另一方面，他們為了確立現代的價值而否定古代的意義，於是，在沒有很好地作歷史研究的時候，就匆匆忙忙地勾勒一個叫做「傳統」的假想敵，藉了批判這個假想敵來確認「現代」的合理性，可是，如果我們檢討一下這個時代的批判，我們發現，他們批判的，可能只是一個「想像的傳統」，用現代西方理論術語來說，就是「發明的傳統」，而真正大體符合這個傳統的特徵的時代，在漫長的兩三千年裡面，也許只有明代初期到中期那很短的一個時間。

可是，正像我一開始說的那樣，「隨著時間流逝，古代漸漸離我們遠去，古代的那個中國文化世界，現在想想也

只是一些『記憶』，那麼，我們如何在記憶中重新理解古代中國的傳統和文化？

二

我曾經幾次用「旅遊」來比喻「歷史」。旅遊當然是一種空間的移動，從你熟悉的此空間，到你不熟悉的彼空間，尋找陌生、驚異與新奇，按照李維史陀的說法，這種空間上的旅行，也可以看作是時間上的旅行，因為當人們從城市到鄉村，從現代生活空間移向傳統生活空間時，你彷彿回溯了歷史。其實，身在現代，而去認識古代中國的歷史，也彷彿是參加旅遊，如果我們把這種在時間上的回憶當成在空間上的尋找，我們也一樣在進入一個陌生、驚異與新奇的，被叫做「過去」或者「傳統」的世界，這個世界的名稱就叫做「古代中國文化」。

不過，旅遊者常常有一種經驗，就是在參加旅行團的時候，總是被一些按照旅行社預先設計好的路線圖進行講解的導遊所誤，他們熱情地向不同的旅行者介紹相同的風景名勝，按照規定的路線一一走去，這使得被動接受這個路線圖的不同旅行者，得到的都是一樣的印象，我想，過去的古代中國文化論著，就常常是這樣的好心導遊，他們凸顯了一些傳統，可能卻遮蔽了一些歷史。據一個旅遊業內的人說，旅遊最後常常會發展到「自助旅遊」，我在歐洲和日本看到過很多這樣的自助旅行者，他們並不按照規定

的路徑，走大教堂、逛大商場、看大名勝，而是自己帶著地圖，穿越小徑，露宿郊野，走過市集，他們看到的是另一個歐洲、另一個日本。我總是希望能夠為讀者繪製一幅古代中國文化的地圖，讓閱讀者更多地依靠自己的閱讀和體驗，了解古代中國的文化和傳統。

我也許沒有能夠做到，但我希望有人能夠做到。

三

現在呈現在各位面前的這部書，是我過去若干年來在日本、香港和大陸各個大學講課的課堂記錄，作為這門課程的教材，我曾經在北京的清華大學出版社出版過一冊《古代中國社會與文化十講》，裡面有一些簡略的綱要、一些可供參考的文獻以及為大學生準備的思考題，可是這裡是講課的全記錄，不僅字數增加了三倍，而且還增加了一些篇章。特別是，我為了使它更容易被閱讀者接受，特意在這個暑假裡，用了很多精力和時間，把它變成半是講話，半是隨筆的形式。

順便交代的是，在這本書裡面，我不想把「古代中國」和「現代中國」涇渭分明地劃開，也不想特別偏重「精英文化」或者「一般文化」，我只是想讓閱讀者了解並且感受「古代中國文化世界」。所以，這裡的內容，有古代中國觀察世界的方式，它影響了一直到今天的中國人面對外部世界的立場和態度，也有古代的婚禮喪儀，因為它可以了解

到中國的家族制度，甚至了解到儒家和政治，我想這是古
代與現代中國文化最重要的方面，它構造著中國人對內部
世界的秩序感。佛教可能是西洋文明來到中國之前，對中
國衝擊最大的外來文化，需要追問的是，到底它如何影響
了中國古代和現代的生活世界？而道教呢，則是土生土長
的中國宗教，至今中國人的生死觀念和幸福觀念，好像還
在古代道教的延長線上。儘管前面儒、釋、道都有了，但
是，為了讓閱讀者了解一個更真實更普遍的古代中國，我
也在書中勉力去談普通民眾的宗教信仰，特別是專門講了
一下流行於中國的風水，因為，在風水背後是影響整個漢
族中國人思維的陰陽五行知識。

　　近年來我總覺得，歷史研究者有時候有點像犯了「自
閉症」，常常孤芳自賞地昂著高傲的頭，自顧自地離開公眾
領域，把自己鎖在象牙塔裡面，可是歷史研究的意義是什
麼呢？如果它不是藉著對過去的發掘，讓人們理解歷史的
傳統和現在的位置，如果它不是通過歷史的講述，去建構
一個族群、一個國家的認同，如果它僅僅作為一種專門知
識，一種大學或研究所裡面陳陳相因的學科技術，成了只
在試驗室的試管裡，永遠不進入臨床的藥物，成了找不到
對象下手，只能孤芳自賞的「屠龍之技」，它還會有生機
嗎？

2004 年 9 月 29 日於北京

古代中國文化講義

目　次

自　序——揣一張地圖去古代中國旅行

第一回　古代中國的「天下」，近代世界的「萬國」 　　1

引子：〈坤輿萬國全圖〉象徵古代中國將走進近代世界 　　1

一、近代西方人的世界觀和古代中國人的天下觀 　　4

二、九州和五服 　　6

三、天圓地方：空間的想像 　　9

四、四方復四方：從談天衍的想像到張騫的鑿空 　　12

五、知識和觀念的分離：固執的中國天下觀 　　15

六、佛教沒有征服中國，但是佛教曾經給了中國一個機會 　　17

七、佛教觀世界和佛教世界觀 　　19

八、關於「世界」的想像與心情 　　23

九、學術研究的基本立場：拿證據來 　　25

十、利瑪竇〈輿地山海全圖〉之後：中國世界觀的轉變 　　27

十一、從天下到萬國 　　29

第二回　從婚禮喪儀想像古代中國　　31

引子：想像古代，如何想像？　　31

一、從格羅特在廈門看到的葬禮説起　　33

二、未知死焉知生：「為死人的葬禮都是做給活人看的」　　36

三、稱謂：漢族人的親族分別　　38

四、男女有別：同姓與不同姓　　41

五、合兩姓之好：古代漢族人的婚禮　　42

六、大觀園裡小社會：從林、薛、史、王與賈寶玉的關係
　　説起　　46

七、長幼有序：孝和悌　　49

八、家庭、家族與家族共同體：同心圓的逐層放大　　51

九、喪葬儀禮與喪服制度：衣服絕不僅僅是衣服　　53

十、五服制：認同、等差與區別的標誌　　55

十一、近代中國的葬禮：俗世的改變　　58

十二、家譜族譜和祠堂祭祀：死去的祖先蔭及子孫　　61

十三、家族與儀式在古代中國社會生活中的意義　　64

第三回　家國秩序──國家、社會與儒家　　67

引子：從「家」到「國」，從「禮」到「法」　　67

一、家有家規，國有國法：從家庭、宗族到國家　　68

二、國家國家：國在家之上　　70

三、國家與秩序的需要　　71

四、儒家的禮：禮貌、禮節與禮制　　74

五、儀式：靠象徵建立秩序、合法性　　　　　　　　77

六、什麼是「儒」？「吾與史、巫同途而殊歸也」　　80

七、穿衣戴帽，不僅僅是穿衣戴帽　　　　　　　　84

八、從禮到法的提升：家庭秩序到國家秩序　　　　87

九、名分：「必也正名」　　　　　　　　　　　　89

十、「敬」與「仁」：和睦、等級與尊卑　　　　　91

十一、儒學的確立與瓦解　　　　　　　　　　　　93

第四回　佛祖西來？
　　　　——眾說紛紜的佛教傳來途徑　　　　　　97

引子：1900 年斯文・赫定的發現　　　　　　　　97

一、「發現」，什麼是「發現」？　　　　　　　　99

二、進入話題：中外交流的通道　　　　　　　　101

三、外面的世界很精彩：路在何方？　　　　　　102

四、樓蘭：古道西風　　　　　　　　　　　　　104

五、佛教自西來：普遍的看法　　　　　　　　　106

六、真的是這樣嗎？伯希和、梁啟超與胡適的疑問　110

七、另闢蹊徑：有關的猜測　　　　　　　　　　113

八、西南通道：想起了馬幫和史迪威公路　　　　114

九、南海通道：《理惑論》的啟迪　　　　　　　119

十、結語：條條大路通世界　　　　　　　　　　121

第五回　佛教征服中國，還是中國征服佛教？　125

引子：從山門逛到藏經閣　125

一、印度佛教的傳說　127

二、佛教對人生的基本判斷：十二因緣　130

三、解脫之道：「苦集滅道」四諦　134

四、解脫之法：「戒定慧」三學　139

五、佛教傳入中國　142

六、異域的禮物：新思想和新知識　145

七、天下更大時間更長：佛教的宇與宙　149

八、沙門不敬王者，可以嗎？　152

九、佛教啟示錄　155

第六回　似佛還似非佛──話說《壇經》與禪宗　159

引子：本來無一物，何處惹塵埃？　159

一、六祖之爭的思想史意義：從印度佛教到中國佛教　163

二、說「空」：空空如也　165

三、漸修：神秀代表北方的禪　168

四、頓悟：惠能代表南方的禪　171

五、《壇經》的故事　174

六、胡適的發現：《壇經》的著作權出了問題　178

七、《壇經》的關鍵詞之一：自淨　181

八、《壇經》的關鍵詞之二：無念無相無住　183

九、《壇經》的關鍵詞之三：不立文字　186

十、《壇經》的關鍵詞之四：頓悟　191

第七回　大慈大悲觀世音——民眾的佛教想像　193

引子：大慈大悲與救苦救難　193

一、佛教經典裡的觀世音菩薩　196

二、有關觀世音菩薩來歷的傳說　199

三、觀世音菩薩的各種形象及其故事　201

四、古代中國關於觀音菩薩的另類想像　207

五、觀音故事中的文化接觸問題　211

第八回　古代中國的道家——從老子到莊子　221

引子：道家與道教　221

一、道可道：那個關心身外事的時代　223

二、非常道：道家也不同　225

三、不得不說的，和「不可說可不可說非常不可說」　228

四、模稜三可：「道」的多重涵義　230

五、虛玄的與實在的　232

六、同是道家：老子、莊子也不同　235

七、無待：渾沌鑿七竅的故事　237

八、蝴蝶、骷髏與烏龜　240

九、無心是道：心齋與坐忘　242

第九回　永生，如何永生？
——話說古代中國的道教（上）　　245
引子：這是「中國的」宗教　　245

一、從秦漢到明清：兩千年道教簡史　　246

二、九轉還丹：為永生的煉丹術　　249

三、憑什麼相信外丹能給你永恆？　　251

四、經歷九轉方成丹：丹爐與丹藥的炮製原理　　253

五、內丹：古代中國思想世界的產物　　257

六、氣：內丹的根本道理　　258

七、內丹的基本方法　　261

八、永生的追求　　265

第十回　幸福，如何幸福？
——話說古代中國的道教（下）　　267
引子：神靈佑我得平安　　267

一、多神與一神：從永樂宮三清殿壁畫說起　　268

二、神仙系譜：三清、玉皇與眾仙　　272

三、齋醮儀式：溝通神鬼人　　277

四、解決世俗困厄的法術：念咒　　282

五、解決世俗困厄的法術：畫符　　283

六、解決世俗困厄的法術：法器　　287

七、道教是一種宗教，是一種中國的宗教　　289

第十一回　古代中國的兩個信仰世界　　293

引子：實際的和書本上的　　293

一、上下分流：兩個不同的觀念世界　　295

二、大傳統與小傳統　　298

三、不分儒、道、佛：混融的信仰　　302

四、信仰什麼，祈求什麼？　　304

五、民眾宗教信仰的基本觀念　　309

六、民眾宗教觀念的傳播　　313

第十二回　從風水說到陰陽五行　　317

引子：從風水說起　　317

一、風水之源　　318

二、想像大地：風水的思想背景　　320

三、儒者與風水　　324

四、降而為風水先生　　327

五、陰陽五行，為什麼是陰陽五行？　　330

六、「相其陰陽，觀其流泉」　　333

七、在歷史中看才是公平的　　334

結語　文化，什麼是中國的文化？　　337

引子：從「古代」走到「現代」的中國　　337

一、回首已是百年身：喚回歷史記憶　　339

二、文化與文明：不得不分辨的兩個概念　　341

三、家族與親情：中國（漢族）文化的若干側面　342

四、歷史與現實：合理的與不合理的　345

五、天人之際：中國（漢族）文化的若干側面（續）　347

六、數字式概念：陰陽五行八卦九宮十二月　348

七、東西大不同：這理性不是那理性　351

八、漢字如魔方：中國（漢族）文化的若干側面（再續）　354

九、文化分類：究竟什麼是「中國的」文化？　357

十、重新思考中國文化　359

建議閱讀文獻　361

第一回

古代中國的「天下」, 近代世界的「萬國」

引子：〈坤輿萬國全圖〉象徵古代中國將走進近代世界

2001 年的秋天，去北京的義大利使館看一個關於傳教士與中國的展覽。

我佇立在那個不大的展覽廳，凝視著一幅著名的、叫作〈坤輿萬國全圖〉的世界地圖，那上面有五大洲，有四大洋，也有著奇奇怪怪的異獸怪魚，彷彿回到歷史。千萬不要小看這幅地圖，這幅地圖是一個標誌，象徵著在古代中國觀念世界的一個大變化，是什麼大變化呢？就是中國人面前以自我為中心的「天下」，突然變成了「無處非中」的「萬國」，因此，中國要生存在這萬國林立的「世界」上。如果說，現在是「全球化」的時代，那麼，「全球化」從這幅世界地圖給中國人展示一個互相聯繫、共同存在的「萬國」圖像時，就已經悄悄地開始了。

原來是六幅屏風，這幅地圖，年代長了，架子已經沒

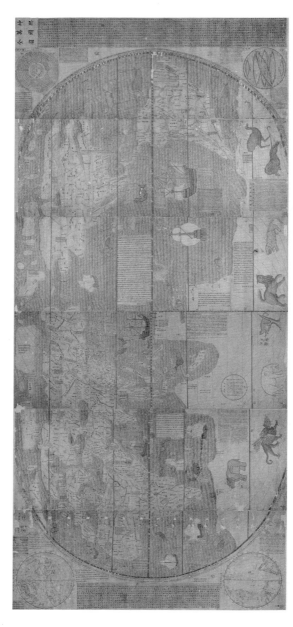

圖 1-1：現存於南京博物院的〈坤輿萬國全圖〉

有了，原來分在六扇屏風上的圖，被後人綴合成了這麼大的一幅，據專家研究，這幅屏風地圖，是四百多年以前根據一個叫利瑪竇 (Matteo Ricci) 的傳教士畫的世界地圖〈輿地山海全圖〉重新繪製出來的。利瑪竇是來自歐洲的耶穌會士，本不是地圖學家，這幅地圖是他根據歐洲人奧代理 (Ortelius) 的世界地圖繪製出來的，所以仍然很精確，是不是這樣？我不知道，2000 年，我曾經特意去比利時安特衛普參觀當年印刷奧代理地圖的工廠，也看到當年出版的各種地圖，知道四五百年前歐洲人的世界知識，隨著他們的航船環行已經相當發達，連傳教士也學到了這些新知識。生活在那個知識世界的傳教士們把它帶到中國，其實只是「無心插柳柳成蔭」，當年，利瑪竇其實想的並不深，只是覺得這是一個可以取悅好奇的士人和官員的途徑，使天主教傳教士可以更容易地進入中國，享有更大的傳教自由，雖然想到了用萬國圖來破除中國人中國即天下的自大，但還沒有更深入地往下想，也絕對沒有想到他的地圖在思想世界的深遠影響。可是，就像中國那句俗話說的那樣，「說者無意，聽者有心」，在閱讀世界地圖者的心中，卻常常會生出相當深刻的聯想，讓古代中國人開始隱隱約約地意識到，原來天下還有這麼大，國家還有這麼多，我們中華，原來並不像想像的那麼大。

一、近代西方人的世界觀和
古代中國人的天下觀

說到這裡，也許你會問我，在利瑪竇地圖繪製出來以前，中國人是怎麼看世界的？

且慢，你要知道，漢魏以前，古代中國人通常不說「世界」，「世界」是佛教的詞兒，現在當然大家都習慣說「世界」了，可是，古代很長的時間裡面，漢族中國人通常說的是「天下」，就是「溥天之下，莫非王土」的那個「天下」，「天下」就是天底下的那個「世界」。

現在，當然每一個稍有知識的人都知道，世界很大，地球是圓的，中國只是在亞洲，東半球與西半球相對，大海對岸有另一些國家，到另一些國家去要辦理護照和簽證。可是，這都是現代的事，是哥倫布發現新大陸、麥哲倫環遊世界以後的事情了。近代的「國家」觀念的形成與「世界」圖像的確立，是很晚的事情，在十四、十五世紀之前，至少中國人並不這麼理解國家、世界或者說是中國和他國。說起來，歐洲人哥倫布發現新大陸、麥哲倫環繞地球航行，有人說是殖民主義，有人說是文明推進，有人說是地理大發現，有人說那地球本來就在那裡，又有人住，什麼叫發現，充其量就是歐洲人到達那裡，這當然有點像是後殖民理論的說法。可是，無論現在看上去有多少爭論，在過去

幾百年裡，它都被認為是歷史上最值得驕傲的大事件。因為這象徵著人類終於完整地認識了自己居住的這個「地球」、這個「世界」。而且，特別是從西方人的眼睛裡看去，看到了世界上原來還有各種各樣的文化和傳統、有各種各樣不同的民族和地域。

這對於西方人來說很重要。因為：第一，他們關於世界的知識系統中終於有了一個完整的球形的世界圖像，對自己所生活的這個地球的完整認知，對於人來說是很重要的；第二，他們在異地民族文化傳統的比較中，確立了自己處於中心的或較高的地位，在他們的知識譜系中，特別是在當時普遍追求富庶、文明的價值觀中，由於有了「未開化民族」、「東方人」、「蠻族」等等「他者」(the others)，於是確立了西方人自己的世界中心與顛峰地位；第三，由於對自己的地理與文化位置的確認，使西方充滿了把握世界的自信心。我們知道，人不能單獨地觀察自己，就像人要照鏡子一樣，要確立自己的位置和形象，就要借助其他的東西，就要照鏡子，而就連鏡子，也要靠那層不透明的膜來反射，才能映照物體。西方人在擴張的時候發現的異文明，對他們來說，就像是找到了一個鏡子，看看其他民族和文明，然後再看看自己，這時就發現自己長得如何，是醜還是美，在沒有認識其他人之前，對自己是不會知道得那麼清楚的。西方為什麼會發展起人類學來，就是這個原因。所以，這三點在近代西方知識史上，在確立自身價

值的意義上是很重要的。

反回來看我們自己，也很有意思。中國古代人很早也曾經有過一種讓中國人很自豪的世界觀，大約是在兩、三千年前，雖然那時古代中國人還沒有完整地到達世界各個角落，但是古代中國人也在自己的經驗與想像中建構了一個「天下」，他們想像，**第一**，自己所在的地方是世界的中心，也是文明的中心；**第二**，大地彷彿一個棋盤一樣，或者像一個回字形，四邊由中心向外不斷延伸，第一圈是王所在的京城，第二圈是華夏或者諸夏，第三圈是夷狄，大約在春秋戰國時代，形成了與南夷北狄相對應的「中國」概念；**第三**，地理空間越靠外緣，就越荒蕪，住在那裡的民族也就越野蠻，文明的等級也越低，叫做南蠻、北狄、西戎、東夷。

那麼，接下來的問題就是，這個「天下」圖像是怎樣製造出來的呢？

二、九州和五服

我們來看看古代文獻是怎麼記載的。

在《尚書‧禹貢》中，有「九州」、「五服」的記載。「**九州**」就是冀州、兗州、青州、徐州、揚州、荊州、豫州、梁州、雍州，大體上，如果上北下南來看的話，是順時針方向從北向東、向南、向西，劃出了一塊地區，大約

包括的只是今河北、山東、江蘇、湖北、湖南、河南、四
川、陝西、山西這一圈，這就是古代中國人的「天下」，大
體上是現在純粹的漢族區域，據說，這是大禹治水的時候，
他所關懷的那個空間，它和「華夏」好像可以重疊，「夏」
就是「雅」呀，那麼，什麼是華夏呢？就是古代中國人相
信比較文明的地方，這就是「天下」。**五服**是說除了東
周那個時候，「王」所在的洛陽一帶為「中心」以外，環繞
著中心「王畿」的，是五百里甸服，甸是郊外之郊外，古
都城外百里為「郊」，「郊」外為「甸」。五百里侯服，就是
封侯管轄的地方，像封商的後代在商丘建宋國，封姬姓在
河南為鄭侯，封姜姓在山東為齊侯等等。五百里綏服，
「綏」本指車上用以拉扶的繩子，這裡指安撫，比如「綏
靖」這個詞兒，好像車邊的繩子，可以扶著，但不可以依
靠。五百里要服，「要」是約定，只是由雙邊條約來管轄，
實際上王對他們有些睜一隻眼閉一隻眼；以及荒服，這裡
是荒蠻之地，好像可以讓他們自由自在，反正也離得遠了。
這樣，五百里出去，就有五千里方圓的地方，這就是古代
中國人想像的一個類似於「回」字形的大地。

　　〈禹貢〉大約是戰國人的作品，這個想法大約到戰國
時代已經很普遍，於是，這時開始有了一個早期漢民族的
共同空間，那個時候的古書《國語·周語》上記載了「五
服」（甸、侯、賓、要、荒），稍晚一點的《周禮·夏官·
職方氏》更添油加醋地想像，有一個機構專門管理國土，

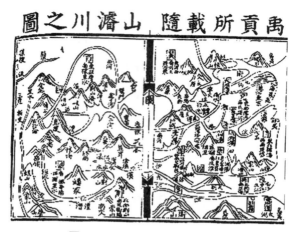

圖1–2：明刻〈禹貢九州圖〉

而且把這個「五服」擴大成了「九服」(侯、甸、男、采、衛、蠻、夷、鎮、藩)。不過,這並沒有改變這種中心向邊緣延伸的空間結構,也沒有改變這種從中心到邊緣,文明等級逐漸降低的觀念,請看後面的幾個名稱:「蠻」、「夷」、「鎮」、「藩」,就越來越有瞧不起的意思,蠻夷就不消說了,後面的「鎮」是「壓服」、「威服」的意思,「藩」就是紮的藩籬,引申為「屏障」,意思是邊界要紮籬笆,因為外面就不是人住的「世界」了。

大概很多人聽說過古代有《楚辭》、《莊子》、《穆天子傳》、《山海經》這些書,這些古代的書裡常常會想像中國周圍的世界,像什麼西面的昆侖、東面的蓬萊、周穆王去西面昆侖山見了西王母,有人到東面的蓬萊仙島就得到了長生不死藥,這裡面最有意思的是大概很多人都看過或聽

說過的《**山海經**》，《山海經》記載的就是一個古代人想像的世界，各地有許多各種各樣古怪的事物，什麼奇肱國的飛車、騩山的飛魚、東海流波山的一足之夔，這種想像一直到清代人李汝珍寫的小說《鏡花緣》還有，什麼君子國、大人國、毛民國、深目國等等。但仔細一看，原來這個想像的空間世界，還是一個中心與四方構成的大地。據說，《山海經》原來是有圖的，陶淵明有首詩就說「泛覽周王傳，流觀山海圖」，現在的《山海經》傳說是圖的解說文字，這部書的文字記載的，分別是山（南山、西山、北山、東山、中山）、海內（海內南、海內西、海內北、海內東）、海外（海外南、海外西、海外北、海外東）、大荒（大荒東、西、南、北），也就是說，如果現在還能看到原來的圖像的話，它還是一個以中山為中心，四周山，再外是海內、海外，邊緣是「大荒」的方形的宇宙。邊緣的民族，是北狄、西戎、東夷、南蠻，反正都是野蠻人。

三、天圓地方：空間的想像

那個時代的中國人有沒有到過四方更遠的地方，我們不知道，有人說是有的，但至少在文獻記載裡沒有，可是，沒有去過更遠四方的他們，怎麼知道大地就是這樣的呢？我猜想，這個觀念可能來自古代中國人關於天地的想像，古代中國人相信「天圓地方」，在他們的想像中，**天是圓**

的，像一個斗笠一樣，覆蓋在大地上，中心是北極和北斗星的位置，大地是方的，就像棋盤，中心是洛陽一帶，《周髀算經》裡就這麼說的，《呂氏春秋》也這麼說的，這叫「大圜在上，大矩在下」。在有名的漢代武梁祠畫像石裡面，就有「伏羲女媧」像，伏羲拿矩，女媧拿規，一個畫方形的大地，一個畫圓形的天，儘管方的大地和圓的天穹好像蓋不上合不攏，所以也有人質疑說，如果是這樣的話，那麼大地的四支角，不就露在外面了？或者全部蓋住的話，豈不是有的地方又有天無地嗎？可是，儘管如此，人們一致相信這種觀念。

　　道理很簡單，因為這和他們關於「天」的視覺經驗，關於「地」的想像推測一致。你看，白天看太陽，晚上看月亮、星星，都在從東向西，或者說從右向左，環繞一個北方的「軸」在轉，可不是天如「蓋笠」？所以，很多古代關於天地的最重要的東西都是模仿這種空間的，舉一些例

圖1-3：漢畫像石〈斗為帝車〉

子：古代用來占卜並且模擬天地的「**式盤**」，是天盤圓、地盤方這種形狀，古代的**棋盤、博局**也是這種形狀，現在圍棋的中心還叫「天元」，祭祀天地的**明堂、圓丘**，也是這種形狀，古代王宮也是這種中心向四邊擴展的形狀，古代都城也是這種由都城中心向四廓延伸的形狀。因此，古代中國人的觀念上，也認為自己所處的中央，在文明的位置上高於四裔，而四邊無論是文明上還是在財富上，都遠遠低於中央，應該受到中央的制約與管轄，古代中國人相信，什麼是天下？這就是「天下」，「中國」就是應該傲視「四夷」，中國文明就是應當遠遠地輻射和教育四邊的戎夷狄蠻。

這並不奇怪，西人說「無處非中」，There are not background and not center in the world，大凡人都是從自己的眼裡看外界的，自己站的那一點，就是觀察的出

圖 1-4：古代玉琮　張光直先生說它之所以能夠成為祭祀時的神物，是因為它的形狀象徵著天圓地方，可以通天地。

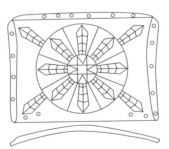

圖 1-5：安徽含山凌家灘四號墓出土玉片

圖 1-6：湖北隨縣曾侯乙墓漆箱二十八宿圖

發點，也是確定東南西北前後左右的中心，離自己遠的，在自己聚焦關注的那一點後面的，就是背景，我是你的視點，你也可能是我的焦點，但是可能你也是另一個東西的背景，我也可能是他的背景，古代中國人站在中原江河之間，他們當然可能要以這一點為中心，把天下想像成一個以我為中心的大空間，更何況那個時代中國文明確實優越於他們周圍的各族。

四、四方復四方：
從談天衍的想像到張騫的鑿空

話說回來，古代中國也有人對這種世界圖像有懷疑，也曾經大膽幻想過，外面是不是有一個更廣袤的世界？據說，戰國時代一個後來被稱為「談天衍」的**鄒衍**，他是齊國人，後來人常常說，齊國臨海，海闊天空，可能想像的

空間會大一點兒，所以，他就有「大九州」的說法。鄒衍
想像，中國這個「九州」只是天下八十一分之一，叫「赤
縣神州」，它的外面還有八個州，這才是一個大九州，外面
有海環繞，而在這個九州之外，還有八個「大九州」，各有
海環抱，這才是整個天下。到底這種想法有沒有根據，是
鄒衍的想像，還是一些傳聞？我們不清楚。也許古代中國
早就與世界有了各種各樣的交往，《逸周書》裡就有〈王
會〉一篇，描寫四方異族的聚會，西晉出自汲郡魏襄王墓
的竹簡《穆天子傳》（約戰國中期）也記載周穆王到西域與
西王母會面，這裡面是不是有真實的交通背景？確實很難
說。不過，很奇怪的是，這種想像並沒有改變中國人的天
下觀，從先秦到秦漢，古中國人還是自居天下之中，居高
臨下地俯視著四邊的蠻夷。

這種情況到漢代，出現了一個轉變的機會，這是一個
很重要的機會。西元前 138～前 126 年，也就是漢武帝建
元三年到元朔三年，張騫奉命出使西域，經歷千辛萬苦，
回到漢帝國，把大宛（今塔什干附近）、康居（今塔吉克斯
坦、阿塞拜疆、烏茲別克斯坦及哈薩克斯坦南部）、大月氏
（今帕米爾高原以西、阿富汗境內）、大夏（今印度西北、
巴基斯坦、克什米爾附近），以及他聽說的烏孫、安息（伊
朗境內）、條枝（敘利亞一帶）、身毒（印度）的情況，介
紹回來。應該說，這件事兒是很重要很重要的，因為，**第
一**，它把中國人對於周邊世界的實際知識，從東亞擴大到

圖 1–7：三星堆出土銅器，是來自遠方文明的器物嗎？

了東至日本、朝鮮，北到蒙古及西伯利亞，南到南海、東南亞，西到巴基斯坦、阿富汗、敘利亞、印度、伊朗一帶，也就是說，大體上已經了解到了今天的整個亞洲甚至更廣的一個區域，過去可能了解的只是現在的東亞，比如日本和朝鮮，日本九州出土過漢代賜給倭國王的金印，說明很早中日有過交往。**第二，**它刺激了中國人與外部世界的交流與探索的欲望，在張騫出使西域以後，還有張騫通西南、班超班勇父子開拓西域交通，甘英到達波斯灣等等舉動。**第三，**觀察不同經濟與文化的背景與舞臺，開始由中原的漢帝國變成了整個亞洲甚至歐、亞之間，絲綢之路的開拓和後來佛教的傳入，更是在這個背景下進行的，從此以後，中國的歷史就是一個世界的歷史了。

不過，可惜的是，不知道為什麼，這並沒有真正改變古代中國人心靈深處的「天下觀」，漢代以後，雖然張騫、班超、甘英和很多人都到了很遠的地方，但是中國人想像的「天下」還是以「中國」為中心的，加上日益擴大的「四夷」。但是這幅圖像，只是中心明確，四邊卻很模糊，這是

中國人的常識觀念，雖然印度、阿富汗、伊朗、巴基斯坦等中亞與西亞加在一起，再算上日本、東南亞、朝鮮，北邊的廣袤土地，遠遠比中國要大得多，但從漢到唐，中國人仍然覺得他們彷彿在文化上無聲無息，所以沒有覺得外面有個另外的「世界」。

五、知識和觀念的分離：固執的中國天下觀

很長時間以來，古代中國人對這一點一直很固執，為什麼固執？我想，原因可能是，除了佛教以外，中國從來沒有受到過真正的外來文明挑戰，所以中國人始終相信自己是世界中心，漢文明是世界文明的頂峰，周邊的民族是野蠻的、不開化的民族，不遵循漢族倫理的人是需要拯救的，拯救不了就只能把他們隔離開來。說起來，中國人不大用戰爭方式來一統天下，常常覺得憑著文化就可以「威服異邦」，這叫「懷柔遠人」。

不過，有時候中國人已經控制不了局面了，所以反過來又有些怨懟，怨懟之後便生出一些氣憤，所以，在西晉的時候，有個叫江統的人，曾經寫過一篇〈徙戎論〉，想把漢族和其他民族在居住空間上分開，可是，這種區分華夷的想法，好像影響並不大。我們要知道，**古代中國人的「中國」常常是一個文明的空間觀念，而不是一個有明確國界的地理觀念**。所以，凡是周圍的國家，中國人就相信他們

圖 1–8：閻立本〈職貢圖〉

文明等級比我們低，應當向我們學習、進貢、朝拜。像古
代很愛畫的「職貢圖」，畫的是各邊緣民族的代表向中央王
朝進貢，總是把中國人的皇帝畫得特別大，而外族人的使
節就很矮小。而古代的各種地圖，像宋代留下來的那幾幅
圖，有的叫「華夷圖」，就是華夏加上四夷，有的叫「輿地
圖」，就是說車可以通的地方都算上，有的叫「地理圖」，
就是所有的地理。但是你看一看，在這些地圖裡面，還是
以中國為中心的一圈，雖然有時也把周邊國家畫上，但畫
得也很小，小得好像他們真的是依附在我這個大國身上的
「寄生物」一樣，只要大國輕輕一抖，這些附屬物就會掉
到海裡去。

　　這和中國人對於世界的實際知識沒有關係，我們知道，
漢代張騫以後，已經打通了歐亞大陸交往的絲綢之路，唐

代中國與外界交往更多，連首都長安都住了十萬「胡人」，像「昆侖奴」即黑人奴隸、「胡旋舞」即外國的舞蹈音樂、「胡服」就是外國時裝，都很流行了，……至於元代帝國的疆域，幾乎無遠弗屆，當時從阿拉伯來的札馬魯丁也製造過「地球儀」，並且畫了經緯線，說明了地球是「三地七水」，到了明代初期永樂年間，三寶太監鄭和率船隊下西洋，儘管我們並不相信一個叫孟席斯的英國業餘歷史學家所說的，鄭和發現新大陸，但是他至少已經到了非洲的東岸，他的實際經歷的空間也遠遠超過了中國本土無數倍，人們知道的各種文明的情況也已經很多，但是，有趣的是，古代中國關於「天下」、「中國」、「四夷」的思想與想像，卻始終沒有變化。

六、佛教沒有征服中國，
　但是佛教曾經給了中國一個機會

　　歷史學家當然不能想像歷史重演，不過，歷史學家也是普通人，有時也會設想一下「如果歷史……」，當我回頭看中國古代歷史的時候，也覺得古代中國的天下觀念，其實曾經有過一次改變的機會。

　　我們知道，有國際認可的明確的疆界，有國家的主權觀念，也就有了「民族—國家」，這還是近現代的事情。古代中國也有「國家」這個詞，漢代銅鏡背面銘文有很多「多

賀國家人民息，胡虜殄滅天下服」這樣的銘文。不過，就像我們前面提到的，大體上說來，古代中國的「國家」是中心明確、邊界模糊的一個「文化概念」，「凡我族類，其心必同」，就是說凡是和我同一個文化的，都可以是一個國家，而且國家和天下也不是一個特別清楚的東西。「非我族類，其心必異」，凡是和我文化有差異的，就是四夷，不屬一個國家，甚至不是一個天下，叫作「不共戴天」。他的認同標準是「心同」，陸九淵說「四海之內，心同理同」，這是天下一家的普世主義，他的認同標準是文化，所以邊界的法律劃定是不關緊要的，《禮記・王制》裡說：「中國、戎夷、五方之民，皆有性也，不可推移」，凡是文化上臣服、認同的，都可以劃進來作為「華夏之藩屬」，都是一個「天下」，因為「溥天之下，莫非王土，率土之濱，莫非王臣」。凡是文化上不服從、不認同的「異邦異俗」也就算了，就當你不在「天下」之內，所以在古代中國，國家／文明／真理是重疊的，於是，「天下一家」、「海內有知己」、「四海之內皆兄弟」，這背後，一方面是中國中心主義的特殊主義，一方面是普遍主義的世界觀，既是只有一個文明中心的世界觀，又是文明普遍適用，真理放之四海皆準的世界觀。

可是，儘管從漢代以來，就有汗血馬、葡萄、玻璃、苜蓿的輸入，儘管一直有深目隆鼻的異域人的進入，但他們並未對中國固有文明產生衝擊。原因很複雜，一方面，

歷史上的「中國」，它的疆域變化雖然很大，但是大體上是以漢族居住的「九州」為中心的，東臨大海，西為高原與雪山，北為冰天雪地，加上有匈奴、突厥、契丹、女真以及後來的滿族，南為叢林，很容易形成封閉「天下」觀。另一方面，通常，在像中國這樣文明史很悠久的國家，只有出現另一種高度發達、可以與華夏相對抗的「文明」，才可能對中國的傳統發生根本的影響。而從東漢傳到中國來的天竺佛教，卻給中國帶來了一個根本性的震撼，就是世上還有兩個以上的文明中心。

　　我們舉一些例子來看，在佛教的說法與理論裡面，有三條就是中國文明根本不能兼容和接受的，第一，宗教權力是可以與世俗皇權並立的，並占有社會等級與價值的優先位置，宗教徒可以不尊敬皇帝，不尊敬父母，但不能不尊重佛、法、僧三寶；第二，天下之中心是在印度，「立竿見影」，日中無影，天之中也；第三，最高的真理，最優秀的人物與最正確的生活方式不在儒學而在佛教，因此，佛教是更高的「文明」，至少也是另一種自我體系、自給自足的「文明」。這些漢族中國哪裡能接受，如果接受了，中國就大變了，就不是現在的這個中國了。

七、佛教觀世界和佛教世界觀

　　大家都知道，後來佛教中國化了，變成了三教合一，

甚至屈服於中國主流意識形態與儒家學說，但是，大家應當記住，它曾經使中國文明天下唯一的觀念受到衝擊，在佛教傳來的時候，一些中國人不能不承認「華夏文明不是唯一」，「天下不是中國正中」，這本是一個重新認識世界的機會。特別是佛教關於世界的觀念，從根本上和中國的大大不同。

在佛教的知識世界裡面，世界並不是以中國為中心的一大塊，而是四大洲，中國只是在其中一洲上。據說，在須彌山四周，圍繞著四大部洲，而中國所在的只是南瞻部洲，其他還有東勝身洲、西牛貨洲、北俱盧洲。據《長阿含經》、《法苑珠林》說，日、月、星辰都圍繞於須彌山中，普照天下，四大洲各有二中洲與五百小洲，四大洲及八中洲都住有人，二千小洲則或住人或不住人。其中，據說北洲的果報最勝，樂多苦少，壽命千歲，但是，那裡不會出現佛陀這樣的偉大領袖，南洲的人民勇猛、強記，但是有業行，也能修梵行，所以會有佛出世，東洲的空間極廣大，而西洲則多牛、多羊、多珠玉。在佛教的文獻中，還可以看到，佛教講有四天子，法國一個有名的學者伯希和寫了一篇〈四天子說〉就說到，那時佛教想像南瞻部洲上有八國王，四天子。東面有晉天子就是中國皇帝，南面有天竺國天子，就是印度國王，西有大秦國天子，大概應當是羅馬帝國皇帝，西北有月氏天子，應該是貴霜國王，那時印度佛教徒就想像，南瞻部洲上有「四王所治。東謂脂那，

主人王也，西謂波斯，主寶王也，南謂印度，主象王也，
北謂獫狁，主馬王也」。這大概也傳到中國，在唐代的道宣
編的《續高僧傳》裡面，在說到那個去印度取經的玄奘時
就提到了這個傳聞。

　　特別是宗教有宗教的立場，因為佛教是從印度經過中
亞或南亞傳來的，所以，一般來說，佛教徒或明或暗都會
反對中國作為唯一中心的世界觀念，這道理很簡單，如果
中國是唯一的，那麼印度怎麼辦？既然真理出自印度，那
麼印度是中心呀。可是，在中國就不能說這個話了，只好
說有印度、有中國兩個中心，或者說有三個中心、四個中
心。這個世界圖像，就和我們傳統中國只是圍繞中國這個
「天下」的不一樣了嘛。以前說，國無二主，天無二日，
這下就不同了。所以，我們目前唯一看到的，不以中國為
天下正中的中國世界地圖，就是佛教的，像《佛祖統紀》
中的三幅圖，在宋代以前，這表現了極罕見的多元世界觀，
它的〈東震旦地理圖〉、〈漢西域諸國圖〉、〈西土五印之圖〉
就構造了三個中心的世界，這也曾經給中國人提供了改變
世界觀的資源。

　　各位要注意，這和中國的天下觀念就不同了，中國不
是唯一的天下中心了，這倒是和以前鄒衍說的「大九州」
有一點像，所以後來這種四洲、九州的說法，在很晚很晚
的時候，倒成了中國人接受新世界圖像的一個資源。不過，
遺憾的是，這種衝擊並沒有從根本上動搖中國人的世界觀，

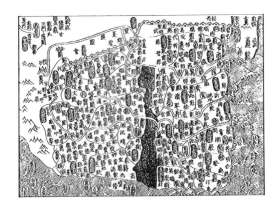

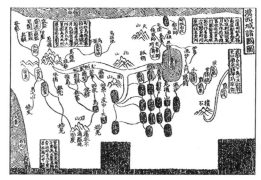

圖 1–9：《佛祖統紀》中的世界地圖，有三個部分，不僅僅是中國。

而是要再過幾百年，直到已經充分世界化了的十六世紀，西洋人來到中國，這種情況才有了改變。直到萬曆十二年 (1584)，前面我們說到的利瑪竇的〈山海輿地圖〉在廣東問世，中國人才突然看到了「世界」，隨後，便在思想上出現了「天崩地裂」的預兆。

八、關於「世界」的想像與心情

關於利瑪竇的事情，我們下面再說。這裡先說一個插曲，就是中國人這種天下觀被打破以後，中國人對於世界圖像的特別反應。

前面說到，十五世紀以後，哥倫布、麥哲倫成了西方的驕傲，也成了西方人在「世界」上地位的象徵，因為，這世界是我發現的，當然我就是它的主人。但一貫自居「天下」中心的中國人對此相當不愉快，特別是十九世紀後半期，處於受欺侮地位的中國一方面對西方羨慕不已，力圖在科學技術上與西人平起平坐，一方面對西方變成了中心很不滿，於是在最危急、最軟弱、最沒落的時候反而激起了一種極端的文化上的民族主義——其特別的表現之一，就是說西學在中國古已有之——這種民族主義情緒常常表現在學術上，所以，有人在那時就提出來：誰說是西人發現了新大陸？

1865 年，傳說祕魯人 Corde de Gugui 在祕魯北部

Truillo 的山洞裡發現武當山神像，這件事情影響很大。
1897 年，在天津出版的一份報紙又刊登出消息說，墨西哥
索諸拉地發現中國石碑。從此，開啟了一百多年的一個話
題，很多人因此追溯歷史。有人覺得《山海經‧大荒東經》
裡的「扶桑」，大概就是美洲墨西哥，又有人發現《法顯
傳》記載五世紀時法顯從印度、錫蘭回中國時，曾遇見大
風迷失航向，曾從師子國到了耶婆提國，可能耶婆提就是
美洲，因為根據美洲的傳說，說一千四百年前，有一隻中
國船到過墨西哥的亞卡布哥港，而且又有人認為「耶婆提
國」與「亞卡布哥」（阿加普爾科 Acapulco）的音很近，
所以是中國人先發現美洲的（但 Acapulco 是西班牙人來到
這裡之後才有的名字，足立喜六、章巽的說法，方豪的看
法大體相同，通常懷疑是蘇門答臘）。

　　這種毫無根據的猜測只是一種想像，可是這以後想像
越來越豐富，1970 年代，原來畢業於清華學校研究院的衛
聚賢先生寫了一本《中國人發現美洲》，搜羅了所有的資
料，提出了很多更加奇怪的想法，如扶桑是加州紅木，李
白到過美洲，向日葵來自美洲南部，而孔子時代已有「葵」
等等，這些古怪的說法很多。到了 1990 年代，一些奇奇怪
怪的說法就更多了，是否有根據？我不知道，我關心的只
是他們說這些話背後的心情，比如有的學者提出，印加王
國就是「殷家王國」，正是殷商被打敗的時候，美洲出現了
具有殷商文明特色的奧爾梅克文明，一定是殷人從日本東

面向北，經阿留申群島到加州，再南下墨西哥，很多不明就裡的人一想，很有道理，印第安人、愛斯基摩人果然都和中國人相像，於是有人又想像出，為什麼叫「印第安人」呢？是因為被迫流亡的殷商人時時思念故鄉，見面總是問「殷地安否」。本來，這並不特別有說服力，也沒有多少人相信，但最近若干年，這種想像再度熱鬧起來。另一個曾經研究古文字的人應邀到美國，參觀被說成是大發現的東西：1955年墨西哥發現的玉圭，他看玉圭上豎著排列的四個刻畫符號，他認為這四個符號和中國甲骨文有關係，於是似乎證據更清楚了。

但是，這畢竟是猜想或想像，而且這種想像至今無法證實。

九、學術研究的基本立場：拿證據來

順便說一段故事。1958年，胡適收到一個叫楊力行的晚輩寄來的論文〈評歷代高僧傳〉，看到其中論述1400年以前法顯發現墨西哥的事情，就直接了當地回信表示「使我很失望」，他說，「我終身注意治學方法，一生最恨人用不嚴謹的態度和不嚴謹的方法來輕談考據」，他勸楊力行認真讀一讀足立喜六的《法顯傳考證》，不要輕易地發布所謂的發現，因為「那是可以貽笑於世界的」。

這件事情讓我很有感觸。我相信，至少學術研究要有

規範，也要拿出證據，證據要經得起檢驗。首先，是否同一人種要靠 DNA 基因分析；其次，「武當」碑、玉圭刻畫符、石錨之類的圖像並不可靠。「武當」至今拿不出實物，而且「武當」之名在中國也起源很晚，大概在六朝以後，而且從那個模糊的照片上看，那些字也不像古代字體，刻畫符和石錨的雷同，究竟是偶然還是真有聯繫，需要大量證據才行；再次，中國人到過美洲與否，還需要天文學，因為需要星辰測定方位，航海技術，比如船舶大小、海流風向，淡水問題，畢竟這並不是小說家的想像可以解決的，《倚天屠龍記》金毛獅王謝遜與張翠山、殷素素之北海之行，那只是小說家言；最後，「扶桑」的位置還需要歷史地理學的考證和測定。因此，一切都還在疑團中，可是，想像中的中國與世界關係，想像中古代中國人認識的「天下」的放大，很可能只是民族情緒支持下的「關於世界的想像」，這表現了中國人希望成為世界文明中心的一種很痛苦的心情的反映。

　　我們應當承認，秦漢以後，中國所知道的、所聯絡的「天下」確實已經比較大了，實際上，「天下」也就是只有一個文明「中心」的中國觀與世界觀，其實在漢代張騫以後，還有一次機會有可能被打破，而打破這種封閉天下觀的一個最好機會，就是佛教傳入中國，但是，遺憾的是，這次機會並沒有被抓住，世界不是中國人發現的，新世界觀也是從外面進來的，中國人改變這種世界觀的時代，還

要等到明代萬曆年間，等到利瑪竇繪製出新的世界地圖。

十、利瑪竇〈輿地山海全圖〉之後：
中國世界觀的轉變

　　1584 年也就是明代萬曆十二年，來自義大利的傳教士利瑪竇到達廣東肇慶不久，得到知府王泮支持，刻印了〈輿地山海全圖〉，這是第一次在中國刻印的西洋式世界地圖。

　　從十六世紀下半葉起到十七世紀，根據這一地圖繪製的各種地圖不斷出現，現在可以看到的就有十二種，當時，連利瑪竇都擔心，皇帝要是看到這樣的地圖，把中國畫得這麼小，會不會怪罪我們藐視中國人，而很多守舊的大臣也確實攻擊過這一世界觀，是有意地誇大外夷而醜化中國，並且把它與《山海經》的想像世界、鄒衍的「大九州」聯

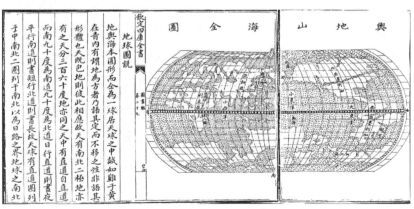

圖 1–10：〈輿地山海全圖〉

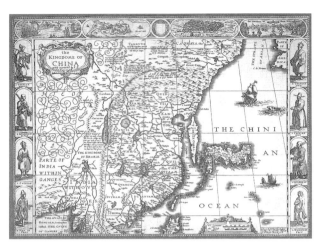

圖 1–11：西洋地圖中的中國

在一起，說這只不過是抄襲了中國古書編造出來的謊話，「以中國數萬里之地為一洲，妄謬不攻自破」。可是不僅李贄、方以智、謝肇淛、李之藻、徐光啟等知識分子接受了這種世界觀，而且，萬曆皇帝也很高興，這個死後葬在定陵的皇帝，並不懂得這個「天下」變化的意味，倒很樂意地讓太監根據這一地圖，繪製大幅的〈坤輿萬國全圖〉屏風，這樣一來，這幅地圖就有了合法性，也就是得到官方認可，有了合理性，也就是得到知識階層的認可。

其實，利瑪竇地圖也是有一些觀念上的目的的，他想使中國拋棄大中華文化優越，而接受天主教文明，他說，「當他們看到自己的國家比起許多別的國家來是那麼小，驕橫可能會打掉一些，會樂於與其他國家發生關係」。的確，古代中國在與其他國家打交道的時候，總是把關係定

位在「朝覲」、「朝貢」、「覲見」，或者是「和蕃」、「綏遠」、「撫夷」、「理蕃」等等上，很少有平等、多元的觀念，日本的國王在隋代時曾經用「日出國王致日落國王」的稱呼，其實就引起了中國人的不快，就連後來的英國使節馬嘎爾尼朝覲乾隆，也為了各種等級和禮節問題鬧得不可開交，但是，從思想史上來看，這一次地圖已經引起了一個深刻的變化。因為它開始告訴中國人——

(1)人生活的世界不再是平面的，而是一個圓形的。

(2)世界非常大，而中國只居亞細亞十分之一，亞細亞又只居世界五分之一，中國並不是浩大無邊的唯一大國，反而很小。

(3)古代中國的「天下」、「中國」、「四夷」的說法是不成立的，中國不一定是世界中心，四夷則有可能是另一些文明國度，在他們看來，中國可能是「四夷」。

(4)應該接受「東海西海，心同理同」的想法，承認世界各種文明是平等的、共通的，而且真的有一些超越民族／國家／疆域的普遍主義真理。

十一、從天下到萬國

如果接受這種觀念，那麼，傳統中華帝國作為天下中心，中國優於四夷預設，就將被徹底打破。可是，這些歷史悠久的、來自文化上的「基本假設」，在過去人的觀念

中，長期以來是天經地義的，無庸置疑的。它在傳統思想世界中曾經是中華文明的基石之一，然而，當這個基石被推翻，中國不就將「天崩地裂」了嗎？

當然，這個「天崩地裂」的過程是很漫長的，它從明到清。不過，它確實使古代中國世界觀發生了裂痕，本來大家無需去思考而接受的觀念基礎被打破了，連《圖書編》、《方輿勝略》、《月令廣義》、《格致草》、《地緯》之類的綜合類書，都接受了它，說明這種地圖連同它的「世界觀」，已經開始在瓦解著這個古老中國的知識思想與信仰，雖然真正變化要在晚清才真正凸顯，但是，從那時起，世界圖像的改變，就預示了中國人將被迫接受一個痛苦的事實，中國不再是世界的中心，中國觀念世界，也將被迫從「天下」走向「萬國」。

第二回

從婚禮喪儀想像古代中國

引子：想像古代，如何想像？

這裡要講的，是涉及古代中國的親族、倫理和政治多方面的話題。不過，要了解古代中國的倫理和政治，就先要談一下古代中國的家族和儀式。為什麼？原因很簡單，因為古代中國的倫理和政治有很多大道理，看上去很籠統很抽象，其實都有很具體的經驗和生活的背景，特別是古代中國的儒家，很多人覺得它很偉大很高尚，但它的很多倫理和道德思想，其實就是從當時的家族、生活和儀式裡面引申出來的一套規則。「禮云禮云，玉帛云乎哉，樂云樂云，鐘鼓云乎哉」，說起來，那些三親六戚、行禮作揖之類的舊時風俗，卻支持著好大一個民族和國家的倫理和秩序。

舊時風俗當然是古代故事。也許你會覺得，我們所講的古代中國，是個很陌生的過去，那個時代的生活世界，離現在的都市生活很遠。現在的城市裡，充滿了精品店(boutique)、染頭髮、卡拉 OK 加上燈紅酒綠組合起來的文化，包圍著我們的，是各種流行書籍、時髦衣裳、電腦網

絡,古代的生活世界在感覺上的確離開我們已經很遙遠了。要理解古代,就需要我們有一些想像力。當年我讀大學的時候,我的老師就告訴我,學習歷史不能單靠讀古書,讀文獻,有時要多看文物,在文物環繞之中感覺古代,有時還要有文學家一樣的想像力,在古書的背後想像出文字沒有書寫的歷史,換句話說,就是儘量地暫時離開「現在」,通過歷史圖像和文獻去想像一下,如果我生活在一百年以前甚至更早的時候,我們這些人的生活場景到底是怎麼樣的。當然,這種想像也不是隨意的,現在,很多人對古代生活與文化的了解,是通過小說、電視、評書,看了《三國演義》、《水滸傳》,以為古代人就是這樣的,曹操是花臉,關公是紅臉,包公是黑臉,古人可以一拳打死鎮關西,三拳打死老虎,還可以喝十八大碗酒。看了「雍正皇帝」以為政治就是這樣的,皇帝就是那樣清正廉明或者陰險毒辣,有時還有些風流韻事的。看了「還珠格格」以為清代的格格可以很浪漫,不僅可以放肆大笑,而且可以到處亂跑。其實,那個時代絕不是這樣的,至少大多數人的生活不是那樣的,所以說,想像古代,需要體驗,也需要考證,通過歷史文獻的閱讀和實地考查的證據,不斷校正我們的想像。

可是,那個古代中國,真的和現代中國那麼遙遠麼?真的只能殘存在好遙好遠的過去,真的只存在於那些發黃的故紙堆嗎?

一、從格羅特在廈門看到的葬禮說起

從一件往事說起。

在古代中國，大概從兩千多年以前一直到十九世紀，在那麼長的時間裡，漢族中國人生活裡最常見的儀式，大約是葬禮。誰都知道，人是會死的，不管你怕不怕，願意不願意，死亡公平地對每個人都是一次。所以，上至皇帝，下至平民，不管是外國人，還是中國人，都要有葬禮。可是，古代中國的葬禮和其他文明中的葬禮不一樣，雖然西洋人也在教堂裡有安魂儀式，在下葬的時候要有牧師禱告，但是古代中國的葬禮實在是意味深長，包含的文化消息也更多，因為，在古代中國它並不僅僅是一次和死者告別的儀式，而且是給生者以暗示和教育的一堂課，它還要承擔清理和規範社會倫理和秩序的責任。所以 1880 年代，一個西洋人格羅特 (J. J. M. Groot) 在廈門看了一次完整的葬禮後大有感受，他從死後的哭泣開始，到弔問，一直看到最後的安葬，他在這個葬禮中看到了整個的中國信仰系統，這次儀式讓這個西洋傳教士很吃驚。於是，他把它當作中國宗教信仰的重要起點和基礎，寫在了他的《中國宗教系統》一書開頭。

一百多年像流水一樣地過去了，這一百多年是中國「二千年未有之大變局」。所以到了現在，城市裡已經很少看到

這種喪葬儀式了，常常是追悼會、告別儀式、火葬、骨灰撒入大海等等，可是，這是現代社會和現代觀念的產物，至少在半個世紀以前還不是這樣。就在我很小的時候，就是 1950、1960 年代，中國還有傳統的喪禮，1957 年我在天津，雖然住在原來的租界區，住的也是洋房，可是住的房東家，他們的姓名已經忘記了，但這家的小女孩有一個洋名叫瑪麗，想來是很崇洋的，可是他們卻按照中國傳統方法辦喪事。死人的棺木就停放在門廳，棺材腳下點了長明燈，在背後和兩旁，擺放了很多紙人紙馬紙旗紙幡，晚上風一吹，呼拉拉地響，在昏暗的燈光下似乎都動起來，讓人很害怕。到 1960 年代初，我又看到貴陽街頭一次隆重的喪事儀式，喪家請了道士吹吹打打，舞劍擊瓦，噴水作法，念經歌唱，而且還在臨街掛了各種招魂幡和白布孝幛，在貴州的風中幽幽地飄蕩。這些喪事活動，在現在的香港、臺灣倒還有，只是內容也漸漸地有了變化，顯然是「去古已遠」。

　　圖像有時候可以幫助人回憶歷史，那麼，讓我們來看歷史圖像的記載。有《北京風俗圖譜》，畫的是北京清代上層社會的人家裡辦喪事，十幾幅好像是連環畫一樣，畫出一個北方滿族貴族家裡辦喪事的過程，第一是〈喪事搭棚〉，指準備喪事的棚架，第二是〈停屍圖〉，在大廳安置屍體，焚燒紙錢香燭，燃長明燈，第三是〈掛孝圖〉，第四是〈首期念經〉，指的是七七四十九天的喪事的頭一個七

圖 2-1：〈掛孝圖〉

天，請僧侶來念經超度，第五、第六是兩幅〈送三〉，指死
後三天用紙馬車、紙錢恭敬地把死者送走並焚燒紙車馬陪
葬，第七、第八幅就是〈出殯〉，指安壙下葬的儀式，第九
是〈安葬圖〉，講棺材入土的情況，第十是〈圓墓〉，埋後
三天，墳墓已經拱好，親人都去參拜，第十一幅是〈燒
傘〉，古代大官出行有執傘者在後，燒傘就是意味著送死者
遠行，最後第十二幅是〈燒船〉，意思也是一樣，據說死人
要在陰間渡過一條鵝毛不漂的陰河，燒船就是為了讓他平
安渡過這條河，到達另一個世界。

二、未知死焉知生：
　「為死人的葬禮都是做給活人看的」

　　大概格羅特在廈門看到的，就是類似這樣的情景，當
然，他看到的那次葬禮不是在北京，也不是滿人家庭，不
過大體的意思相仿。俗話說，「旁觀者清」，有時候真的就
像蘇軾寫的那樣，「不識廬山真面目，只緣身在此山中」，
我們不一定看得清楚，有時反倒不如洋人的「異域之眼」。
格羅特的《中國宗教系統》大概是西方學術界最早研究中
國宗教系統的著作，它從 1892 年開始出版，一直到 1910
年出齊，一共分成六卷，㈠葬儀；㈡靈魂；㈢道教的理論；
㈣神祇與祭祀；㈤佛教；㈥國家宗教，大概可以代表當時
西方人對中國社會與宗教的觀察和理解。在卷一的開頭的
序文中，格羅特說了一段話：「在中國，靈魂崇拜是所有宗
教的基礎。靈魂崇拜，又是從人是否會死亡開始的。所以，
生存著的人會想這樣的問題：怎樣處置遺骸？這可以顯示
生存者的思想，因為他在想：遺骸中是否繼續住著靈魂？
他們還會復活嗎？」

　　這個問題確實很重要。處理遺骸，關注靈魂，是產生
而且是古代中國人宗教信仰的起點與基礎，死亡、下葬以
及死後世界的想像，在古代中國社會生活中相當嚴肅。讓
我們再看一些關於死後世界的想像，古人想像人死以後在

陰間的情況，這裡有不同的冥王在分管所有的人，有閻王和判官的嚴厲審判，有各種懲罰，像把人綁在鐵柱上用火燒，像鬼卒用刀鋸開膛挖心之刑等等。總之，在古代中國人的想像中，死後世界是一個恐怖的，每個人都必然經歷的，但又代表了永恆正義的地方，陰間規範著陽間的道德倫理、觀念行為，所以，它很重要。但是，我們都知道——當然，古人也明白——「為死人的葬禮都是做給活人看

圖 2-2：閻羅圖

的」，換句話說，就是「陰間設置實際上是為了陽間的」，
關於這一點，將來有機會再說，這裡我們先不管它。在這
裡我要提醒各位的是，有一點格羅特沒有說到，就是葬禮
在中國還有更複雜的內容，這些處理遺骸的儀式，包括葬
禮上的衣飾、祭祀時的祭品、以及安葬的方式、服喪的時
間等等，恰恰包含著建構中國古代社會倫理和政治的起點
與基礎。**首先，這裡包含著關於家、家族、宗族的親疏與
差異，而其次，這些親疏與差異裡又包含著社會的等級和
秩序，最後，這裡甚至規定了家族共同體乃至國家的基本
結構。**而這一切，又與古代中國經典中的「禮」的意義相
吻合。順便說一句題外話，正因為如此，西洋學術界對中
國的研究裡面，一直相當注意這一方面的內容，比如
James L. Watson 和 Evelyn S. Rawski 合編的《晚期帝國與
現代中國的死亡儀禮》，就是在討論這方面的社會生活史。

那麼，古代中國人的個人、家庭、宗族關係到底是怎
樣的呢？古代的葬禮和它究竟有什麼關係呢？讓我先從大
家可能都最熟悉的中國關於親族的「稱謂」說起。

三、稱謂：漢族人的親族分別

誰都知道，漢族人關於親族稱謂的複雜程度，是世界
上數一數二的，除了父母、兄弟、姐妹之外，還有種種複
雜的稱呼，比起英文世界來要麻煩得多，像祖父（爺爺、

太公）、祖母（奶奶、大母）、外祖父（姥爺）、外祖母（姥姥），在西文裡只有一個 grandfather/grandmother，西文裡的一個 uncle，我們就有伯、叔、舅、姑父、姨父的區別，一個 aunt，就有伯母、嬸嬸、舅母、姑姑、姨媽這麼多的稱呼，更何況我們還有姑奶奶、姨奶奶、堂兄弟、表兄弟、表嫂、堂嫂、表姐（妹）夫、堂姐妹、表姐妹、侄子、外甥、嫂子、弟妹、姐夫、妹夫，此外還有什麼「妯娌」、「連襟」等等，看上去很麻煩。可是，反過來看看，西洋人並沒有那麼清楚和複雜，甚至和我們很近、受了漢族文化影響很大的日本、朝鮮人都沒有那麼細，像日文裡面，おじさん、おばさん，好像很籠統，可是中國人呢，姑姑、阿姨、嬸嬸、伯母、叔叔、伯父、舅舅、舅媽，實在是複雜得很。

　　為什麼要那麼複雜？當然是要把彼此的親戚關係分清楚。不過，要分清楚就要有原則，於是複雜裡面也有簡單。如果注意分辨，漢族人這些非常複雜的稱呼裡面，又有一個很清楚的界限和原則，就是**第一，中國人對於父親家的親人有一種稱呼，對於母親家的人又有另一種稱呼；第二，對於大的有一種稱呼，對於小的有一種稱呼**。當然，在一夫多妻制的古代，嫡庶之間還有不同稱呼，太太生的長子叫「元子」、「冢子」、「嫡子」，妾所生的叫「庶子」、「支子」，如果妾生了大兒子，只能叫「長庶男」，分得很清楚。中國人常說，「三親六戚」，什麼是「**三親**」呢？第一就是

「**宗親**」，就是自己同一祖先的親人，以及他們的配偶，像父母、祖父母、叔伯以及嬸嬸、兄弟姐妹，這是與自己同一姓氏的最親近的血緣關係。第二是「**外親**」，就是指母親家裡的父母、兄弟姐妹，他們雖然與自己不同姓氏，但在自己出生之前，就已經結成血緣關係了，所以是第二重要的親族。第三則是「**妻親**」，就是妻子的直系親屬，這種親緣關係是後天的，是由於婚姻的關係組成的，所以最遠。而中國關於親族的稱呼，實在是非常複雜，甚至成了一門學問，古代最早的字典《爾雅》裡面專門有〈釋親〉一節，後來又有李因篤專門寫了《儀小經》，把父母、子婦、岳父母、繼母等等親族的稱呼、給不同親人寫信的格式、描寫的詩文、見面時各種行禮、死後的奉祀方法，寫在書裡讓人學習。稍後又專門有人寫了叫做《稱謂錄》的書，書裡不厭其煩地解釋各種親族的叫法，包括對自己家的如何稱呼，對別人家的如何稱呼，對父親家的兄弟姐妹如何稱呼，對母親家的兄弟姐妹如何稱呼，對這些人的妻子甚至他們的妻子的各種親戚又如何稱呼。舉一個例子，比如「母之兄弟」統稱「舅」，但「母之兄」是「伯舅」、「母之弟」叫「仲舅」，「母之從父昆弟」叫「從舅」、「後母之兄弟」叫「繼舅」，你要分得一清二楚，可是這很難。有一次，我給外國學生講課，提到這一點，大家議論紛紛，我就說，有沒有外國人可以說得出來，中國把表妹的舅舅的姨父叫什麼，一下子大家都傻了。其實，不要說外國人，中國人也

說不清，可是，中國人就是有種種稱呼，好像非得把這些
複雜的關係規定清楚不可。

那麼，古代中國為什麼要把親屬的稱謂分得這麼清楚
呢？分得那麼清楚又有什麼用處呢？

四、男女有別：同姓與不同姓

剛才講到，在這些複雜的稱謂中，可以看到的是漢族
中國人對待親屬的兩個重要的原則，簡單地說，一是男女
有別，二是長幼有序。這裡先講第一個，就是**同姓的父黨
與不同姓的母黨之間，有明顯的等級或價值差別。**

什麼是「姓」？《百家姓》裡有「趙錢孫李，周吳鄭王」
等等，中國有好多姓，每個姓都有自己的譜系，追溯到古
代的源頭，像姓李的一定要追到唐代的隴西李氏，姓趙的
一定要追溯到宋代皇族，總之要攀上名人，這成了寫家譜
的習慣。比如姓岳的，總是說自己是岳飛的後代，總不會
說自己的祖先是《笑傲江湖》裡的岳不群；姓秦的家譜總
是追溯到秦叔寶、秦少游，決不會追溯到秦檜。按照漢族
人的想像，同一個「姓」意味著也許有一個共同的祖先，
同姓意味著這是同一血脈的延續，是以父子關係為主軸的
血緣關係的滋蔓衍生，它是一個認同的標誌。在某種意義
上說，同一個「姓」，是一家人的象徵，當然，「姓」是很
廣的，並不一定都是可以認同的一家人，老話說，「滿天

張，遍地楊，旮旮角角都姓王」，現在姓李的據說成了第一大姓了，一個姓幾千萬人，像我的老家福建有幾個大姓，像陳、林、吳、黃，當然不可能都認識，也不一定見面就會親熱。

但是，如果說，這批同「姓」的人們有同一明確祖先，有同一生活地域，有同一祠堂，那就不同了，這些人關係會更緊密。這種同姓的人，會葬在同一片山坡上，會記載在同一部譜牒裡，會住在同一個村寨區域，人常說「一筆寫不出兩個某字」、「五百年前一個鍋裡吃飯」，就是說這種特別的認同關係。中國人常常會說「香火」，「香火」是指在家族祠堂裡有人祭祀，有人紀念，會點上香火，這意味著同一姓的後代的祭祀活動在延續，自己的生命和血脈也就在繼續。

五、合兩姓之好：古代漢族人的婚禮

不過，有一點很重要，「同姓不婚」，這是古代中國很早就確立的原則，血脈也好，香煙也好，這種延續，畢竟需要與另一個姓氏通婚，生下孩子才行。所以，古代中國人把人倫之始算在「夫婦」頭上是有道理的，因為有了婚姻，才能繁衍後代，繁衍了後代，才會有綿綿不絕的家族。

正因為如此，古人把婚禮看得格外重要，大概在古代中國僅次於喪禮吧，民間就把婚禮和喪禮說是紅、白喜事。

圖 2-3：〈迎親圖〉

在古代，一個男子或女子，到了成年行過「冠禮」（戴冠束髮的象徵意味他已經不再是髧彼兩髦的童子）或「及笄禮」（女子成年，要把頭髮束起來，插上簪子，叫及笄）之後，就進入了談婚論嫁的階段，古代很隆重地進行婚禮，要經過很多儀式過程，我在臺灣大學中文系看到葉國良教授製作的動畫「士婚禮」，完全按照古代經典來復原當時的場景，就很是繁瑣和複雜。

如果我們簡單地歸納一下呢，一共就是「六禮」，即六個步驟。

首先是「**納采**」。就等於是下聘禮，納采的時候禮物要用雁。

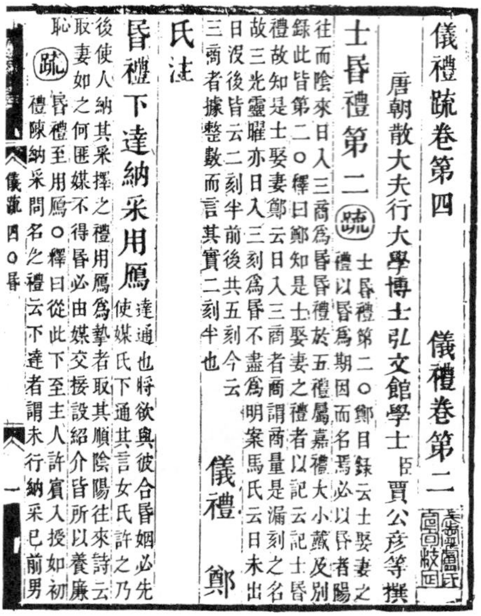
儀禮疏卷第四　　儀禮卷第二
唐朝散大夫行大學博士弘文館學士臣賈公彦等撰
士昏禮第二 疏 士昏禮第二○鄭目錄云士娶妻之禮以昏爲期因而名焉必以昏者陽
往而陰來日入三商爲昏昏禮於五禮屬嘉禮大小戴及別
錄此皆第二○釋曰鄭知是士娶妻之禮者以記云記士昏
禮故知是士娶妻鄭云日入三商者商謂商量是漏刻之名
故三光靈曜亦日入三刻爲昏不盡爲明案馬氏云日未出
日沒後皆云二刻半前後共五刻今云
三商者據整數而言其實二刻半也
儀禮　鄭氏注
昏禮下達納采用鴈 達通也將欲與彼合昏姻必先使媒氏下通其言女氏許之乃
後使人納其采擇之禮用鴈爲摯者取其順陰陽往來詩云
取妻如之何匪媒不得昏必由媒交接設紹介皆所以養廉
恥
疏 昏禮至用鴈○釋曰從此下至主人許賓入授如初
禮陳納采問名之禮云下達者謂未行納采已前男
儀疏四○昏　一

圖 2–4：《儀禮・士昏禮疏》書影

第二，「**問名**」。即男家請人詢問女方名字及生辰。

第三，「**納吉**」。就是占卜吉凶，看兩人是否合適，禮物仍然是用雁。

第四，「**納徵**」。就是確認這一門親事。這時的禮物要用黑絲、一匹四十丈帛以及兩張鹿皮。

第五，「**請期**」。就是確定婚事的日期，這時的禮物還是雁。

第六，「**親迎**」。這就是隆重的婚禮高潮，男家要擺上三鼎、陳設祭品，在北窗下設玄酒，新姑爺乘黑色車，穿著禮服去迎接新人。到這個時候，算是禮儀完成，然後就是新媳婦拜見舅姑，行合巹禮——夫婦成禮。

　　古代的婚禮很隆重，也很複雜，要有一個很長的時間。你會問，這麼複雜幹什麼？因為這是要給人留下記憶。莊重的婚禮，本身暗示著一種鄭重、一種承諾，也留下一個人生重大事件的歷史記憶。可是，現在這種標準的古代傳統婚禮也很少見了，我曾經在貴州苗族地區，看見過相當完整的傳統婚禮，甚至新媳婦第二天給公婆做飯，第三天回門，都保留下來，而 1993 年我在韓國漢城也看到過，新人穿著傳統漢族的禮服，要坐轎子，真是讓人覺得古人說得對，「雖夷狄之邦，而俎豆之象存。中國失禮，求之四夷」，就是說，「禮失求諸野」，未必漢族人就一定最重視傳統和禮儀。

　　有了夫婦，延續了血脈，和合了二姓。可是，原本同一的親族擴大了，一姓成了二姓，那麼如何處理這裡邊的互相關係，建立一個共同相處的秩序？恰恰是在夫婦關係上，展開的一種異常複雜但又非常嚴格的家庭、家族、親族共同體的關係，才顯示了古代中國社會生活的一個特點：就是「內」與「外」的區分，即父母兩族之間的差異，比如，站在男性中心立場，妻子的父母即岳父母與自己的父母，是不可以相提並論的（換言之，站在女性立場，則是公婆與父母不可同日而語），表兄弟與兄弟是不同的，姨與姑是不同的，舅舅與伯伯叔叔是不同的，外甥與侄兒也是不同的，外公外婆與爺爺奶奶是不同的……在古代中國，凡是屬於「同姓」，也就是父系一族的親族，其親疏地位都

要高於母系一族親族，這是沒有疑問的一個原則。

六、大觀園裡小社會：
從林、薛、史、王與賈寶玉的關係說起

在內外這個原則基礎上，各種親屬被嚴格地區分出遠近親疏來。

這是一個大家熟悉的例子。《紅樓夢》裡的賈家是一個大家族，這個家庭又與王、薛、林、史等家庭有多種不同的親族關係，於是在大觀園裡，雖然同是姐妹，真正嚴格的稱謂卻是不同的，在賈府裡，雖然都把賈母稱為「老祖宗」，但各自嚴格的身分稱呼也不同。如果站在賈寶玉的立場，就得把父黨、母黨分清楚：

林黛玉——她與賈家不同姓，與元春、迎春、探春、惜春作為親姐妹不同，她是賈寶玉的表妹，她家和賈家是姑表親，她的母親雖然是賈氏，但「嫁出去的女，潑出去的水」——賈、林之間可以通婚，所以不是一家人——如果她活著，賈寶玉應當叫她「姑媽」。所以，大家注意，鳳姐兒王熙鳳剛見到林妹妹時說了一段很有意思的話，大意是說：這個妹妹這麼漂亮，「不像是老太太的外孫女兒，卻像是嫡親親的」。為什麼「外孫女兒」就不行？因為「外」就不是「賈」家，長得漂亮，遺傳功勞就不算「賈」家而是「林」家了。光榮歸於「林」家，就是「見外」了，這

段話，一石二鳥，恭維了黛玉，也恭維了賈母。

薛寶釵——不過，林黛玉在親屬上還是屬於賈家的「父黨」，那麼薛姐姐呢，她的父親姓薛，她的母親姓王，只是因為母親是賈寶玉母親的姐妹，換個說法，就是賈寶玉的父親和薛寶釵的父親娶的是姐妹，那麼，賈寶玉和薛寶釵的關係就更遠了，賈寶玉他叫薛寶釵的母親是「姨媽」，叫薛寶釵雖然也是表妹，但是，是姨表親，屬於「母黨」的親族。

史湘雲——那麼史湘雲呢？就更遠了，她是賈母也就是寶玉的祖母的兄弟的孫女，和賈寶玉中間差了很遠，照理說，史湘雲的祖父和賈寶玉的祖母是兄妹或姐弟，那麼史湘雲的父親和賈寶玉的父親他們是姨表兄弟，而到了史湘雲和賈寶玉，雖然也叫作表兄妹，但是湘雲和寶玉的血緣關係卻差了兩三層了。

雖然說，傳統中國是「男主外，女主內」，但是，在分別親族的時候，男性一系的親人，也就是父黨這邊的是「內」，而女性一系的親人是「外」，俗話說，「胳膊肘子不能向外拐」，就是說，古代中國的感情和價值，是要尊重和偏向自己一姓的，有一句老話叫「女生外向」，就是說女子以後終究要嫁人，要到其他「姓」那裡，站在外姓的立場上去。可是，有沒有人再細想一想，賈母不姓「賈」而姓「史」，王熙鳳不姓「賈」而姓「王」，為什麼立場都移過來站在賈家的立場上？其實這就是說，古代中國的觀念世

界裡面，家族的價值是維繫在父子直系血緣的遠近上的。祖父——父——本人——長子——長孫，在這一條中軸線上，才體現了血脈的中心價值，所以「女性」、「外姓」是依附於這種價值上的。她們的意義在於是否延續了這個「姓」，她們的價值也就依附在這個「姓」上，所以，賈母和鳳姐不自覺地都站在了「賈」家的立場上。舊時代，很多女性沒有自己的姓名，只是跟著丈夫的姓氏叫「李氏」、「王氏」、薛姨媽、王夫人，直到現在仍然是「范徐麗泰」、「陳方安生」，就是把夫姓冠於前，像賈母，明明是史家的人，卻事事都為賈家想，鳳姐姓王，嫁到賈家，就站在了賈家的立場上去了，因為她們出嫁生子以後，最重要的親人已經不再是她們自己的父親母親兄弟姐妹，而是她們的丈夫和兒子了，然而她們的丈夫和兒子都姓「賈」。

這種男女、內外之分，在古代中國是很清楚的，也是很嚴厲的。要想消泯這種「內」與「外」、不同姓之間的界限，怎麼辦？只有一個辦法「婚姻」——以前婚姻也叫「合兩姓之好」——比如，《紅樓夢》裡，寶玉很希望林黛玉長期在賈家不走，但紫鵑就說了，林家的人終究要回林家，早晚要走的，於是寶玉大哭大鬧，連玩具船都要燒掉，發了一場病。當然如果寶玉可以把林妹妹娶過來，那麼就可以歸賈家了，這就是傳統中國所謂的「親上加親」。可是一家中間有了兩姓，兩家構成了一個族群，那麼就有一個和誰親，和誰疏，什麼是主，什麼是次的問題，否則就會大

亂了。於是，圍繞著婚姻關係，展開了家族內與外、親與疏的秩序。

七、長幼有序：孝和悌

接下來，我們要說第二個原則了，除了男女有別以外，在一個家族裡面，最重要的是長幼有序。比如說，在同一個 brother 裡面，要區分的是兄，還是弟，在兄弟中間，要有清楚的排行，這在過去家族群體很龐大的情況下尤其如此，比如唐代更是行第極清楚，舉唐代大詩人為例，就有王大昌齡、李十二白、杜二甫、高三十五適。不僅如此，就連兄弟的配偶，也要區分是嫂，還是弟妹，是三弟妹，還是五弟妹。同樣，在同一個 sister 下面，要區分是姐、妹，姐妹的配偶，也要分出姐夫、妹夫。而在同一個 uncle 下面，要分出伯、仲、季、叔，伯、叔的配偶，還要分清嬸嬸還是伯母。更不要說同一系統下面，各種隔了一層的叔伯兄弟姐妹，更要用排行分清大小，以建立一個長幼次序來安排尊卑的秩序。此外，在過去一夫多妻制時代，還必須區別嫡和庶，也就是正房、偏房，如果有人看過蘇童的小說《妻妾成群》，就是後來張藝謀拍的有名的電影「大紅燈籠高高掛」，就知道裡面的大太太就是正房，可以稱為「妻」，其他的二三四房，像頌蓮，就是偏房，只能叫做「妾」，她們生的孩子，要分「嫡」和「庶」，太太生的是

嫡出，姨太太生的是庶出，而庶出還得分姨太太、通房丫頭的次第，漢語裡面說的嫡出、庶出、大奶奶養的、後娘養的、丫頭養的，裡面的區別就很大了，所以雖然賈環和寶玉是同父兄弟，但是賈環是趙姨娘生的，是庶出，地位就不能和嫡出的寶玉同日而語。

中國民間有一句俗話說，「皇帝愛長子」，其實「愛」倒不一定。皇帝愛長子，是因為在古代中國，政治的直接繼承權，規定是給長子（嫡長子）的，大概從殷商以後，「兄終弟及」的繼承習慣結束，大概漸漸就形成這樣的原則了，這是為了保證傳續的秩序不亂，血緣繼承的系統不斷，但是民眾的遺產分配，倒不是這樣的，一般來說是平分，所以叫「分家」，這時候父母的偏愛就起作用了，所以還有一句俗話是「百姓愛么兒」。父母要「愛」子女，子女就要孝順父母，前輩要關心後輩，後輩也要尊敬前輩，這在漢族倫理裡面，是天經地義的。所以，古代說「孝、悌」，「孝」是指下一代對上一代的忠誠與服從，孔子再三強調「孝」，是為了保證家族秩序中的輩分等級不要紊亂，「悌」是指同一代人中間，小的對大的的尊重與服從。「兄弟閱於牆」，是會被人笑話的，而老話說「長兄為父」、「長嫂為母」，則是說「悌」在某種時候，就轉為了「孝」——都是長幼有序的意思。

八、家庭、家族與家族共同體：
　　同心圓的逐層放大

　　依靠這種男女有別和長幼有序的原則，建立起來家族的內部秩序，這種秩序經由家庭、家族，一層一層地放大和聯繫起來，形成了一個個的大的宗族組織，這些宗族組織以同「姓」為紐帶聯繫起來，他們常常是居住在一個共同的區域，擁有一個共同的祖先，有一個共同的祠堂，有一份共同的宗譜，因此他們互相認同，也一致對外。

　　在這個宗族裡，如果有一些曾經中過舉或者進過學的人，而且他們年齡與輩分較長，通常會比較有威信，成為領袖式的人物，主持家族事務。從明代起，這些人還享受政府的特殊照顧，洪武十三年 (1380) 免除了官員的徭役，一些在鄉村的前任官員就享受了這一好處，到嘉靖年間 (1522–1566)，那些擔任過公職的人更把全部徭役都推掉，成了鄉村中的上流人士，他們往往掌握一定的公產，比如義田、族田的收入，也負責一些公益活動的安排，比如祠堂祭祀，還會處理一些公共的財務，像演出時的捐獻或攤派。通過「男女有別」和「長幼有序」建立起來的秩序和倫理，他們對同姓的親族關係進行協調，比如要求族人互相幫助，幫助人們處理糾紛，領導族人對付外姓，甚至組織經濟活動。據著名的社會學家弗里德曼 (Maurice

Freedman) 的考察，在古代中國那些曾經有過功名的男性族人，常常會因為他們與官方的特殊關係，成為保護家族利益的領袖，他們維持這一居住空間裡的秩序和團結，還要用撰寫家譜、族譜的方式，維持這群人的互相認同的親密關係，特別是他們還會用「鄉約」、「族規」等等，來確立這一居住空間的倫理道德秩序。

這樣的家族在宋明時代漸漸成型，但也在晚清民初以後，特別是 1949 年以後逐漸瓦解。現在，很多地區尤其是北方的龐大家族，都漸漸隨著歷史的劇烈變化、現代生活方式的侵襲和人口的移動而崩潰了，但是在中國南方，比如廣東、福建、江西等等地區，這些家族還在起作用，像潮州斗門鄉的陳氏家族、香港新界的鄧氏家族、文氏家族、粉嶺的彭氏家族，如果你有機會參加他們的家族活動，尤其是他們的祠堂祭祖活動，你會感覺到，一方面，男女有別是那麼清楚，一般來說，祠堂祭祀時，男性族人站在祠堂內，而女眷則只能站在祠堂庭外（或者是左右分開），一方面，長幼有序也是那麼清楚，不僅已故的祖先要按照昭穆排序，在五代之祖宗兩側排開，就是族內現存的男性，也要按照輩分和年歲依次站立。

當然，在這種莊嚴的場合，看著「我們」的共同的祖先，想到「我們」有同樣的血脈，聽著莊重的宣讀念誦，看著身邊熟悉的面孔，身處其中的人會產生一種強烈的族群認同。使同一家族裡的不同階層、不同性格的人們，互

相協調成為一個有秩序社會的，依靠的主要就是「內外有別，長幼有序」的觀念、制度和儀式，這些觀念、制度和儀式維持著大家族內部的團結和延續。

九、喪葬儀禮與喪服制度：
衣服絕不僅僅是衣服

好了，現在我們回過頭來看格羅特的書，他記載下來的葬禮，在古代中國，其意義恰恰就是保證上面講的親族分別與親族和睦的秩序，因為古代中國要在莊嚴的喪禮中，象徵性地暗示和規訓男女有別、長幼有序的秩序，而且，還要把這種秩序放大到整個社會、甚至國家，這就是古代中國主流的儒家思想的基礎。

中國人常常自稱「禮儀之邦」，禮儀禮儀，主要是一些儀式，傳說中「周公（旦）作禮樂」，孔子小時候就會設禮容、擺俎豆。在古代中國，曾經有過很多「禮」，也就是各種儀式和制度，這些「禮」都來源很早，有的可能從三千年以前就已經形成了，這些「禮」被當作每個知識分子必須知道與精通的道理與知識，而且編成了書，成為必讀的經典，十三經中就有三部禮書，宋代大學者朱熹重編的《文公家禮》，是從明代中國一直到近代中國鄉紳都使用的規定禮儀。而喪禮又是其中最重要的，專門講「禮儀制度」的儒家經典《儀禮》一共十七篇，居然有〈喪服〉、〈士喪

禮〉、〈既夕禮〉、〈士虞禮〉、〈特牲饋食禮〉、〈少牢饋食禮〉、〈有司徹〉七篇講「喪禮」。是不是古人重死而輕生呢?不是的,孔子說過:「未知生,焉知死」,古人是很重視現世生活的,不過,反過來也可以說,「未知死,焉知生」,前面我們講,喪禮雖然是為死人而設,但實際上卻是為了活人,特別是為了活著的族群的秩序。為什麼?因為儀式是用一套清晰的象徵方式,依靠有規律的重複,在人們心裡產生暗示的行為。它是把一些共同的觀念和規則合理化的方式,它所形成的觀念和規則,對儀式參與者會有潛移默化的影響。

那麼,喪禮怎麼樣影響活著的人呢?

我們來看一下喪禮的內容。在全部的喪禮中,古代中國又特別重視「**喪服**」。在某種意義上說,「文明」就像是穿衣裳,當衣服不僅為「禦寒」,而是為「遮羞」的時候,說明人開始懂遮羞,懂遮羞,就有了羞恥心,有了羞恥心,就有了是非,用現代的詞來說是有了道德觀。當衣服不再僅僅是「遮羞」而還要希望「美麗」,人就有了審美觀。因此,雖說亞當和夏娃就是因為有了羞恥之心而被趕出伊甸園,但也因為有了羞恥之心,才成就了人類的文明。從獸皮護暖樹葉蔽體,到上衣下裳男女有別,再到王者的華袞帛黼、官員的蟒袍玉帶、舞者的羽衣霓裳、死者的金縷玉衣,這就彷彿文明有了一整套規則。要在衣服上區分上下,要在衣服上分辨場合,著革履西服者不宜撸袖伸臂喧呼噴

沫，著長衫戴頭巾的不好入柴肆魚檔與人爭席，穿泳褲在游泳池並不令人驚詫，而穿著去會客卻肯定是「非禮也」。衣服有時是對穿衣者的制約，所以，傳統中國特別關心衣服的象徵性。古人有「垂衣而治」的說法，一是說垂下衣服，不用動勞，就可以治理國家，一是說垂下衣服，由衣服的象徵性暗示就可以清理秩序。

據說，儒家又是特別懂得「衣裳之制」的專家，所以喪禮中如何穿衣服的「喪服制度」，就格外地重要。

十、五服制：認同、等差與區別的標誌

喪禮裡面有所謂的「五服制」，就是指在喪禮上，親人為死者穿的五種不同衣服，而這五種衣服又作為象徵，規定著一系列深刻的內容。

首先是「**斬衰**」，「衰」讀如「崔」，是指粗麻布作成的喪服，布幅二尺二寸，經線二百四十縷，邊上不縫，彷彿用刀剪直接剪開，叫「斬」，也許象徵著處於悲痛中的人，無心精心縫製罷。這是在喪禮上兒子為逝世的父親、妻子為過世的丈夫、諸侯為駕崩的天子、父親為死去的長子所要穿的衣服，這表示穿此衣服的活人與死者親緣關係最密切，關係也最重要。據說，這時不僅要穿粗麻衣服，而且要「扙竹杖」、「居廬」、「蓋苫枕塊」，吃粥飲水，要到祭禮完成，下葬完畢，才能夠「寢有席，食蔬食，水飲，朝一

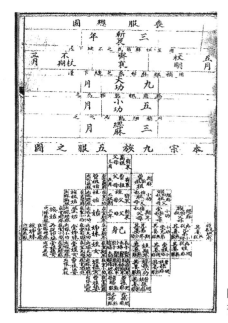

圖 2–5：民國二十年《時憲通書》中的九族五服圖

哭，夕一哭」。而且，守喪的時間要三年，在那段時間裡，人不能飲酒、不可娛樂、不能為官，萬一真的有特別的情況需要他出任要職，還要由皇帝出面，這叫「奪情」，就是為了國家，無奈奪了你哀悼親人的感情。

其次是「齊衰」，齊衰的「齊」是指喪服可以縫邊，麻布也細了一些（二尺二寸，三百二十縷），規定是「父卒為母」（三年）、「父在為母」（杖一年期）、夫為妻（杖一年期）、為祖父母（杖一年期）、為曾祖父母（三月），用桐木作的杖，紵麻経（腰帶），穿稀疏麻鞋（疏履），戴布紵的冠緌。

　　再次是「**大功**」，大功的麻布又比齊衰的要細（二尺二寸，五百六十縷），穿這種衣服，表示死者與自己的關係又比上面的要疏遠一些，比如父親為兒子（不是嫡長子）、為長女、為姑姑、姐妹、從父兄弟（即同祖父母的叔伯兄弟）等，服喪時間是九個月。

　　再次是「**小功**」，小功的麻布衣服就更細一些了（二尺二寸，八百縷），服喪期也縮短到了五個月。這主要是：為外祖父母、為祖父母的兄弟（從祖父母）、為隔兩房的堂兄弟（指同曾祖父母的叔伯兄弟）等等。

　　最後是「**緦麻**」，這是最細而精緻的麻布喪服（二尺二寸，一千一百縷），服喪期也縮短到了三個月，這主要是為了岳父母、為女婿、為舅舅等，顯示外姓的疏遠與冷漠。當然，同姓中比較遠的如為祖父母的堂兄弟（族祖父母）、為曾孫，也都只是緦麻。

　　——以上叫「**五服**」。需要穿「五服」的，當然是「親屬」，屬於一個大家族中的親人，過去說，某某和自己有親戚關係，「沒有出五服」，就是說關係比較近了。如果一個人要和另一個有血緣關係的異性結婚，無論男子女子，都要考慮是否「出了五服」，如果不出五服，法律、醫學和輿論大概都不能允許。在古代中國，這種親緣關係相當重要，一個人一出生，就註定在這個親族中，由親族確定你的關係，也確定你的身分。前面我們講過「三親」，中國古代還有「九族」，大家很熟悉的一個事情就是，明代方孝孺因為

支持建文帝，被後來奪了皇位的明成祖處以滅九族的大刑（實際上是滅「十族」，即把沒有血緣關係的朋友門生也加上），這九族就是上四代（高祖、曾祖、祖、父）和下四代（子、孫、重孫、玄孫），加上自己，這九族也就是在「五服」內的，就是在喪禮上要穿喪服的親屬。有名的李密〈陳情表〉中說，自己「外無期功強近之親，內無應門五尺之童」，前一句「期」講的就是服喪的時間，「功」就是講的服喪的衣服，總的意思就是自己沒有親人，哪怕最遠的親人。杜甫〈遣興〉裡講「共指親戚大，總麻百夫行」，後一句裡「總麻」指有喪事的話需要穿總麻的親戚，意思就是說，自己的親戚很多。

總之，在同一個家族中，遠近親疏也要有一定的秩序，得分清楚上下尊卑，通過喪服等級、服喪時間的象徵性區分，一個家族的人大體上就有了認同，也有了分別，親疏被規定得很清楚，這種血緣親族的大小重疊的圈子，把每個人安置在一個合適的位置裡，使這個家庭上下有序，不會混亂。就連古代中國的法律也根據這些原則，規定著一個人的責任和義務，規定著每個人的身分和行為，所以，有人會說，中國的法律始終是倫理道德的「禮法」。

十一、近代中國的葬禮：俗世的改變

1882 年，格羅特在廈門看到的，就是這樣一場喪禮。

這一年，在廈門發生了久停不葬的事情，有人長時期地把死去的親人屍體存放在家中，供人弔唁，為此，廈門當地的道臺曾下了一道禁令，不許久停不葬，格羅特正好在福建調查，便好奇地觀察了當地的葬儀。他發現，廈門人的葬禮，在前半部包括了：⑴死哭；⑵使瞑目；⑶開天窗；⑷閉店鋪；⑸購置喪服；⑹洗屍；⑺置長明燈；⑻供紙陪祭之人形；⑼乞火灰；⑽移家具睡床；⑾置供品；⑿獻供於土地；⒀弔問；⒁警戒貓跳乍屍，此外，還有哭喪與招魂等等。若干年以後，美國學者華生 (J. L. Watson) 和羅友枝 (E. S. Rawski) 在對香港、廣東和福建的調查之後，則把整個儀式歸成九類：㈠哭喪；㈡著喪服；㈢沐浴屍體；㈣供死者隨葬品；㈤供牌位；㈥收儀金；㈦安魂樂；㈧密封棺材；㈨下葬安壙。

不過，他們看到的，彷彿和我們前面介紹的《北京風俗圖譜》記載同時的北京上層滿族風俗不同，這可能是地方性的制度或儀式，也可能是逐漸修改過或簡化過了的世俗喪禮。在古代經典記載中，在兩三千年以前的喪禮，原則上是這樣的：第一天，首先是「招魂」，就是在屋脊上向北方大呼死者之名，然後將死者之禮服從房上由前簷扔下，下面人接住，便蓋在死者身上。接下來，有「遷屍」，就是在室中南窗下設床，屍體頭在南，用殮衾覆蓋。「楔齒」，為在死者嘴中放玉玲。然後是「設奠、帷堂」、「訃告」、「哭泣」、「弔唁、送襚（殮衣）」、「設銘（即旌銘）」、「浴

屍」、「飯含」，最後是「襲」，即給死者著衣。第二天叫「小
殮」，即陳設、展示殮衣、祭奠、賓客弔唁、夜中設庭燎等
等。第三天叫「大殮」，大體上節目與前一天相同，但是死
者在這一天入棺、成服。從第四天起，按親疏關係穿戴喪
服，朝夕哭，朝夕奠，迎送來弔唁的賓客（後世有用佛道
作七之儀式），入葬（筮宅、備槨及明器、卜葬日、發引、
入壙），此後，就是各種親屬按照不同等級，為死者進行守
廬、祭祀，其中，一週年時之祭祀叫「小祥」，二週年之祭
祀叫「大祥」，大祥一月以後，舉行「禫」，合祭死者於宗
廟，於是儀式結束。

　　最後要說到死者的墓地。這裡舉一個例子，是福建泉
州陳埭丁氏家族的墓地，丁氏是回族呀，但是也受了漢族
文明的影響，這個墓地修得非常壯觀。有人說，這是中國
式的祖先崇拜，所以要修那麼壯觀。像有的人類學家就說，
漢族人傾向於相信，第一，我們的一切都是祖先遺留下來
的，好的話是祖先積德，壞的話是祖先為惡，一般來說修
了大墓地的家族，都是發達的，所以相信祖先陰德，有一
本人類學家許烺光寫中國家族的書就叫《在祖蔭下》。第
二，中國人相信去世的先人和活人一樣，有生活的需要，
為了免於鬼魂無家可歸，所以要建墳掃祭，甚至要燒紙錢
紙車紙馬乃至紙電視冰箱。可是我們再深入想一想，為什
麼中國人特別看重這種對於死人的儀式和制度？剛才我們
已經說明，這一方面是為了讓祖先繼續保佑自己和自己的

家庭，一方面則為了通過對死者的追悼儀式，維護活著的家庭、家族的秩序。

十二、家譜族譜和祠堂祭祀：
死去的祖先蔭及子孫

　　一個人去世了，家族的親人們為他舉行喪禮，為他下葬安壙，最親近的人為他守廬，三年以後服喪期滿，人們開始繼續正常的生活。但是這不意味著人們從此忘記了他，除了他的血脈在他的子孫身上流淌之外，他的生命還在兩方面延續著，一方面是他被寫進宗譜，進入歷史，成為記憶，一方面是他被請進祠堂，享受祭祀，接受膜拜。

　　這都是宋代儒家學者的發明。據說最早也是最有影響的家譜和族譜，出自兩個宋代大名人，一個是蘇洵，就是蘇軾、蘇轍的父親，據他說他的祖上是唐代有名的蘇味道，可是一直到他的高祖，家世並不很清楚，於是從他起就開始寫家譜。另一個是歐陽修，他不僅寫了家譜，還規定家譜應當從可見的世代開始寫起，到五世玄孫以後就「別自為世」。後來，據說《眉山蘇氏家譜》和《廬陵歐陽氏家譜》就成了後世家譜族譜的典範。家譜族譜就好像我們通常說的「歷史」，它把一批人一代一代地記錄下來，把一代一代已經分枝各葉的人聯繫起來，證明他們本來擁有共同的淵源。

圖 2–6：祭祖圖

　　那麼祠堂呢？祠堂是祭祀祖先的地方，根據宋代程頤
的建議，首先，每一有一定地位的家族都要有廟，其次，
廟裡面應當有祭祀的對象，以高祖居中，每一代的先人按
照昭穆次序左右分列，都以夫婦相配，再次，祠堂應當是
三間，外面是中門，中門外是兩階三級，祠堂裡面北牆下
為四龕，每龕一桌，從西向東分別是高祖、曾祖、祖、父。
最後，每年的冬至應當隆重祭祀始祖（這一姓最早的先
人），立春祭祀先祖（五世祖），季秋的時候禰祭（禰，指
去世的父親在宗廟中立主，就是父親之位）。不過，後來流

行的《朱子家禮》則規定，四季仲月（二、五、八、十一）舉行四時祭，祭前三天要齋戒沐浴，前一天清掃祠堂，置神位，當天清晨家族的主人就是宗子率全家族列隊祠堂，舉行祭祀活動，因為《朱子家禮》後來相當權威，所以這成為常規。

家族的歷史和家族的儀式增強了家族的認同感和凝聚力。在古代中國甚至是現代中國，家譜族譜非常繁榮，家族祭祀也很受重視。這在許多人類學社會學調查中都可以得到證明。為什麼？說到底，是因為家族對每個個人都很重要。有學者指出，第一，從生命的意義上說，國家、制度、法律主要兼顧公平和秩序，不管人的死活，在饑荒、戰亂、無序的時代，人們覺得更能依靠的是家庭、家族，所以古代的宗族對個人生命的延續是相當有意義的。第二，從安全的意義上說，他人就是「陌生」，人不能指望僅有競爭關係的「他人」，處處都有危險，所以只能依賴家族的認同。我們如果去看閩西客家的圍樓、貴州苗族的山寨、北方平原所謂的「土圍子」，那些逐漸形成的家族聚居方式，可以讓我們體會到一種尋求安全的需要。第三，從感情上說，「家」是溫暖的象徵，無論在任何情況下，家庭和家族都有無條件的愛，中國的俗話講「金窩銀窩，不如自家的狗窩」，為什麼？就是因為那裡有無條件的愛，陶淵明所謂「歸園田居」，那個「歸」字裡面，就有根回歸泥土的意味。人們都熟悉「雞鳴桑樹顛，犬吠深巷中」的詩句，這

種感覺，在《詩經》裡面也有，「雞栖于塒，日之夕矣，羊
牛下來」，黃昏時牛羊回到山下的圈裡，也和子孫回到老翁
倚杖的柴扉是一樣的，都是「到家的感覺真好」。第四，從
文化認同的意義上說，墓地、墓碑、祠堂、家譜，比正史
更重要，因為正史的認同範圍太大，它是國家，地方志所
認同的範圍是一個州一個縣，只是一個政治空間，但是家
譜、族譜的認同，是有自然血緣關係的一群人，是祖祖輩
輩生活的一塊地，特別是祭祀，在對死者的莊嚴祭祀中，
在宗廟舉行的各種儀式裡，面對著死去的亡靈與祖先，家
族內部好像有一種很強烈的「認同」感，在那種儀式上，
人們會想，我們是同一個祖先的子孫，我們是一個姓的親
人，我們應該對得起祖宗，這種來自於「血緣關係」的自
然感情，在這些儀式中，被召喚出來，同時，通過這種儀
式，也把親族的秩序制度化了。

十三、家族與儀式在古代中國社會生活中
的意義

最後我想說的是以下三點。

第一，在古代漢族中國，家族的墓地——祠堂——祭
祀的儀式，以及鄉約、族規、家法和家譜，是社會生活裡
非常重要的基礎，古代漢族中國之所以能夠在法律並不很
細緻的情況下，會有一個相對比較穩定的秩序，有一個大

體的認同的共識，就是因為有這些東西在支持它，組成一個一個的社會單元。第二，從歷史上我們還可以看出，當國家和政府的力量強大的時候，宗族、親族是對抗和抵消國家控制力量的一個社會空間，好像一個隔離層一樣，防止著國家力量對於個人生活的直接控制，而當國家力量一旦削弱，它就會作為民間社會，補充國家對秩序的控制，作為社會維持生活秩序，比如清代末年，各地的民間社會以及鄉紳的勢力超越國家的勢力，他們以團練（民間軍事力量）、保甲（民間社會組織）、鄉約（民間禮法）維持著社會的秩序，甚至發展起來龐大的力量，參與著國家的管理和控制，如曾國藩的湘軍、李鴻章的淮軍等等，所以它是國家與個人之間的力量，維持著國家與個人之間的平衡和穩定。第三，中國家族與儀式的重大變化出現在近代，由於西洋的進入，由於市場一體化、交通的便利和人口的流動，由於國家漸漸直接干預著個人生活，所以這種中國式的宗族形式在近代漸漸瓦解。

可是，最近由於中國大陸國家控制的放鬆和各級地方行政控制的崩潰，由於地方經濟如鄉鎮企業的崛起，宗族在民間社會又開始重新活躍起來，如果我們到浙江、福建、廣東、江西去看，就會發現這一點，而如今的家族重建家族墓地，重修祠堂，重修家譜，也正是在「國家」依賴和約束漸漸削弱的情況下，重新尋找「認同」的基礎——宗族，重新建立社會生活的秩序——並非國家法律的禮法。

　　我們應該怎樣評價這種家族形式、家族儀禮以及家族
倫理呢？中國的這一社會形態，對於習慣於「現代化」、
「全球化」之類以西方歷史與社會為準繩評價歷史和現實
的學術界，其實是一個很大的難題呢。

第三回

家國秩序——國家、社會與儒家

引子：從「家」到「國」，從「禮」到「法」

　　也許真的是「旁觀者清」。洋人常常把中國說成是個「儒教國家」，如果我們不在「宗教」這個詞兒上和他們較真，可能他們說的也有一點兒道理，因為維護和支撐古代中國文化兩千多年一直延續的最重要支柱就是儒家學說。

　　儒學當然很了不起，不僅古代讀書人都讀儒家經典，現代研究中國的學者也最重視儒家，就算是有的人從心底裡喜歡佛教，喜歡道教，但是一回到國家、社會和家庭這個現實問題上來，還是要抬出儒家學說。比如說，現在有人想像在這個「全球化」(globalization) 的時代，就覺得必須再度復興儒家，才能應付這個越來越「一球（兒）樣」的世界。又比如說，一個包括各個宗教共同討論的「全球宗教倫理宣言」也說，儘管各個宗教有很多衝突與差異，但是，儒家的「己所不欲，勿施於人」就是大家共同可以接受的倫理底線。

　　是不是這麼回事兒？咱也不好說。古今中外很多學者、

很多著作都討論儒家，關於儒家的書可以用「汗牛充棟」
來形容，不過，現在的著作講得太深太玄，說得好聽些，
是學術氣學院氣太重，太深刻。說得不好聽一點兒，就是
濃墨重彩加油添醋，越說越邪乎。其實，儒家的道理基礎，
就在「家」和「禮」上面，前面一回我們談到了古代中國
的家庭、家族和儀式活動，這次就要談談從「家」到
「國」，從「禮」到「法」。有國有法，國法國法，從「禮」
到了「法」，儒家才成了帝國的政治意識形態了。

　　所以，這裡就談談古代中國的國家和關於國家的學說，
也就是中國古代的儒學，以及它的起源、思想以及它的意
識形態化和制度化問題。

一、家有家規，國有國法：
　　從家庭、宗族到國家

　　西方人說「國家」是 country, nation, state，日本人說
"くに"，都沒有「家」的意思，最多有「鄉土」的意思，
「政治共同體」的意思，只有中國，才把「國」與「家」
連在一起說，《古文尚書‧金縢》裡就有「惟朕小子其新
逆，我國家禮亦宜之」，《論語》裡面雖然沒有直接說國家，
但《禮記》裡面記載孔子曾經說，「天下國家可均也，爵祿
可辭也，白刃可蹈也，中庸不可能也」，前一句提到「國
家」，就是《論語》裡面說的「丘也聞，有國有家者，不患

寡而患不均」，把國和家放在一起，而且治理的原則都是一樣，就是貧窮不可怕，關鍵要公平，是很有社會主義色彩的道理，不過，他說的國和家，是當時諸侯城邦。而到了孟子呢，那個時候不同了，所以，他講「國家」講得就更多，最典型的說法，就是他說的「人有恆言，皆曰『天下國家』，天下之本在國，國之本在家，家之本在身」，這話反過來說，就是《大學》裡面的正心修身齊家治國平天下了。

　　「國家」還可以倒過來說「家國」，像古話講「家國有難」。其實，在古代中國思想裡，家和國只是一小一大而已，一直到現在，大陸還有流行歌曲說，「我們的大中國呀，好大的一個家」，所以，很多人在說到這個意思的時候，常常用一個成語叫「覆巢之下，安有完卵」，小「家」好像鳥蛋，如果國家這個窩翻了，蛋也保不住。俗語說「保家衛國」，這是因為古代中國就把「國」看成是放大的「家」，所以，縣官叫「父母官」，君主叫「君父」，對君主不恭敬叫「無君無父」，犯上作亂的人，按孔子的說法，之所以他沒有尊敬上面的心，就是因為他不孝，在家不孝順，出門就不忠誠。犯上作亂，無君無父，在古代中國的觀念中，「無君無父」，那只是「禽獸」，而不是「人」，至少他不是「漢人」。古人說「非我族類，其心必異」，與禽獸有沒有兩樣，所以按照儒家中國的正統觀念，作為一個人，要對父親孝順，對君主忠誠，所以古代有《孝經》和《忠

經》，也有各種關於孝和忠的法律規定。在古代中國，如果一個人被認為是「逆子」，他就道德上根本站不住了，如果他被認為是「亂臣」，那麼他就在政治上站不住了，如果說他「賣國」，那他就根本不是一個人了。

二、國家國家：國在家之上

家是國的基礎，家族的秩序和原則，放大了，就是國家的秩序和原則，老話說，「麻雀雖小，五臟俱全」，「家有家規，國有國法」，所以，至於古代有理想的人，要想做偉大的人，從小先每天來灑水掃地開始，要想治理國家，也要先從治理小家開始，這叫「一屋不掃，何以掃天下」。儒家有一句有名的話，「正心、修身、齊家、治國、平天下」，先是治心，再治身，然後以身作則，治理家庭，治理家庭的能力放大，就是治國的本事。

不過，從歷史上看，古代中國價值觀念系統裡，「國」的意義和價值超過了「家」，一直到今天，關於「主權」和「人權」的爭論，還是沒完沒了在進行，中國人和西方人看法就是不一樣。在古代中國的價值表上，好像是按照大小排序，「國」比「家」重要，「家」比「人」重要。這種看法很頑固，也很深入人心，文雅的說法，如上面所說的「覆巢之下，安有完卵」，通俗的說法，像「大河有水小河滿，大河無水小河乾」，「忠孝不能兩全」……都是把大家

放在小家上面，把集體放在個人上面，這是價值觀念。

　　這一點，西洋人也早就看出來了，為什麼？因為它和近代西方以個人為基礎的自由價值觀念很不一樣。對與自己不一樣的東西，外來的人就會特別敏感。差不多一百年前，有一個到中國來的英國人麥高溫曾經說中國，「把家庭作為起點，是因為在這裡體現著一整套觀念。這種觀念認為，個體必須樂於將個性與意志和家庭或家族結合起來，並作為範例推而廣之，運用到社會其他方面」，這當然很好。不過他也看出來，因為這樣的原因，使得整個中國形成了一個「相互負責」也就是「連坐」，卻又沒有個人承擔「責任」的體制，也造成了國家的專制。為什麼？因為皇帝除了向「天」負責之外，可以像「家長」一樣為所欲為。他的這篇文章曾經登在上海的《北華捷報》上，後來編輯成書在英國出版，最近又譯成中文，叫做《中國人生活的明與暗》，大家可以看一看這些洋人的東西，這叫做借「異域之眼」，有時候「當局者迷」，反倒不如「旁觀者清」。

三、國家與秩序的需要

　　沒有什麼是天生的，漢族中國人的傳統也一樣。這種後來成為儒家基礎的價值觀念，並不是天經地義的。根據考古學家和歷史學家近年來的研究，古代中國是由鬆散的部族聯邦構成共同體，由共同體構成大聯盟的，人們生活

的基礎和認同的單位，最初還是家庭和家族。想一想就明白了，在交通不方便的情況下，誰知道另外一個地方的人和我是不是一條心呀？比如我過去曾經在西南的大山裡面生活過，就知道那裡苗人多數連縣城也沒有去過，而粵西十萬大山的村寨呢，隔山跑死馬，交流根本沒有那麼方便，至於閩西的客家寨宅，一個個的圓形封閉著人們的交往，與外界也相當隔膜，但是，理論上他們也都可以認同一個很大的區域和族群，說起來「我們都是中國人」，雖然人們並沒有多少交流和溝通，那麼，他們怎麼會知道「我們」屬於一個「國家」，而且甚至是一個「民族」，並且相信這個國家和民族是可以信任和依賴的呢？

從歷史上說，古代中國很多關於國家的觀念和社會的制度，都是從家庭、家族、宗族這裡引申出來的，這種合理性認同來自人們對於身邊的家庭、家族和宗族秩序的理解，人們覺得這個秩序有道理、可以依賴，所以被漸漸放大，就成了普遍倫理和國家制度。當然，這種對於民族和國家的認同是需要的，單個的人，會覺得孤獨和恐懼，當他面對一個碩大無邊的空間和無數陌生的族群，他會覺得自己很孤立，所以特別需要一種可以互相信任的群體。就像你到一個「外國」，突然周圍都是聽不懂的話語，你會覺得很緊張，你不知道周圍的人是怎麼看你的，你會覺得孤獨，你也不知道他們是要對你不利，還是要對你友好，你會覺得你自己很渺小。這就好比你進入一個陌生的大樓，

沒有圖紙，沒有燈光，你也會覺得很恐怖，要看看門背後，要翻翻床下面。所以人需要「群」，這個「群」就是民族、國家和社會，而「群」又要有一些共同點，比如講同一種語言，你會覺得彼此熟悉，長相接近，你也會覺得天然親近，生活習慣相同，你也會覺得是同一「群」人，因此可以彼此相信。

可是，從家、家族擴大到一個民族、一個國家、一個社會，又需要有秩序，不然就會亂。那麼，這個秩序怎麼建立？先看「家」，一個家庭或家族，不同身分與輩分的人構成居住在一個空間裡共同生活，如何使這種生活有秩序、不混亂？這種秩序靠什麼使大家都服從與信任？上次我們講到「男女有別和上下有序」。國家的問題也是一樣的。一個國家需要面對的第一個問題，也就是如何使不同階層、不同文化、不同信仰的人都在一個空間中生活，而且互相和睦地相處。我們前面講過，在家庭、家族裡，有倫理上的等級，包括父黨母黨、長幼上下、嫡庶親疏的區別，必須使每個人都知道自己的身分和等級，也知道他人的身分和等級，根據這種自我和他人的位置和關係，採取適合的態度，處理「我」與「自我」、「我」與「他人」的關係——其實是全部價值觀念的基礎和起點。

關於這一點，東西方、古近代都一樣，但是具體上卻有差異。古代中國呢？上下有序和男女有別很嚴厲，意識也很強烈，比如我與父母，要奉養，要恭敬，要侍候，可

是，我與我的叔、伯，要用對非直系長輩的態度，不用「晨昏」去拜謁，但要尊重；我對姪、甥輩，要求他們服從，但不過分嚴屬。這樣就叫「男女有別，長幼有序」。這些觀念成為習慣和風俗，習慣和風俗，如果加上家規、族規、鄉約的文字書寫，它就成了一種「規定」，先秦時代形成「禮」，到唐宋以後，又有各種各樣的家禮、家規、鄉約。但是，如果這種「規定」再擴大到國家，把父與子、兄弟、夫婦、長幼的關係擴大到君與臣、大臣與小臣、士農工商的秩序，如果這些「禮」（背後是輿論與共識的支持）得到「法」（依賴著法律與權力的控制）的支持，那麼，它就成了一種「制度」，而「制度」有了「權力」，於是，就形成了放大的「家」——「國家」。

四、儒家的禮：禮貌、禮節與禮制

這些禮法觀念與規定，在古代中國多來自儒家。

儒家有一些話，也許大家都熟悉，像「非禮勿視，非禮勿聽」，像「不學禮，無以立」，像「克己復禮」等等。但是，怎樣要求「人」都遵守這些「禮」？怎麼提醒每個人都記住這些「規定」呢？在古代中國，儒家有不少關於「禮」的經典和著作，有很多對「禮」的解釋，佛教和道教等宗教也有很多勸善書宣傳各種關於做人的道理，民間各個地方和家族也有家規、鄉約在補充這種關於倫理的具

體規定，這都是廣義上的「禮」。

　　在古代中國，「禮」是很重要的，每個人的一舉一動一言一行，都在這種「禮」的規範之下。舉一些例子，比如兒女對父母，宋人的《居家雜儀》裡就規定，兒子對父母、媳婦對公婆，在天剛亮時就要洗漱、整齊衣冠去「省問」，他們起來後，兒子要奉上藥物，媳婦要奉上早餐，到夜間，要等到他們睡下無事，才能「安置而退」，而且吃飯要等父母公婆先舉筷子，說話要對父母公婆「下聲怡氣」，不能「涕唾喧呼」於他們面前，他們不讓坐只能站，他們不讓走就只能侍立在旁邊；又如居家男女之別，必須辨內外，男主外，女主內，男人白天不進中門私室，女子無事不能出門，女子要走出中門，要「擁蔽其面」，男僕進中門有事，女人一定要避開。正朔在祠堂祭祀祖先，男人站在（左）西邊，女人站在（右）東邊，朝北站，各以長幼為序。再如葬禮，要按照自己與死者的關係遠近，以不同的時間長短，穿上不同的衣服，為死者致哀，這樣就在生者中確立了長幼尊卑的關係。

　　所以古代的禮儀是很繁瑣也是很細緻的，對每個人的行為、思想、態度都有仔細的規定。這種規定雖然針對個人行為，但實質上，卻是維護群體生活，雖然在規勸的時候是「禮」，但是在執行的時候，如果有一定的權力，它就成了「法」。特別是它被家族或宗族作為「鄉約」、「族規」規定下來之後，它就常常有懲罰的手段，中國古代留下很

多地方文獻，裡面鄉約族規就很多，有的很嚴厲甚至殘酷，比如姚江俞氏和海域尚氏規定的，如有「婦女淫亂」，就會勒令她立即「自盡」，或者由人來「勒死」，最輕的鎮海朱氏，也規定要讓犯者「出族、離歸」；如果族人有「偷盜」，鎮海朱氏就規定要「驅逐出族」，或者綁了告官，嚴厲的像宜荊朱氏，甚至會勒令「全家出族」；那麼，如果是出現了「不孝」的子孫，怎麼辦呢？一般他們不要政府干預，而是在家族內部解決，興化解氏是「痛責，不許入祠」，合肥邢氏是杖責，吳郡陸氏是家法處治。有時候，對於家族內的犯規違法，也送交官府嚴厲處置，像《金山縣志》就記載了官府對通姦犯實行凌遲處死，當然，這已經不再是家族內部事務，而是官府出面干預家族內部的倫理道德秩序了。

這就接近「法」了。順便說一下，現代的民主制度下面，很重要的原則就是平等、自由和公正，「秩序」依賴公正的法律來維持和維護，「權威」要依靠民意選舉出來的議會來確認，對權威的「監督」又要有不同的機構，包括三權分立、輿論監督，而國家則建立在「契約」式的約定上。可是，在古代中國，「秩序」是按照家、家族、宗族的方式建立的，由不同的等級區分來維持，最高的等級是最老的男性長輩，這個人的「權威」是由權力、等級確立，沒有有效的「監督」，主要依靠道德自律和倫理約束，家族與國家都建立在這樣的基礎上。所謂「家有家規，國有國法」，

「家」　放大了是　「國」，「禮」　有了制裁的手段就成了「法」。在中國，「家規」與「國法」是一脈相通的，福科 (Michel Foucault) 在《規訓與懲罰》說，國家需要紀律，需要監視公眾的權力，即一種「持久的，洞察一切的，無所不在的監視手段。這種手段能使一切隱而不現的事物變得昭然若揭」。 那麼 ， 有什麼能比奠基於人的血緣關係的「禮」更合適的呢？按法律史學者的解釋，中國的法律是一種禮法，它不同於自然法，它的合理性基礎來自對倫理的共識，而對於倫理的共識又建立在對親族關係的認識上。人會很自然地因為血緣關係，承認這些「禮」的合理性，所以也會很自然地接受它，並自覺地遵守它。於是，道德的監督者就不再僅僅是外在的監獄和警察，而是內在的理智與觀念。孔子說「克己復禮」，又說「禮，禁亂之所由生」，就是因為它有這種意義。而在這種意義上，「禮」常常就是「法」，儒家和法家本來就是一家，而「國」也不再僅僅是外在的政府與軍隊、地域、政治組織，而是自己的「家」了。

五、儀式：靠象徵建立秩序、合法性

可是，維持「家」與「國」的秩序，還不能僅僅依靠存在於心靈中的「**觀念**」(idea)，也不能僅僅依靠存在於文字中的「**規定**」(stipulate)，而且必須有一套給它賦予合理

性的「**儀式**」(rite)，中國古代殷周時代起，這種儀式就特別複雜。對於「家」來說，在公眾節日中，全家或闔族到祠堂裡祭祀共同的祖先，在祠堂裡，要按照男女、輩分、親疏的不同，穿上不同的衣服，在祖先（立屍）面前排列起來，用豐盛的祭品（血牲、鬯酒）、莊嚴的音樂（伐鼓、擊磬）、嚴肅的承諾（祭詞、祝禱）來溝通自己和祖先之間，在祖先亡靈面前，在莊嚴肅穆的氣氛中，家族的這種「長幼有序，男女有別，親疏遠近有等差」的秩序，就得到了公眾的認同與尊敬，就有了合法性與合理性。而每一個人也都在這儀式中，確認了自己的血緣來源，自己的家族歸屬，自己的位置。一個傳統的漢族中國人在儀式上看見自己的祖先、自己的父祖、自己和自己的子孫的血統在流動，就會覺得生命永恆不止地在延續。他一看到這儀式中的家族，他就覺得不再孤獨，自己是有「家」的、有「族」的，甚至是有「國」的，他就不是漂泊不定、無家可歸的浪人，而「宗廟」、「祠堂」及儀式，就是肯定和強化這種「秩序」與「價值」的莊嚴場合。

儀式也成為「古代國家」獲得合法性與合理性的重要來源。現代人都知道，每個國家、政府、政黨或者領袖都沒有必然的權力或天命的權威，像最了不起的皇帝，後代最崇拜的唐宗宋祖，其實都是殺了本來有繼承權的兄弟、騙了周世宗的孤兒寡妻，才得到權力的，他們的合法性，其實是靠其權力和政治，加上後來人的歷史評價賦予的，

連孫悟空都會說「皇帝輪流坐，明年到我家」。秦漢之際，項羽說過，秦始皇「彼可取而代之」，劉邦則說「大丈夫當如此」，陳涉也說「王侯將相，寧有種乎」，如果不是劉邦是最後的戰勝者，他的劉氏皇朝怎麼會有合法性和合理性？至於什麼芒山斬蛇的故事，都是後來攀龍附鳳的想像。接下來，連造讖言的都要造「卯金刀」，好像天下命定就是姓劉的。劉秀接著建立東漢王朝，也傳言上為帝星，最後，連劉備都好像有了當然的天子命，諸葛亮這些人還就是相信劉家天下的當然性。可是，唐代謀反的黃巢說「他年我若為青帝，報與桃花一處開」，可見，皇權並沒有當然的合法性和合理性，只是靠了權力建立的。

　　除了力量 (power) 之外還有什麼呢？按照韋伯 (Max Weber) 的說法，皇權和王朝通常是依靠三個方面的支持，一是**共識**（觀念認同），也就是說，它是大家覺得可以接受的、有效的政府；二是**規訓**（權力制約），它有軍隊的力量，迫使人們接受政府，但它還必須有第三個東西，就是**儀式**（象徵系統），即得到上天承認與民眾認同的象徵式活動。所以，王朝要有儀式，從殷商起就有「禘」（祭天帝），後來不僅有「封泰山」（祭天），還要「祀汾陰」（祭地），像北京就有天壇、地壇、日壇、月壇、先農壇，還有「宗廟祭」；祭祖，殷商有「衣祭」，即一年為期的「周祭」。也有以祖宗配天地一起祭祀的「南郊大祭」，據有的考古發現，古代的祭祀很多很多，場面也很大，像近年發現紅山

文化祭壇、三星堆祭坑、南京六朝時之祭壇，唐代的圜丘，都很龐大很壯觀。

言歸正傳，古代中國的儒家，最早就是從主持儀式者那裡發展起來的。大家都知道，儒家學說是中國傳統裡最重要的學說。不過，這一套偉大的學說，在本質上只是一門關於「秩序」的學問，而這種關於「秩序」的學問的基礎，卻是古代的巫師從主持各種儀式的知識中歸納，並由孔子闡釋和發展起來的。

六、什麼是「儒」？「吾與史、巫同途而殊歸也」

據章太炎說，「儒」原來寫作「需」，「需」是求雨的巫師，胡適在〈原儒〉中說，儒是「殷商的教士」，以「治喪相禮」為業，這都有一定的道理。從思想發展上看，我也比較相信，「儒」之起源，源於殷周時代參與儀禮操持的巫祝史宗一類文化人。把儒士視為巫祝的後人，並沒有半點對其不恭的意思，其實孔子自己也曾經說過，自己和巫覡有很深的關係，馬王堆漢墓帛書《易傳》中有一篇〈要〉，其中就引了孔子的話說，「吾與史、巫同途而殊歸也」，為什麼與史、巫同途？史是負責古代天象觀察和推算的，也包括根據天象運行的「數」推測吉凶，就是「數術」的「數」，而巫是負責古代生活中趨吉避凶，祈禳占卜的，就是「數術」的「術」，可是據孔子解釋，巫是「贊而不達於

圖 3–1：明代所繪孔子像

數」，史是「數而不達於德」，「贊」通「祝」，《易‧說卦》「幽贊於神明而生著」，「數」是曆算推步星占一類知識。可見，孔子也認為他自己與巫祝史宗是同出一途，只是他從溝通鬼神的「祝」和曆算推步的「數」進一步求人心的「德」，所以，他說自己與史巫不同，「吾求其德而已」，「我後其祝卜矣，我觀其德義耳也」，所以，《說文》也說儒是「術士之稱」。

　　還有一個很明顯的證據。我們從各種古代文獻中可以看到，早期的「儒」都很重視服飾的象徵意義，特別講究穿衣戴冠的學問，這就很像古代的巫師。《儀禮》裡面有很多關於衣服的學問，不過這不是 fashion，不是為了美觀，注重服飾的象徵意義，本來正是早期巫祝史宗操持儀禮所形成的習慣，在早期的宗教性儀式中，象徵了神靈的巫祝

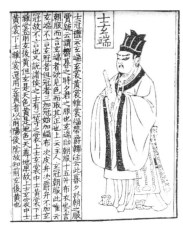

圖 3-2：《新定三禮圖》中所載的「士玄端」

是要特別講究服飾的象徵意味的，《楚辭‧九歌》中說「靈（巫）偃蹇兮姣服，芳菲菲兮滿堂」，「姣服」就是穿著漂亮的衣服。從文獻中看，「儒」所注重的服飾是很傳統而且很有復古色彩的。據說，孔子小時候愛擺弄俎、豆，像扮家家酒似地主持儀式，《禮記‧儒行》中記載孔子自己的話說，他年長後，在宋國居住，「冠章甫之冠」，《論語》記載他的學生公西赤，又說自己的理想是「宗廟之事，如會同，端章甫，願為小相焉」，《墨子》記載孔子弟子的弟子公孟子總是戴著「章甫」，插著「笏」，穿著「儒服」來見他。也就是說，儒者穿的衣服都是古代巫師主持儀式的服裝，「章甫」是殷代的冠飾，是高高的儒冠、「絢履」是有裝飾的華麗靴子、「紳」就是繫著寬寬的大布帶子，「搢笏」就是在腰帶上插著笏板。現在把上層知識分子叫做「紳士」、「搢紳」就是這個意思。《荀子》裡面曾經引孔子的話，說儒者是「居今之俗，服古之服」。據說，當他們穿了古代的衣服時，才會時時提醒自己要繼承古代的禮樂傳統。

在儒者看來，儀式不僅是儀式，而是一種暗示，衣服不僅是衣服，而是一種象徵，這種儀式和象徵，在社會是

對秩序的確認，在個人是對嗜欲的制約，《荀子》引孔子回答哀公問時說，穿著喪服，拄著喪杖的人不聽音樂，並不是耳朵不會聽，而是穿的衣服時時提醒他，你還在服喪期間，如果在服喪期間聽音樂，是對死者的不恭敬，穿了祭祀時的衣服的人不吃葷腥，不是口胃不能吃，是穿的衣服在提醒你，你是在祭祀中，需要身心清潔，在齋沐中，如果在這時吃葷，是對神靈的褻瀆。這叫「資衰苴杖者不聽樂，非耳不能聞也，服使然也，黻衣黻裳者不茹葷，非口不能味也，服使然也」，所以在儒家看來，服飾象徵人的身分、修養甚至狀態，而象徵又反過來制約著人的身分、修養和狀態，通過這種「垂衣而治」的象徵系統，儒者相信可以整頓秩序，比如士的衣服確定了士階層的行為和道德，戴秀才頭巾的人不可以行為不雅，不可以粗野，而穿皇帝衣冠的人則被突出了權威性，在各種儀仗和服裝的包裝下，就擁有了神聖性，別人就應當服從，這和軍隊運用肩章、服裝來顯示階級差別，建立上下秩序是一個道理。

《禮記》裡面記載古代的祭祀，很隆重，很莊嚴，首先是在祭祀之前幾天，就要努力地去想像追憶死去的亡靈，「思其居處，思其笑語，思其志意，思其所樂，思其所嗜，齋三日，乃見其所謂齋者」，然後祭祀那一天，進入祭祀的房間，要想像祭祀的亡靈或神鬼，繞室一圈，要想像似乎看見了他的樣子，出了門，還要想像他聽到了歎息，「以其恍惚以與神明交」。古代儀式上有幾種很重要的事情，都涉

及「秩序」，一個就是搞清楚祭祀的對象，是父、祖、曾
祖，還是遠祖，是直系、還是旁系，這涉及到祭祀者的站
位、服裝、祭品的規格，甚至參與者的表情；二是祭祀有
很嚴格的程序，不同等級有不同的規格，不同的祭祀次序
不同，先是什麼，後是什麼，不能混亂；三是祭祀的時候，
要有莊嚴的感情和真誠的態度，不能只是形式，因為祭祀
的時候面對神鬼，能否感動他們是至關重要的。這些主持
儀式的巫師後來把這一套關於儀式裡區分遠近親疏、區分
長幼尊卑的知識發展成了一套關於社會秩序的「禮」的思
想，不過，一直到儒家學說建立，他們還是保留了很多古
代儀式上關於衣服的知識，他們對於「禮」格外重視，對
吉日的安排、喪事的儀式、祭祀的規矩甚至以及平時居家
的衣服十分講究。

七、穿衣戴帽，不僅僅是穿衣戴帽

舉幾個例子。

比如穿衣服，《禮記‧檀弓》裡就有很多的記載，比如
衛國一個人死了，在死人未小殮時，子夏去弔喪，紮著
「絰」（麻製成的紮在腰間或頭上的喪帶），在死人已經小
殮後，子游也去弔喪，他也紮著絰，子夏向他請教，子游
就引孔子的話批評他是在不合適的時候紮絰帶；曾子在死
者未小殮時穿著裘衣去弔喪，子游則脫了裘衣，曾子請教

子游，子游也告訴他應當在小殮後才能穿裘衣、紮絰帶去弔喪。他們還十分注重服飾色彩的象徵意味，在什麼場合有什麼樣的顏色，顏色本身就有象徵性，「夏后氏尚黑」、「殷人尚白」、「周人尚赤」，雖然並不盡然，但他們卻很嚴格地遵循著一套規矩。無怪乎莊子要諷刺過分講究服裝而無實際才能的儒者，說「君子有其道者，未必有其服也，為其服者，未必知其道也」。據說，莊子鼓動魯哀公禁止無道而服其服者，搞得「魯國無敢儒服者」，可是，直到很晚的時候，儒生還是服裝很特別。《史記．酈生陸賈列傳》中引漢高祖劉邦騎士的話說，「沛公不好儒，諸客冠儒冠來者，沛公輒解其冠，溲溺其中」，可見，戴儒冠的習慣直到秦漢之間仍是儒者的標誌，酈生去見劉邦，使者對劉邦就形容他看上去像「大儒」，因為他「衣儒衣，冠側注」。

又比如儀式的方位規則，據說，「小斂之奠」，子夏就認為應在東邊，而曾子認為應在西邊，「有若之喪，悼公弔焉，子游擯，由左」，看來精通儀式的是子游，而國昭子之母的喪事，子張來主持，就回憶孔子以往主持司徒敬子的喪禮，是男西向，女東向，於是就照樣處理。

再比如儀式的時間和空間規則。據說，殮儀的時間，夏代在黃昏，殷代在日中，周代在日出，而哭喪的地點，「兄弟，吾哭諸廟，父之友，吾哭諸廟門之外，師，吾哭諸寢，朋友，吾哭諸寢門之外，所知，吾哭諸野」，這些都是儀式所必須的，儒家也很精通。

　　再比如儀式的各種行為和姿態的象徵意義（是否要捶胸頓足、是否要披髮肉袒、是否要去掉裝飾）、隨葬的鼎數與身分（天子九鼎、諸侯七鼎，卿大夫、士、庶人各有不同）、墓葬中常見的規格與葬式（比如，有無黃腸題湊❶，有無金縷玉衣，有無兵馬俑，有多少隨葬品，以及墓室規制等）。這些也都是儀式之習慣，孔子自稱通夏、商、周禮，就是懂得這些儀式的規矩。

　　總而言之，他們似乎比任何人都看重儀式和象徵，因為儀式的秩序，就象徵了一種社會秩序，巫祝一直在操持儀禮的秩序，而儒士正因為是巫祝的後裔，所以沿襲了這種儀式和象徵的傳統，繼承了儀禮的習慣，掌握了象徵的知識。當孔子去世，那位熱愛儀禮知識的公西赤就主持了儀式，據說孔子的棺槨、棺槨的裝飾和車，採用的是周代的規矩，出殯的旗幟上有崇牙，採用的是殷商的禮，用綢練為杠旌，則採用的是夏代的禮，在他們的手中，夏、商、周三代的儀式、象徵以及儀式象徵所包含的關於家庭、家族、宗族以及聯邦城市的秩序知識就一代一代地傳下來。

---

❶　就是像北京大葆臺漢墓中用黃楊木堆成棺槨外面的護層一樣，由於木心向外，故稱為黃腸題湊，是高級貴族死葬才有的特殊禮遇。

八、從禮到法的提升：家庭秩序到國家秩序

不過，從孔子開始，儒者漸漸脫離了巫師，儒家思想逐漸被孔子提升到一個高度，成了一種很了不起的關於家庭、社會和國家的學說。這就好像脫胎換骨，其中最主要的是以下三點：第一，從儀禮的規則到人間的秩序，他們越來越注重「禮」的意義；第二，從象徵的意味中，他們逐漸發展出來關於「名」的思想；第三，他們意識到要推尋禮儀的價值本原，因而進而追尋「仁」，即遵守秩序的心理與人性的基礎。

第一，從家族儀禮之「禮」，到社會道德倫理之「禮」，發展到國家制度性的「禮法」。

殷周以來的儀禮，是從家庭的祭祀祖先、和睦親族的儀式發展起來的，後來逐漸變大，甚至有了國家性的典禮，像祭天、祭山川等等。不過，無論什麼禮，從祭祀對象、祭祀時間與空間，以及祭祀的次序、祭品、儀節等等方面來看，都需要建立一種上下有差別、等級有次第的差序格局。這種表現於外在儀禮上的規則，其實就是為了整頓人間的秩序。從形式上，有祭品的太牢、少牢之別，樂舞的八佾、六佾之差，葬制的九鼎、七鼎之序，祭禮的郊祭、廟祭之規，這就叫做「儀禮」。儀的原義，在卜辭中可以看出，是兵器上插飾羽毛，就是儀式舞蹈的一種，表示「威

儀」，就是外在形式上的儀式、法度和姿態；禮的原義，據王國維研究，這個字上半部是二玉在器之形，這個字下半部據郭沫若研究，即是「鼓」的初文，合起來，也是表示祭祀樂舞。

但是，「儀禮」的意義並不只是外在儀式，甚至不僅僅是儀式中隱含的倫理秩序，而是一種約束人的制度。甚至一些看上去很純粹的觀念形態的東西也與儀式有關，只不過現存文獻並沒有顯示出殷商西周時代的人已經明確地意識到這些觀念而已。到了孔子的時代，儒者不僅懂得外在儀禮的種種規則，而且更加重視它表現的思想和觀念，以及這些思想觀念對於社會秩序的意義，「非禮勿視，非禮勿聽，非禮勿言，非禮勿動」，為的是培養一種遵循禮儀的自覺習慣，並不只是一些動作姿態的規矩，也不只是一些犧牲樂舞的制度，據孔子說，什麼人才能被社會認同？他必須懂得禮，出門如見大賓，恭恭敬敬有禮貌，使民如承大祭，心懷敬畏守規矩，孔子自己就很懂得各種禮儀的規矩，不僅精通周禮，而且精通夏禮、殷禮，在生活中也很識大體，有禮貌，舉止中節，和各種人談話，姿態和表情都不一樣，在《論語》裡，我們可以看到他所設想的人間禮儀，姿態應該是「鞠躬如也，如不容，立不中門」，站立應當是面色平和，時時小心，說話應當是很謙虛，不說話的時候也不要大聲喘氣。他設想，當世上的每一個階層、每一個階層的每一個個人都按照這種禮儀來規範自己的行為和舉

止，那麼就有了秩序。所以，孔子非常厭惡那些越出規矩的人，季氏以八佾舞於庭，孔子非常憤怒，三家以〈雍〉樂在家廟舉行祭禮，孔子也十分惱火，認為像「八佾」這樣有六十四人的舞蹈和〈雍〉這樣有「相維辟公，天子穆穆」歌詞的頌歌，出現在家臣的儀式和宗廟裡，是極不相稱的，所以他說「是可忍，孰不可忍」。他兩次說到同一句話：「不學禮，無以立」，因為他很明確地意識到，禮儀不僅是一種動作和姿態，也不僅是一種制度和風俗，它所象徵的是一種秩序，保證這一秩序得以安定的，是人對於禮儀的敬畏和尊重，而對禮儀的敬畏和尊重，又依託著人的道德和倫理的自覺，沒有這套禮儀，個人的道德無從寄寓和表現，社會的秩序也無法得到確認和遵守。

九、名分：「必也正名」

第二，從儀式之「儀」與「分」到社會等級之間的「正名」，到國家、社會和階層之間的清理。

有一段話是人們很熟悉的，那就是「必也正名乎」。這段話出自《論語‧子路第十三》，原話很長，下面還有「名不正則言不順，言不順則事不成，事不成則禮樂不興，禮樂不興則刑罰不中，刑罰不中則民無所錯手足。故君子名之可言也，言之必可行也，君子於其言，無所苟而已矣」。意思是，要根據人的「名」來確定身分的「實」，按照實際

的身分等級處理各種社會關係，這樣處理社會關係才符合
禮制的規矩，符合禮制的規矩才能夠建立刑罰原則，有了
刑罰規則，民眾才知道如何做人行事，所以一定要從確立
「名」開始，通過對於「名」的整理來整理社會秩序，這
就叫「上下有序」，比如「王」就是天下共主，就可以祭天
地，用九鼎，用八佾，用〈韶〉樂，乘四馬之車，比如
「士」，就只能祭祖宗，用俎豆，這樣，就君像君，臣像
臣，父像父，子像子了。

　　這種對於「名」的重視態度，其實與對儀式上象徵的
重視態度相關。前面我們說過，巫祝史宗所主持的儀式，
其象徵意味是極強烈的，那些色彩、方位、次第、服飾、
犧牲、樂舞等等，其實本來只是一種符號、一種暗示、一
種隱喻，並不是事實世界本身，但是，由於人們進入了文
明時代以來就一直在這些象徵中領略和感受這個世界，所
以中國古代思想世界中，象徵的意味是極其重要的，儒家
相信，這套象徵的符號就是事實世界本身，它們整飭有序，
就可以暗示和促進事實世界的整飭有序，而它們的崩潰，
就意味著世界秩序的崩潰。當人們越來越相信「名」對
「實」的限制、規範和整頓作用時，人們就常常希望通過
「符號」的再次清理和重新確認來達到對「事實」的清理
和確認。比如楚國本來是「子」，儘管稱「王」，而且也確
實有很大的勢力，但史臣仍然稱其為「楚子」，以顯示一種
憑藉「名義」來顯示正義和秩序的態度；又比如後世的避

諱制度，儘管天子的名諱與平民的名諱一樣，都只是一個象徵符號，但是人們也不能冒犯，否則似乎真的會損害天子，而人們接受了避諱，就在心裡形成了一個對這一符號的敬畏。顯然，由於象徵與符號的聯想而產生的心理力量被當做實際力量，人們希望通過「正名」來「正實」，換句話說，就是借助對名義的規定來確認或迫使社會確認一種秩序的合理性，所以才有「正名」的強烈願望。

十、「敬」與「仁」：和睦、等級與尊卑

第三，從儀式中對神靈之「敬」，到社會上對他人的「仁」，到國家內部的和睦和穩定。

依賴「禮」和「名」的秩序化與象徵化，孔子希望追尋一種有條不紊、上下有序、協調和睦的社會。不過，他也與同時代人一樣，更多地看到了深層的問題，即這種「禮」的儀式，其普遍合理性從何而來？這些「名」的分別，其本原的依據究竟是什麼？靠什麼來保證人們對「禮」和「名」的肯定認可？靠什麼來確定社會秩序不受顛覆？換句話說，就是要為這個社會秩序以及保證社會秩序的道德倫理尋找一個人們共同承認的，最終的價值依據和心理本原。通常，人們會說某些事物和現象好或不好，但為什麼好為什麼不好，必須有一個共同認可的標準，而這標準必須是無前提的、不需論證的、不容置疑的。在孔子的時

代，他提出的是一個「仁」字，「禮」之所以必須「履」，是因為它符合「仁」，「名」之所以必須「正」，是因為這樣才能達到「仁」。

所以我們要討論「仁」。「仁」是什麼？按照《論語・顏淵》中一句最直接了當的話來說，就是「愛人」。這種「愛人」出自內心深處的平和、謙恭和親熱之情，雖然它可能最早來自血緣上的自然親情，不過，在儒家這裡已經被擴展為一種相當普遍的感情，如果說，「出門如見大賓，使民如承大祭」，這還只是外在的禮節，接下去就是將心比心的體驗了，所謂「己所不欲，勿施於人」，就是出自內心深處的一種對「人」的平等與親切，這種把「人」與「己」視如一體的感情顯然會引出一種「人」應當尊重「人」的觀念，儒家說，「將有請于人，必先有入焉。欲人之愛己也，必先愛人。欲人之從己也，必先從人。無德于人，而求用于人，罪也」，可見，當時相當多的人已經有了這種關於「我」和「人」平等與友愛的觀念，而且已經把這種超出「個人」而成為「社會」的處理關係的原則，看成是普遍合理的「通則」，用這種以己推人的情感來建立倫理的基石。《論語》中孔子所說的「夫仁者，己欲立而立人，己欲達而達人」就是這個意思，這就是《論語》中孔子所說的「一以貫之」的「忠恕之道」。

不過，這種「尊重」和「摯愛」是怎樣產生的？如果它只是在社會規範中後天形成和培養出來的，那麼它只能

是社會規範和道德觀念的「果」而不是「因」，即不能充當理性的依據與價值的本原，人們可以追問，社會規範（禮）、道德觀念（善）究竟憑什麼要求人人都不容置疑地遵循呢？孔子在這一點上，把人的性情的善根善因也就是「愛人」之心追溯到了血緣親情，《論語・陽貨》中說：「性相近也，習相遠也」，這裡的「性」就是人的本性，在孔子看來，在所有的情感中，血緣之愛是無可置疑的，兒子愛他的父親，弟弟愛他的哥哥，這都是從血緣中自然生出來的真性情，這種真性情引出真感情，這種真感情就是「孝」、「悌」，《論語・學而》中說，「君子務本，本立而道生，孝弟也者，其為仁之本歟」，這種真摯的血緣親情是毋庸置疑地符合道德理性的，它是善良和正義的源泉與依據，所以說它是「仁之本」，人有了這種真感情並且依照這種真感情來處理自己與他人的關係，就有了「愛人」之心，從愛此到愛彼，感情是可以從內向外層層推衍的，從愛自己的父兄到愛其他人，血緣也是可以從內向外層層推廣的，所以孔子斷定，「其為人也孝弟，而好犯上者鮮矣，不好犯上而好作亂者，未之有也」，因此，孔子認定這就是建立一個國家秩序和理性社會的心理基礎。

十一、儒學的確立與瓦解

正是這種不言自明的權威性的律令由外在的禮樂轉向

圖 3-3：〈萬世師表〉拓本

內在的情感，古代思想世界中的神祕意味開始淡去，而道德色彩開始凸顯，中國思想史就完成了它的一個最重要的轉變過程，從孔子儒家的這些新思想中萌生出來的，是一個依賴於情感和人性來實現社會秩序、來建立國家的學說。從關於儀式的學問發展到了關於社會的學說，把家族的知識延伸到了國家制度，孔子和儒家學者使這種後來被叫做「儒學」的學說有了深刻的思想，也使它漸漸衍生出了一整套關於「國家」和「秩序」的意識形態、法律制度以及社會規範。

經過漢代的「獨尊儒術」，儒家成了中華帝國兩千多年的政治意識形態。可是兩千年過去了，在近代儒家學說卻漸漸瓦解。這個歷史很複雜，不能細講，因為儒家學說瓦解的背景是很複雜的。簡單地說，主要是近代化以來的社會變化導致了傳統中國向現代中國的轉化，西方的價值觀念以及社會、制度、習慣、語言在一百年間進入中國，傳統中國的皇權國家和儒學觀念開始失去了原來的土壤。可以舉出的有以下幾方面，第一，經濟生活的變化引起的「離

地域性」活動，迅速的城市化，引起大家族的崩潰，因為
大家族的存在要依靠共同生活空間來維持，而小家庭則瓦
解了來自大家族的組織結構，也瓦解了這種血緣組織和上
下等級的觀念，離婚自由更瓦解了男女雙方以嫡長子為中
心的結構。第二，市場的迅速擴張，經濟的變化使得親情
優先的價值觀，被計算中心的價值觀取代。我們可以看一
看目前家庭、家族的解體，像福建客家大家族的變化，香
港新界家族現在的狀況，就可以知道這種土壤正在流失。
第三，近代的平等、自由、民主觀念和近代國家的制度，
正在打破傳統國家和儒家觀念。

第四回

佛祖西來？──
眾說紛紜的佛教傳來途徑

引子：1900 年斯文・赫定的發現

先講一個探險和發現的故事。

在現在新疆，有一個叫羅布泊的地方，這是一個神祕的地方，不過也是一個很有趣的地方。神祕的地方就會有人有興趣，很多探險家就會去探險。從 1860 年代以來，首先是俄羅斯人普爾熱瓦爾斯基，他到了新疆的中部，發現了一個湖，他宣布，他找到了古代所說的「蒲昌海」，也就是羅布泊，但是後來人就指出他的說法有問題。因為，羅布泊古稱「鹽澤」，應當是鹹水湖，可是，他發現的是淡水湖，說明這只是塔里木河的終端湖，叫「喀拉庫順」，直到 1868 年，德國地理學家李希霍芬才指出，他的發現是不對的，用打麻將的說法，叫「詐和」。

羅布泊過去傳說是一個流動的湖泊，現在已經乾涸了，1960 年代時候，曾經是中國試驗原子彈爆炸的地方，荒涼而且沒有人煙。那麼，為什麼這些人都對羅布泊有興趣？

因為羅布泊是「蒲昌海」,那麼再問,為什麼人對「蒲昌海」有興趣?因為這裡就是古代的「樓蘭」,為什麼對古代的樓蘭有興趣?是因為這是古代中外交通的要道,東西的宗教、語言、歷史都會在這裡找到痕跡。

這個李希霍芬是很有名的地理學家,他給這條路取了一個名字叫 Seidenstrassen,後來英文 Silk Roads,日語 "絹の路",都是從這裡來的,也就是現在說的絲綢之路,但是,他自己沒有到過這裡。後來,在一百多年前的 1900 年 3 月 27 日,他的學生瑞典人斯文・赫定 (Sven Hedin) 到了這裡(後來他又先後五次到中亞、西藏考察),在這裡(東經 89 度 55 分 22 秒,北緯 40 度 29 分 55 秒)發現了三間房和一個古塔,找到一些古錢和一些木板,上面畫了一個男子手持三叉戟,一個男子拿著花環。第二天,管駱駝的羅布人奧迪克 (Ordek) 在回去尋找鐵鏟的時候,又在那裡找到了一些錢幣和有畫的木板。第二年,也就是 1901 年的 3 月,他又再到這裡,據說,他和他的隨從們發現了更多的東西,特別是有寫著中亞文字的木板、三十六張寫了漢文的紙、刻了花紋的木棍等等。於是,這個一直到三世紀還很繁榮的古代王國的遺址就被發現了,在日記裡他寫道:「這些文獻堆積在這裡的沙子下面,沙層厚一・一公尺,在這裡幾乎感覺不到風(因為這裡有一堵避風牆),文獻所在的格子的沙子下面,埋藏的東西看上去像一堆垃圾」,同時埋在這裡的,還有一些破布、一些魚骨、少許糧食碎粒

和一枝鞭子、陶罐、兩個漢人用的毛筆架、一把木匙。他把這些文獻交給了德國威斯巴登 (Wiesbaden) 的學者卡爾・希姆萊 (Karl Himly) 研究，證明這裡有不少是漢文和吐火羅文的文書，於是，這個已經消失了兩千年的古樓蘭就終於被發現了，這一發現，就像發現火山下古羅馬的龐貝古城，拿破崙的士兵在撤退時無意中發現古希臘文碑一樣，一個世界性的大奇蹟就這樣出現了。

一、「發現」，什麼是「發現」？

斯文・赫定發現了古代樓蘭，不過，仔細想想，用「發現」這個詞總有些不太合適。

本來，這個地方並不需要等待斯文・赫定來發現，十八世紀中葉也就是清代乾隆年間，中國官方繪製的〈嘉峪關到安吉延等處道里圖〉就標誌了「魯普腦兒」（羅布淖

圖 4–1：若羌的樓蘭遺跡

爾），首任新疆巡撫劉錦棠和後任魏光濤在 1890 年後也曾經讓下屬繪製了〈敦煌縣到羅布淖爾南境之圖〉，後面這一圖現在還藏在北京故宮檔案館，不僅表明了自玉門關到羅布泊的路途，而且在羅布泊的南面標誌了一座古城，只是當時根本沒有注意這一地區和這一古城在歷史上的意義，也沒有實際去考察一下究竟有什麼，歷史上是什麼，它有什麼意義。可是，歷史發現必須是一種「意義的闡述和正式的命名」，只有把它的意義說清楚，它才會被記住，只有給它一個正式的命名，它才會在諸多的現象中凸顯出來。所以，儘管很多中國人知道它，很多當地人生活在那裡，可是都沒有做到這一點，因此，現在都把發現者說成是斯文‧赫定。

這個古城和遺址的發現，主要的意義在於從它開始，在實地考察中陸續證實了文獻中記載的中外交通歷史。現代中國學術史上一個很重要的變化，就是歷史研究掌握了「兩重證據法」。有了地上文獻與地下文物這兩重證據，歷史上的很多事實都得到了確證，不像過去僅僅靠文獻。我們知道，有意識書寫下來的文獻，常常會遮蔽一些，凸顯一些，改造一些，使後人不易看透歷史，可是，有了這些實物證據和實地踏查，中外交通的很多歷史謎團，就漸漸清楚起來了。

二、進入話題：中外交流的通道

　　這裡要講的，是一個有關中外文化交流的話題，在古代中國，人們是怎麼樣和外國交流的呢？說到交流，就要有路，古代的路是什麼樣的呢？現代人常常不會想像古代的風景，古代人沒有飛機，沒有火車，只有通過馬匹、馬車、木船，當然再加上人的雙腿。那個時代，人對抗自然的力量還是很弱小的，不像現在，飛機一下子就從美國到了中國，輪船自己可以帶大量淡水甚至可以自己處理海水淡化，天上有衛星導航，地面上有各種快速道路四通八達。那個時候，如果山高路險，就要另找一條路，如果沒有水源，得不到淡水的補給，這航線就不能太遠，離開了岸邊的標誌，沒有天上的星星，就會在海上迷路，只能靠岸不遠行駛。也許各位都聽說過，很多有名的古人，是死在長途跋涉的路上，像杜甫出夔州，死在半路上，蘇軾流放海南，回去的時候也死在路上。《水滸傳》裡說林冲發配滄州，從開封到滄州，今天看來也就只有幾小時的路程，但是那個時候可要走很久，差人還會有很多機會害他，燙他的腳，讓他走不了路，最後魯智深還得一路護送。所以古人出行，是個很重要的事情，在占卜術裡面，「出行」就占了一大類，可見出門難，到外面的世界，那就更難。所以，通過什麼路徑交流，就是很重要的事情。

　　這裡要說的，就是關於古代中國中外交通的路徑，交往需要有路，路是人走出來的。不過，關於中外之路的話題，我們要圍繞著佛教傳入中國這一件事來說，而且，我們還要借了這個話題說一說，在古代中國研究領域中，是否既需要有嚴格的證據，又需要充分的懷疑和想像力。

三、外面的世界很精彩：路在何方？

　　古代中國究竟什麼時候和西面的、南面的異族有交往？現在還說不清楚。一般來說，通過古代文獻考察的歷史書中，都把張騫通西域算成是中外交通的開端。西元前一百多年（前138年），張騫通西域的故事，被司馬遷記載在《史記・大宛列傳》裡。後人讀《史記》、《漢書》，知道了有一個漢朝使節，奉皇帝之命，曾經九死一生，從長安經陽關、敦煌，到了西漢的西面，他當過俘虜，也當過貴客，到過或經過車師、焉耆、龜茲、疏勒、大月氏、莎車、于闐等地，經過十三年，在西元前126年才回到長安。後來，他在五年後又一次出使西域，與他的助手分別到了烏孫、康居、安息、大月氏、大夏，差不多已經抵達今天伊朗東北部，也就是說到了大半個西亞、中亞。

　　後人把中國與世界交往的開創者算在他頭上，張騫「鑿空」也就成了中國與外部世界聯繫的象徵，而從長安出發到中亞、西亞的道路即絲綢之路，也就成了人們心目中交

通最重要的道路，這條路延綿幾千里，途經現在的新疆、巴基斯坦、阿富汗、塔吉克斯坦、伊朗、伊拉克、土耳其等等，一直南到印度，西到地中海。後來凡是一提到漢、唐帝國和外部的文化往來，就會想到這條道路。

可是，千年以後，這條路漸漸荒蕪了，這條路上，到處是沙漠、戈壁、雪山，綠洲少了，水源就缺乏，漸漸人也少了，在九至十世紀，經過唐代後期崛起的吐蕃、宋代強大起來的西夏的阻隔，東西交流的這條道路常常斷絕，於是漢族中國與西部大多數異族的通道逐漸轉移，海上交通越來越發達，漸漸占了主要位置，儘管蒙古大軍西征，還是走這條路，但是它敵不過越來越暢通的海路，宋元明的貿易主要是海上通道。所以宋元以後的「市舶司」之類海外貿易機構都在沿海的廣州、寧波、泉州等等。特別是近代，有了汽車、飛機、輪船以後，人們不再需要艱難地走這條路了，於是近幾個世紀，這條路漸漸不為人所知了。現在，很少有人想像，在漢唐的千餘年中，大約是西元前二世紀到十世紀這麼長的時間裡，其實這是一條人來人往的、很熱鬧的重要通道。當然，那裡也是古代中國人認為是非中國的地方，王維有一首詩叫〈渭城曲〉，又叫〈送元二使安西〉，裡面有四句說：「渭城朝雨浥輕塵，客舍青青柳色新，勸君更盡一杯酒，西出陽關無故人。」就是說，出了陽關，就是中國之外的地方了，《西遊記》裡描寫唐代玄奘西天取經，第一個要倒換關文就是辦簽證的，大概就

在這個地方。

四、樓蘭：古道西風

　　羅布泊、古樓蘭以及後來很多考古發現，證實了古代
文獻的記載，也探明了這一道路各個古代王國的具體位置，
比如樓蘭遺址，就是西元前 176 年才見於歷史記載，前 77
年就改名為鄯善的一個小國，並不好找呀。於是，人們的
注意力都集中在這裡，確實近年這條道路上的考古發現也
最多，考古學家、甚至是普通旅遊者都在那兒有發現，像
什麼沙堆裡埋的佛像、手寫古卷、西域人的木乃伊，還有
古代城市的牆垣、陶罐和陶瓶等等。直到現在，有的旅遊
者還能在那裡找到古物，像 1980 年代日本 NHK 和中央電
視臺的一個攝製組，就曾經在那裡找到了佛像。

　　那是一片相當神祕的地方，也是藏著無數祕密的地方，
有蔚藍的天空、到處是閃亮的沙礫，使大地在陽光下閃閃
發亮，風起的時候飛沙走石，風平的時候又一片寧靜，讓
人根本不知道那裡充滿了殺機。但是，過去的歷史就埋藏
在那裡的沙礫下面。我的一個朋友北京大學教授林梅村就
研究過這個地方埋藏的歷史，據他說，那裡過去是很熱鬧
的，像現在很有名的塔什拉瑪干沙漠發現的尼雅遺址，就
包括了寺院、官署、住宅、種植園，證明它就是漢魏時代
的「精絕國」，當時是一個很興盛熱鬧的城市。在古樓蘭和

圖 4-2：新疆庫車出土八～九世紀摩尼教經卷
殘片正反面

這條路的其他地方，都發現過很多古代遺物，有具有古希臘羅馬風格的，也有具有古印度風格的，其中最著名的是考古學家戲稱的「樓蘭美女」的木乃伊，據説是一百五十公分的個子，黃頭髮，還有人説她是雅利安人種，穿著羊皮衣，毛帽兩羽，據推斷，死亡年代約在秦漢以前，這些都證明這裡在漢魏甚至更早以前，就是非常重要的中西通道。

　　根據歷史記載和學者研究，我們知道這條古代的通道分南北兩路。首先看北路，北路就是沿著塔里木盆地北部

的天山山脈南側，從羅布泊（樓蘭）→吐魯番（車師，交河城）→焉耆（尉犁）→輪臺→龜茲（西域都護府）→疏勒（今喀什，這是現在中國的最西部城市）→大宛→康居→大夏（阿富汗）。然後是南路，南路就是沿著塔里木南部的昆侖山脈北側，就是從鄯善（若羌）→且末→精絕（塔什拉瑪干）→于闐（和田）→莎車→蒲犁（塔什庫爾干，塔吉克自治縣）→大月氏→或經過今阿富汗北部向伊朗德黑蘭方向→或經過現在的巴基斯坦向南→身毒（印度）。這兩條經歷了千年的路，依靠著綠洲中的水源的支持，成了商旅的通道，但是，最後究竟它是怎麼消失的？

誰也說不清，也許是人類自己過度開採水源、砍伐林木，遭致老天的報復的結果吧，現在那裡已經是千里荒漠。

五、佛教自西來：普遍的看法

從漢代到唐代，有很多西域人經過這條道路到過中國，特別在唐代，歷史記載中，唐代長安人很喜歡胡風，好像胡人帶來的是時髦，就像現在城市裡流行西方人的黃頭髮和日本人的壽司一樣。那個時候在長安、洛陽可以看到很多胡人，他們有的是高鼻深目捲髮，也有的膚色很黑，在西市有很多波斯人，裡面很多是做珠寶生意的商人、耍雜技的藝人，他們是各種宗教的信仰者，如景教徒、祆教徒、摩尼教徒，所以帶來了西方的各種文化，包括唐代流行的

胡旋舞、〈菩薩蠻曲〉以及胡人相貌的鎮墓天王，在這裡面，最多的當然是佛教徒。由於在西晉以前，漢人基本上是不能出家的，所以早期佛教主要是這些外來和尚，在考察早期中國佛教最重要的資料《高僧傳》裡，記載最早來華的一些僧人，以及早期佛教譯經的譯者，確實多半是來自康居、安息、天竺、月氏的異國人，大家知道，古代佛教徒裡面，凡是姓康、安、竺、支……的，大體上就是那邊的人，其中，姓支的來自大月氏，在今阿富汗、巴基斯坦交界處，姓安的來自安息，在今伊朗，姓竺的是天竺人，即今印度，姓康的是康居人，在今塔吉克斯坦、烏茲別克、阿塞拜疆一帶，都是「中亞西亞或南亞的胡人」。所以，古往今來大多數人都相信，佛教傳來，也主要是經由從西邊這條路徑來的，這些人一定曾經經過這些地方到達敦煌，然後再進入中原。

　　從 1930 年代後期出版的湯用彤《漢魏兩晉南北朝佛教史》到 1957 年出版的荷蘭人許理和的《佛教征服中國》，再到 1980 年代的任繼愈《中國佛教史》，連同日本人寫的很多中國佛教史，都接受了這種說法，而大家都熟悉的故事，像南北朝和唐代的法顯、玄奘到印度取經的歷史更從一個側面證實了「佛教從西方來」這一說法。北京大學季羨林先生關於「浮屠」和「佛」的語言學研究，也證明早期中國關於「浮屠」的稱呼，和中亞古代語言有關，那麼，佛教肯定是經過中亞一帶傳來的。

　　看來，這個佛教西來說沒有什麼疑問了。歷史常常就是這樣的，人們一次次地敘述，事情一次次地被強調，後來的人一次次地聽到，於是，這種事情就成了確鑿不疑的「定論」。就像現在電影、電視劇裡的角色一次次出鏡，彷彿就成了「歷史人物」一樣，包公黑臉、關公紅臉，忠奸分明的臉譜成了想像與回憶中的歷史，提起諸葛亮，就在小說《三國演義》、三國戲像「借東風」、「空城計」和現在電視劇中，想到了「羽扇綸巾」加上三縷長鬚的樣子。

　　其實，有時候彷彿是「定論」的「歷史」是有疑問的，歷史常常變成故事，故事常常變成歷史。在佛教傳來的問題上，就有人提出了這樣一些疑問：第一，西漢東漢之間天下大亂，中國與西域的交通，在王莽時代前後曾經斷絕，直到東漢永平十六年 (73) 才恢復，傳說中的漢明帝求法，佛教傳來，大約在西元第一個世紀的 50–60 年代，恰好就正是隔絕的這一時期，佛教真的可以順利地在道路斷絕的時代進入中國嗎？佛教為什麼不可以通過其他途徑傳來呢？第二，《史記》、《漢書》、《後漢書》裡都講到西域，這些根據張騫到班勇多人出使記錄寫成的資料中，都缺乏西域佛教的記載，而歷史記載中可以看出，西域人好像並不相信佛教，倒可能是相信其他宗教的可能性大。當然，本世紀初，在和田也就是于闐故國一帶發現過佉盧文佛經，在和田的買力克阿瓦提佛寺遺址還發現過小佛像，是泥塑的，民豐的尼雅遺址也發現過綿布上的小菩薩像，大谷探險隊

也曾經在吐魯番的吐峪溝發現過 292 年譯的佛經《諸佛要集經》漢文寫本。

　　不過，這些東西的年代都很晚，大約已經是在二至三世紀了。

　　那麼，為什麼在一世紀的時候，佛教不會從海上傳來，從南方傳來，而一定要從西面過來呢？一個說法如果沒有反駁的意見，就說明它已經成了人們的共識，或者換個說法叫「定論」，一件歷史的事情成了「定論」，就說明這個問題的研究已經山窮水盡，有個詞叫「蓋棺論定」，就是說死了進了棺材了，才可以有定論，其實，可能有時候死了也不一定可以論定。相反，如果還有言之成理甚至是持之有故的質疑，那麼說明這個問題還有繼續討論的餘地，這個領域還有研究的必要。學術上的問題成了「執」，就有些不好辦了，佛教有個詞叫「我執」，就是那種固執己見的意思，所以佛教認為要想進入超越境界，就要「破我執」。古代中國人常常講的成語裡，有畫地為牢，有刻舟求劍，有鄭人買履，都是諷刺固執和愚昧的意思。可是，儘管佛教從西域傳入的路線得到相當多的文獻的支持，是不言而喻的歷史存在，但是這個問題遠沒有到畫句號的地步。

　　近來一些研究者的研究，使我們注意到，早期中國與印度之間還可能存在著另外的通道，那麼，隨著商人貿易，佛教這種信仰可能會從各種途徑，而不是一個途徑向中國滲透。

六、真的是這樣嗎？
伯希和、梁啟超與胡適的疑問

　　大家都知道敦煌的故事。在一百年前，在敦煌的一個姓王的道士，無意中敲一敲背後的牆，發現聲音異常，於是打開這面牆，這就使一個寶庫被發現，敦煌藏經洞的文書，是中國最值得驕傲的文物，和 1950 年代中東的庫蘭發現死海文書的意義是一樣的，幾萬卷千年以前的各種文書被發現，可惜的是，大批最好的東西都被英國的斯坦因和法國的伯希和拿走了，差不多是兩萬卷，分別藏在大英博物館和巴黎圖書館，伯希和是劫奪敦煌文書的法國人，不過，我們不要太過於對他有仇視之心，因為公正地說，他又確是二十世紀初最有水準的西方漢學家，他在 1920 年發表在河內出版的《通報》(*T'oung Pao*) 上的〈牟子考〉提出，在西元初，恐怕不只是一個西域的通道，雲南與緬甸之通道，二世紀時交州南海的通道，大概也應當是佛教傳來的途徑，他懷疑地說，如果佛教都是從西面來，為什麼最早一部中國人關於佛教的書，卻寫在廣州呢？

　　還有一個人，梁啟超，這是中國十九世紀末二十世紀初最了不起的思想與學問家，他是清華大學 1920 年代研究院的教授，也是十九世紀末二十世紀初的重要改革派思想家，對中國影響極大，在現代學術方面也是開創者，他雖

然對每個問題都研究欠深入，但幾乎在每個領域都有他天才的想法，他很會吸收各種信息，尤其是日本方面的成果，他在《佛教之初輸入》附錄二裡說道，「佛教之來，非由陸而由海，其最初之根據地，不在京洛而在江淮」。這可能是從日本學者那裡學來的，也可能只是一種想像和猜測，不過他很聰明，也很敏銳。

第三個人是胡適，胡適大家都熟悉，他是新文化運動的開創者，也是中國最能夠開拓思路與領域的學者，他極敏銳，但在正式提出證據上面，又比較慎重，雖然在正式發表的文章裡他沒有說，但是早在 1937 年 1 月，他看湯用彤的《魏晉兩漢南北朝佛教史》稿本時，就寫了一封信給湯用彤，說佛教從海上來的說法，不可以完全否定，他舉了幾個例子，比如《太平經》一系的道教，多起自齊地，就是山東半島，最早作《包元太平經》的甘忠是齊人，信徒賀良、李尋是齊人，作《太平清領書》的于吉和他的信徒襄楷是齊人，如果承認《太平經》和佛教有關，那麼這些和《太平經》相關的都來自齊，是否就有海路傳來的可能呢？他又說，到了二世紀，笮融在江南的佛教傳播，多達「五千餘人戶」，牟子在靠近南海的交州見很多沙門，不也證

圖 4-3：胡適像

明這一海路的可能嗎?進一步,他還提出了尚有蜀印一路,就是說佛教有從印度經過雲南到四川的可能性。到了 1952 年 2 月 7 日,他還在寫給後來當了哈佛大學教授的楊聯陞的信裡說,「我深信佛教入中國遠在漢明帝之前,我也深信佛教之來,不止陸路一條路,更重要的是海道,交州在後漢晚年已是佛教區域,所以佛教大概先由海道來,由交廣到長江流域及東海濱,先流行於南方。」

其實,就連湯用彤,也沒有完全否定佛教自其他通道進來的可能,在他的名著《漢魏兩晉南北朝佛教史》裡,他只是說,北方佛教多來自中亞,而且他又說,從中亞傳來的印度北方的佛教,可能和海路傳來印度南方的佛教不同,印度西北方向的佛教,多大乘佛教,般若、方等等經典所以從這邊傳來,而從海路傳來,在南方先登岸的佛教就不一樣,他說,在南朝的時候,佛教多由海路而來,但多來自印度南部,那裡卻是小乘佛教為主的區域,所以像錫蘭、緬甸、暹邏、馬來半島、南洋群島等等,都受那一種佛教的影響,而中國接受的也應當是巴利文經典系統。那麼,這些天才學者的懷疑是否有道理呢?有的,雖然證據還不多,但也引起了近來的再一次討論,近來,有人再次提出了佛教傳來的路線問題,這當然是要打破傳統的一條道路的說法。

那麼,有什麼新的根據呢?以下就是一些蛛絲馬跡。

七、另闢蹊徑：有關的猜測

　　在地圖上，我們可以看到歷史上的「中國」，它的疆域變化雖然很大，但是大體上是以「九州」為中心的，東部面臨大海，有想像的蓬萊、方壺、瀛洲，李白〈夢遊天姥吟留別〉裡說，「海客談瀛洲，烟濤微茫信難求」，那邊是浩淼的大海，只有古代人想像中的「日出扶桑」。西部為高原，有帕米爾高原，有雪山戈壁，唐代詩人岑參的〈走馬川行〉裡說，「輪臺九月風夜吼，一川碎石大如斗，隨風滿地石亂走」，〈白雪歌〉裡又說，「北風捲地白草折，胡天八月即風雪。忽如一夜春風來，千樹萬樹梨花開」。昆崙、天山都是相當高的雪山，可是又有很多奇特的熱泉、火焰山，岑參在〈熱海行〉裡說是「岸傍青草常不歇，空中白雪遙旋滅」，就是寫這種漢族人少見的奇特景象。北部呢？是冰天雪地，加上有匈奴、突厥、契丹、女真以及後來的滿族，古來常常有和親的故事，像昭君出塞之類，但漢族人從來沒有試圖越過北部的大草原去更北的地方。而南部有的地方是茫茫叢林，古代人想像那裡有瘴氣與疾病，不僅在漢代張騫通雲南就曾經失敗過，小說傳說中諸葛亮七擒孟獲而縱之，其實也是因為漢族人無法把自己的勢力伸展到那個地方，到了唐代末年征雲南失敗，就曾經引起了唐王朝的衰落，後來的雲南有南詔大理國，金庸的《天龍八部》

寫段家，實際上是在宋代，雲南這些地方真正被中央政府
控制，是在蒙元時代，那個地方也是交通不便的，大家讀
艾蕪《南行記》就可以明白。這樣，中國的四方都有一些
自然邊界，不像非洲和美洲的國界，是人為劃的直線，而
是自然形成的邊界，這種邊界本身就是阻隔，看起來，中
國很容易形成封閉的「天下」。

不過，我們還是相信，很早就有人開始想方設法地外
出與其他異文明溝通了，包括古代傳說中的周穆王到西邊
崑崙山見西王母、鄒衍想像大九州、《山海經》想像更遠的
四方，都表達了一種要超越邊界和自然障礙的精神，因此，
在西域的通道之外，就還有其他的一些通道，把古代中國
和四方聯繫起來。溝通海外可能會另有蹊徑，研究海外交
通的思路同樣也需要另闢蹊徑。

八、西南通道：想起了馬幫和史迪威公路

首先，是胡適說的「蜀印」即從四川經雲南到緬甸、
印度的通道。

先說一段過去的故事。在二次大戰時期，日本占領了
大半個中國，當時的國民政府退到西南地區，而西南向外
的陸路通道，就是通過雲南到緬甸，當時國民政府就全力
以赴，和英美聯合修滇緬公路，這段公路，也叫史迪威公
路，我看了一些當時人的回憶，那時修路真是經歷了千辛

萬苦，因為太難了，深山峽谷、高低不平，洞窟不斷，而且經過的民族地區，按照古代傳說，那是瘴癘之地，儘管現在那裡已經是旅遊的好地方，可是在這以前，交通主要是通過馬幫。雲南馬幫有悠久歷史，他們走的路亦是現在毒品傳入的途徑，沿著山谷江河，很崎嶇難走，而當年的史迪威公路也是順著這些路來修的。

大家都知道，中國所有的江河都是東西向，像長江、黃河、珠江、淮河等等，但是，只有這裡的江河不同，瀾滄江、怒江、金沙江橫斷山脈的走向改變了東西向而為南北向，大家都知道，古代人行走常常要沿著江河，不會硬去翻山越嶺，而且沿著河走總會有水源、有人居住，由於這種特別的地理環境，使經過雲南南下緬甸的通道成為可能。

這條路什麼時候開始通的呢？不很清楚，但一定很早。在《史記‧大宛列傳》中，有一段記載說，當時發現在身毒國，就是現在的印度有筇竹杖、蜀布，人們就在想，這些東西是怎麼到那裡的？所以想到，可能在西域輾轉的通道之外，還有一條從四川到印度的道路，那麼，最近的當然就是往西南走，漢武帝想到這一點，就派張騫等四路人去探路，很遺憾的是這四路人馬都受阻，有的被土匪殺了，有的找不到路。但是，實際上路還是有的，商人可能是最能探險的人，為了生意，他們始終要冒險。而從現在留存的各種資料也可以知道，西南通道是有兩條路：

　　第一條是從成都經臨邛道、始陽道、犛牛道，到邛都、越巂（在今西昌，川滇藏交界處），到雲南的會理，經過博南道到雲南（今祥雲）、大理一帶，再到永昌郡（保山），然後分成兩路，一路經過哀牢（現在的騰衝一帶），再經過永昌道到八莫 (Bhamo) 進入撣國（緬甸），一路是經過密支那 (Myitkina) 直接進入印度的東北部。

　　另一條道路是從僰道（今宜賓）經過朱提（昭通）到谷昌（現在的昆明），經過博南道到雲南（祥雲）、大理，再到永昌郡。以後和上一條路匯合，經過現在的緬甸到印度，甚至可以到大夏（今阿富汗喀布爾北），再到大秦，這條道路一定會經過印度。

　　那麼，有什麼證據說明這兩條路很早就有呢？有人列舉了一些可以參考的證據：第一，據說西元前四世紀印度《治國安邦術》、《往世書》中記載了中國絲綢，比佛教傳入中國早四世紀，而且在西元前三世紀的時候，印度幾部聖書像《羅摩衍那》、《摩訶婆羅多》都提到了中國人 (China)，有人研究說，這大概主要指的就是西南、西北中國的人。但不管是什麼地方的人，這證明早在佛教傳來的東漢明帝時期 (58–75) 前，就已經有中國與印度的交通了。第二，他們是通過什麼道路交往的呢？是否就是這兩條路呢？在《三國志》卷三十注引魚豢《魏略》，以及《魏書》卷一〇二中，都在介紹大秦國（黎軒）時說，它「東南通交趾，又水道通益州永昌郡，多出異物」，交趾就是現在的

兩廣越南，而永昌就是現在的雲南保山一帶。《華陽國志‧南中志》裡說，東漢永平年間，永昌就有「儌越（緬甸）、身毒（印度）之民」，《後漢書‧郡國志》裡說，永昌有「琉璃」、「光珠」、「犀象」、「猩猩」，這就是前面說的「異物」，而這些異物大概都是從更遠的西邊貿易來的。正是在傳說佛教傳入中原的東漢永平年間，由於哀牢王率眾內附，漢朝設了永昌郡，那麼，是否有可能這時西南方向的這兩條通道已經開通了呢？

此外，最近還有一些新的線索，似乎可以作為一些間接的旁證。首先，據說商代中原煉銅的銅礦石，來源是在雲南，包括一些做科技史的和考古學的學者像金正耀、李曉岑、李學勤都指出這一點。過去一般都以為，要到戰國楚國時候，中原和雲南才有正式的交通，而且人們不相信這種交通能力有多大，其實，內地和西南的交通可能更早，規模也更大。現在我們越來越覺得，我們可能低估了古人，古代有很多「奇蹟」，為什麼叫做「奇蹟」，就是我們現代人按照現代的技術水平，倒推過去，以為過去不會有這麼高的技術和知識，所以把它叫做「奇蹟」，其實，這是按照進化論來看問題的，也許古人並不像我們想像的那麼無能。其次，四川廣漢三星堆的啟示，三星堆是 1990 年代了不

圖 4-4：三星堆出土銅人面具

起的考古大發現，在發現的古物中，比如權杖、面具、立身像均似埃及法老墓，卻與中原的殷商有些不同，這讓我們無法解釋。這一發現在廣漢，大家都知道，在四川和中原之間，四川北部陝西西部之秦嶺的阻隔，並不比從雲南通往緬甸簡單，李白的〈蜀道難〉說「蜀道難，難於上青天」，傳說西南蜀國、巴國，是神靈開道才修出來的，靠棧道和小路，連諸葛亮都要發明木牛流馬才能轉運糧草，可是殷商時代就有這樣高度發達的煉銅術，又有這麼奇異的形象和風格，這意味著什麼？再次，從發現的佛教文物來看，四川樂山麻壕和柿子灣崖墓的漢代佛像、彭山崖墓之一東漢的菩薩像，這是在中國境內發現的最早的佛教圖像之一，是否可以證明，西南並不一定需要從中原，而可以

圖 4-5：彭山崖墓佛像

圖 4-6：二十世紀初期的緬甸小和尚

從緬甸、雲南傳入佛教？最後，我們要注意，至今大理、西雙版納一帶的佛教還是與內地不同的小乘佛教，屬於南傳佛教系統，和緬甸、老撾、泰國的相近，那麼，是否可以說明雲南和緬甸，通過緬甸到印度東部，一直有佛教的傳播途徑？

九、南海通道：《理惑論》的啟迪

再來看有關南海中外航道交通的說法。

中國南方，一直有著與外界交流的傳統，但是到底有多早，我們不好說，有人說，商代用來占卜的大寶龜並不是中國土產，而是馬來西亞、越南之產，還引用了動物分類學家的說法，這究竟是否可靠，要由動物學家和考古學

家來證明。不過，我們相信，到了漢代，海上交通能力應當是很發達了，沿著海岸線航行，應當沒有問題，大家都聽說過秦始皇時代徐福渡海的故事，這是否是真的，我們不知道，日本人很相信，而且中國徐州的某地，也搞了徐福村，當然主要意義在旅遊。不過，日本九州出土的倭奴國王印，可以證明至少在漢代中國人航海到日本，是不成問題的。當時，南方如廣州、交州的商業已經開始發達，商業是最具活力與冒險的動力源。《漢書·地理志》記載南海和東南各國有商業通航，《漢書》卷二十八〈地理志〉粵地條，更是明明白白記載西漢黃門譯使船到過黃支，又說黃支國自從漢武帝（西元前二世紀）以來曾觀見獻禮，而黃支國就是印度南部。「黃支國，民俗略與珠厓相類，其州廣大，戶口多，多異物，自武帝以來皆獻見。」那個地方的人，現在在馬來西亞也很多，皮膚很黑，可見印度和中國大概很早就有來往了，那麼，為什麼不能從這條海路傳來佛教信仰呢？

從伯希和以來，很多學者都舉了一些文獻與考古的證據。其中最重要的是，首先，第一部中國人關於佛教的論著，叫做《理惑論》，又叫做《牟子》，是東漢人牟融所寫的，據說牟子是在交州生活的人，交州就是現在的兩廣越南一帶，南臨南海。那麼，就讓人去想，為什麼最早的佛教著作產生在那裡，而不是產生在內地或者靠西邊的地方？其次，中國最早的大規模佛教石刻，在連雲港的孔望山，

是東漢佛教摩崖石刻，連雲港臨東海。而山東臨沂、沂南、滕縣的有關佛教考古發現，也說明沿海地區佛教流傳很早，沂南八角柱「童子項光像」，頭背後有光圈，是佛教的特色，滕縣的「六牙白象」，更是佛教的傳說中的吉祥物形象。再次，雖然有白馬馱經到洛陽的傳說，但是文獻記載佛教比較多的，還是南方的資料，比如《高僧傳》裡面的〈笮融傳〉、〈康會傳〉，證明三國吳地佛

圖 4-7：紹興童子項光磚

教最盛，而且長江下游之佛教文物頗多，一個有明確記載的就是建初寺，這也旁證了佛教從海路傳來之可能性，大家都知道，後來傳說達摩來中國，也是先從廣州上岸，然後北上到南京的。

十、結語：條條大路通世界

　　一個民族一個國家，在文化傳播和交流上有很多不同的渠道。這些不同的渠道有時就給他們帶來了很多不同的文化。古代中國和東面的日本，有著非常多的來往，像漢代歸化人的傳說，倭國金印的發現，說明在季風條件下，

中國和日本的往來從很早就很暢通，到了隋唐以後，聯繫就更多了，飛鳥時代的美人、奈良キトテ古墳都證明了古代中國對日本文明的影響，而倭刀在宋代的傳入，則說明日本對中國的反影響，至於韓國，那更是陸地連在一起的國家，朝鮮民族出自箕子的傳說，以及好太王碑，都說明這種文化的「連帶」關係，到現在，遼東與渤海灣的文化關係也是很緊密的。而南面的東南亞諸國和印尼等等，西南面的印度以及西面的中亞各國，也在很早很早就已經有了來往，連更遙遠的歐洲，也有證據顯示在六朝時代已經和中國有貿易往來，現在出土很多古羅馬的東西，像金幣、玻璃器皿等等，就連天主教，也早已經在唐代傳入中國，

圖 4-8：大秦景教流行中國碑

可見，中國不是一個自古就封閉的「天下」。最近有人從基因分析說，中國人來自非洲，也有人從考古發現認為早在先秦就有中外交通，這當然都是需要證實的東西，但是，至少我們相信，古代中國並不是封閉的，而且古代中國文化，也需要外來的因素推動它的變化。

地理地質學界有所謂的「板塊漂移說」，一個大陸，由於某種力量分成幾塊，或幾塊大陸由

於互相碰撞擠壓成為一塊，據說喜馬拉雅山脈就是這種碰撞擠壓形成「造山運動」的結果。思想史上的交流也是如此，世界視野的拓寬必然引來文化交融與衝突，文化交融與衝突則必然導致思想世界的變化。一般來說，在意識形態逐漸定型與固定的時代，思想世界內部就已經不再具有自我更新的資源。而這時的世界拓展與思想碰撞，就給一個相對封閉的思想世界帶來了一些外在的，但又是新鮮的變革動力，在中國的中古時代，最重要的外來資源就是原產於印度的佛教，佛教傳來，成了中國思想世界自我調整的契機，漢代以後中國思想史在很大程度上就是佛教的傳入與中國化、道教的崛起及其對佛教的回應，中國傳統思想對佛教不斷的融匯，以及在這種對固有資源的不斷再發現過程中，持續提出新思路。

第五回

佛教征服中國，
還是中國征服佛教？

引子：從山門逛到藏經閣

有句話，不記得是誰講過的了，大概總是一個很有名的人罷，他說，中國學問裡面，有兩種學問不可以輕易做，一個是佛學，一個是紅學，就是說這兩種學問都是沒完沒了的無底洞。紅學是紅學家自己把它弄玄的，可是佛學卻真的是特別複雜和深奧。可是，今天要討論的話題恰恰就是佛教，是印度的佛教與中國的佛教。大家都知道，佛教是從印度來的，內容很複雜，思想也很深奧，儀式也很具有象徵性，不僅印度佛教流派很多，什麼上座部、大眾部，什麼大乘、小乘，而且中國佛教也是學派和宗派很多，顯、密兩大系統裡面，顯宗中就有三論、華嚴、唯識、天台、淨土、律宗、禪宗，各各都不同，過去有人說佛教有十宗、有人說有十三宗，而一個禪宗裡面，又有好多派，什麼北宗南宗牛頭宗保唐宗，就是一個南宗裡面，又會有洪州、荷澤等等不同，再分下去還有，我就不再開中藥鋪羅列了。

　　為了簡單概括地了解佛教，我只挑重要的來說，用中
國古代成語來說，這也算是「管窺蠡測」，用現代話講，這
好比去「旅遊」。我呢，權且算是導遊，導遊不可能什麼都
介紹，導遊自己也不可能什麼都知道，所以就揀重要的說，
好像領你進了一個佛教的廟，就會介紹說，這是山門，山
門又叫無相門、無作門或空門，意思是進了這裡，你就要
離開塵世進入無生無相的空門了。然後，介紹山門兩側的
四大天王，有西方廣目天王、南方增長天王、北方毗沙門
天王、東方持國天王，接下來再看，坐在那裡對著你哈哈
笑的是彌勒，兩邊對聯寫的是：「大肚能容容天下難容之
事，笑口常開笑天下可笑之人」。他的背後就是韋陀，那個

圖 5-1：敦煌壁畫中的四大天王

護法神，手持金鞭的那個神。進了這個門，轉過去，看看
兩邊的鐘樓鼓樓，走過放生池的橋，才是前殿，進了前殿，
後面最大的才是大雄寶殿，大雄就是佛了，其實，早期印
度的大雄是另外耆那教的聖人啦，但是，後來也把佛陀叫
作「大雄」。再往後，就是法堂、藏經閣等等，我們今天講
佛教，恐怕不能登堂入室，只是匆匆從山門到藏經閣，一
路穿過，恐怕只能零零星星，介紹一鱗半爪的，就算是隨
喜逛廟罷。

一、印度佛教的傳說

　　大概離現在兩千五百多年前，在西元前六世紀時，在
古代印度北部今尼泊爾南部，有一個小國，叫迦毗羅衛國，
這裡有個淨飯王王子，叫悉達多・喬答摩，傳說他和別人
不同，是自母親右脅而降生的，雖然也曾娶妻生子，但是，
他卻常常深思人生和宇宙的大問題，在巡視國中的時候，
有所感觸，於是離家出走，到處訪問與學習，終於領悟了
人世間的真理。他就是創造佛教的釋迦牟尼，也就是我們
熟悉的佛陀 (Buddha)。佛陀本是「覺者」、「智者」的意
思，傳說，人可能有三種「覺」：一是「自覺」（自我有充
分認識的能力），二是「覺他」（使其他眾生也得到覺悟），
三是「覺行圓滿」（智慧與能力都圓滿）。佛教傳說，其中，
聲聞、緣覺的羅漢有「自覺」，可以通過聆聽教誨，獲得機

緣而解脫，菩薩有「自覺」也能「覺他」，可以在世俗社會拯救眾生脫出苦海，佛陀則三種「覺」都有。當然，凡人三種都沒有，不能覺悟，所以又叫「有情眾生」，只能等待佛、法、僧的拯救。

據說，佛陀離家以後，四處訪問學習，苦苦思索如何使人類從苦難中解脫出來的真理。這時候，以恆河流域為中心的印度一帶，正流行著各種各樣的思想與學說，其中有三種思想成為佛陀的資源，和後來佛教有密切關係：

第一是婆羅門的祭祀知識。古代印度四種姓裡面，婆羅門（古僧侶）是最高一等，他們掌握了祭祀的知識，也就是說他們是憑著文化的壟斷權力，成了社會的上層。他們為了獲得善終長壽，子孫滿堂，得到生活富足，婆羅門有種種向神靈的祭祀，祭祀的時候，常常以自己的肉體或他人的肉體為祭祀品，所以，他們不僅關心現世，還產生了對人的來世轉生的期望。在佛教產生時代，佛陀可能受了他們對生命在現世來世，生死輪迴的觀念。——但是，佛陀也發現，婆羅門祭祀神靈，從根本上來說只是依他力，就是被動祈求，沒有主動的爭取超越，這是佛陀不滿意的地方。

第二是瑜伽的技術與知識。瑜伽的各種方法，包括八支實修法的身心鍛鍊，什麼是八支實修？就是一禁制，慎五戒（殺、盜、淫、妄語、貪欲），二勸制，勤修清靜、滿足、苦行、學誦、念神等等，三坐法，相當於禪定，四調

息，五制感，控制感覺與外界分離，六執持，心凝於一境，七禪那，經過四禪階段，八是三昧，達到瑜伽的最高境界。這本是一種養生保健的知識，但是，在古代印度趨向神祕，也側重於身體與精神的更新狀態。它裡面有身體控制的方法，也有沉思與反省的內容。從身體放鬆，調理呼吸，心靈沉潛，直覺體驗，一直到對終極的體驗與精神對肉體的超越。這都給佛教提供了修行的方法和解脫的途徑。——但是，瑜伽缺乏關於這種修煉方法的必要的思想學說基礎，為什麼要這樣修行呢？道理何在呢？恐怕單純的瑜伽知識不能讓人滿意。

第三是耆那教，這是筏馱摩那創建的一種早期宗教。早期耆那教的原始教義中，對「輪迴」有強烈的關心，他們認為「靈魂」的因果報應是不可避免的，為了祛除「靈魂複製」時的汙點，他們要求自我犧牲，不殺生，非暴力，這種苦行和自律的人生態度，也給佛陀創建佛教倫理提供了資源。——可是，佛陀會想，怎樣才能靠自己的行為來解脫生死輪迴？什麼方法才能使自己的行為得到應得的報償呢？

圖 5-2：雲岡石窟的大佛

佛陀就在這樣的知識、思想和信仰世界中生活，據

說他學習了各種學說。但是都覺得不能了卻生死大事。不能真正永恆解脫。所以他吸收了各種學說，又自己苦苦思索，終於有一天，在尼連禪河畢缽羅樹下，苦思冥想之後，忽然大悟，找到了真正永恆的解脫之道，據說那時大地震動，按照佛教的想法，這當然是宇宙又開出一片新天地，世界終於找到了永恆的真理了。

那麼，佛陀「覺悟」了什麼呢？

二、佛教對人生的基本判斷：十二因緣

佛陀四處訪學和苦苦思索中，想到的首先是人生很痛苦，每個人的人生都是痛苦的，彷彿人生就是一個不斷循環流轉的苦難歷程，從生到死，從死到生，處於「生生不息」的「輪迴」之中的「人」，好像沒有辦法逃出這種苦難的纏繞，這一生如此，下一生也如此。有人就說，西方宗教的基礎來自神話和傳說，好像基督教的根本基礎，是和伊甸有關的，人有「原罪」，人類從一開始就經受不了誘惑，生下來就犯了錯誤，所以他要懺悔、禮拜、禱告，在人生道路上也要不斷地向主的代表牧師告解，領取聖餐，感受主的存在，乞求主的寬恕，因此才能堅定信心，永遠相信上帝。而佛教則不同，佛教的基礎是觀察人生和社會，它的基礎是人生皆苦，所以人要擺脫苦難，就要修行佛法，超越塵世，拯救自己的精神，因此他們相信佛教，也是因

為他們覺得，佛、法、僧三寶可以帶領自己走出六道的輪迴怪圈，得到苦難消失的「超升」。那麼，究竟導致這種苦難的根子在什麼地方呢？當年佛陀想來想去，就是在琢磨這一條。

他覺得，根子就在人的心中，因為人心底裡與生俱來的就有「**無明**」，這「無明」也叫做「癡」、「愚惑」。這是導致人不能自覺的根本，一個人由於不懂佛教道理而只擁有世俗知識，所以這種「無明」就牽引著他一步步在苦難的泥潭中走，在三世輪迴中永遠不能解脫。據《大乘起信論》說，因為世界一切現象都是虛妄幻想，只是由心而起的。而人又有這種「無明」的「妄心」，看到這些就以假為真，弄假成真，便起了分別、貪婪、愛惡、攫取、占據的念頭，於是才導致了苦難，所以無明是「根本煩惱」之一，其實，按照佛教的想法，世上的金錢、美女、美食、華衣都只是虛妄，是鏡中花、水中月。可是人一旦被「無明」支配，那種「沒有理性光明，處在暗昧之中」的狀態，就會使人有欲念。人有了欲念，就需要有可以千方百計去奪取的能

圖 5–3：麥積山四四窟佛像

力，老話講「巧取豪奪」，就是一種能力，所以就有了「**行**」（即人潛在與明顯的行為能力，就是把這些念頭付諸實際行動的能力），人從一有意識開始，就有了獲得滿足的能力，小孩子也要吃好的，也會有爭奪食物的想法，說到想法，就是人有了「**識**」（指認識與分別的能力），知道什麼是好的，什麼是不好的，可以分別什麼肥、什麼瘦，就有了「挑肥揀瘦」的可能和「挑肥揀瘦」的想法。感覺到了好壞肥瘦，就會把它說出來，這就有了「**名**」（指確定與分別事物的語詞與命名，並通過名而確認事物的能力），就是通過命名，把天下的萬事萬物分了高下美醜，並且給各種東西賦予了名稱，什麼棉、毛、絲和化纖，什麼燕窩、魚翅、鮑魚和白菜蘿蔔，什麼窮、富、上司、下屬、紅黃藍白黑等等，然後按圖索驥，喜新厭舊，嫌貧愛富，愛美嫌醜。可是，人僅有行為能力，分別能力和概念能力分別並不夠，這種判斷，來源於人對面前的世界產生的各種感覺，這就是佛教說的「**六入**」，經過眼耳鼻舌身意，得到的感覺和認識，所以眼耳鼻舌身意，又叫六根，由六根起「六識」，就是色、聲、嗅、味、觸、法，所以「六入」也就是六種主觀與客觀接觸的渠道，六種感官引起的六種感覺，這種感覺是因為接觸，所以下面就是「**觸**」，指身與物，心與境的接觸，由眼耳鼻舌身意六根與外界接觸，接觸以後會有種種感受，所以有「**受**」，指接觸後感覺到的病癢、苦樂、憂喜、好惡等等，於是有「**愛**」，這個「愛」不是我們

理解中的愛情、愛好，而是執著的獲取欲望，也就是產生了貪婪、欲望、渴求，這就由內在的感受轉向了外在的獲取，所以下面有「**取**」，這就是由愛欲而產生的熾熱而固執的獲取行為，其中又分「欲取」、「見取」、「戒禁取」等，見《俱舍論》，這裡不細說，於是，由於人的執著和愚昧，本來是空幻假相、鏡花水月的世界，就在人的渴求、欲望和不斷攫取中，幻化成了真實的世界，於是「無」就成了「**有**」，有是什麼？就是「存在」，即看起來存在的世俗世界，佛教所謂「三界」即欲界、色界、無色界，均在「有」中，一旦如此，人也就好像真的生存在這個自己主觀幻想建構的世界中了，這叫「**生**」，成語裡面的「生生不息」這個成語，原本的意思其實就是人永遠在三界內輪迴地生存，永遠無法解脫。可有「生」必然有「死」，最後，人生下來，一個必然的結果就是「**老死**」，而老死之後又將進入下一個輪迴，除非他從佛教的道理中，獲得「無生」或「涅槃」，這才能「跳出三界外，不在五行中」。

　　以上的「無明」、「行」、「識」、「名」、「六入」、「觸」、「受」、「愛」、「取」、「有」、「生」、「老死」，就叫做「十二因緣」，所謂「緣」是關係或條件的意思，佛陀認為，世上一切本質都是虛幻，一生又一生，永遠像在住旅館一樣，雖然表面看來很好，實際上卻沒有「家」，沒有實在的東西，一天又一天，又好像在做夢，夢幻當然很好，可是黃粱一夢、南柯一夢，畢竟不是真實的。在我們面前燈紅酒

圖 5–4：敦煌二七五窟北涼
時代佛像

緣、紛紛紜紜的現象和事物，其實都是內心無明的「因」
與各種關係與條件的「緣」偶然湊合而發生的，這就叫「緣
起」，可是這種暫時的、虛幻的湊合，由於被人的「無明」
當作真實，於是勾引出了人的渴求、欲望，彷彿「望梅止
渴」一樣，求之不得，徒生煩惱，求之而得，又永不滿足，
於是「飲鴆止渴」，所以它成了人生苦難的根源。

三、解脫之道：「苦集滅道」四諦

可有人會問，人生活在虛幻的世界中，充滿了渴求與
欲望，為什麼就是苦難呢？人生活在夢裡不也很好嗎？就

像人做夢一樣，「人生如夢如幻」，「夢裡不知身是客」，人日有所思，夜有所夢，在夢中以為真的成了富貴名人，其實「南柯一夢」，只是虛幻，唐代小說裡也說，是黃粱飯尚未熟也，因為終究是要醒的，醒來以後，面對著俗世冷清和困厄，再追憶過去的幸福和繁華，不是很痛苦嗎？中國古代有很多帶「夢」的詞，都有這一重意思，像「紅樓夢」、「海上繁華夢」、「十年一覺揚州夢」等等。

　　不過，佛教想得更深刻一些。佛陀考慮的是如何根本上超越生死的大問題，他想，人生之所以有痛苦與煩惱，像死亡的恐懼、貧窮的苦惱、世俗的欲望，主要是因為有「我」，而「我」這個個體生命由於「無明」的存在，始終看不透這個世界的本質是虛幻，始終是有愚癡的我，由於「我」這一生命，又由不滅的靈魂（識神）不斷輪迴延續，所以人始終在痛苦中不能解脫。要解脫，首先就要破除弄假成真的「有」，抑制生產幻想世界的「愛」，這樣就進入「無我」，也就不會固執地確立「我」（我執），沒有「我」或「我執」，就不會落入「輪迴」。於是，一切的起點與關鍵就在於人有「愛」，有「欲望」，人都有世俗的欲望呀，佛教說，眼貪好色，耳耽妙聲，舌嗜上味，鼻嗅名香，身觸細滑，意貪諛讚，《佛本行經》裡也說，這種欲望是導致自己的心靈被惡魔誘惑的原因，「山羊被殺因聲死，飛蛾投燈由火色，水魚懸鉤為吞餌，世人趣死以境牽」，這裡所謂的「境」，就是境界，這在佛教裡面不是一個好詞，這是

圖 5-5：敦煌壁畫〈降魔變〉

說，人的感覺、知覺由因緣引起的幻想世界，常常對那些
有「我執」的人是一種擋不住的誘惑，他們總是想為「我」
撈一些享受，可是，如果人能像面對猛獸的烏龜一樣，「藏
六如龜」，把所有的欲望和貪婪都克制住，那麼，沒有什麼
能害他的。克孜爾壁畫中有幅畫，魔王波旬想腐蝕佛陀，
讓他墮落，所以派了三個女兒，變得妖妖嬈嬈，很漂亮，
但是佛陀卻根本不受那個誘惑，他一眼看去，只看到這三
個變化了的美女，是「革囊盛血，腹大如鼓」的醜東西，
所以心如止水一樣。佛教說，毒害人們的三種東西（三毒）
是「貪」、「嗔」、「癡」，也就是貪婪的欲望，憤怒與嫉妒的
心情，執著頑固的念頭，第一個就是「貪」，貪婪、貪心、
貪圖，都是使自己墮落的根源。

可是，人們都有很多種世俗的願望與理想，古代人說三不朽（立德、立功、立言），追求的是名望、讚譽和後世的榮耀，也有人說是「金榜題名時，洞房花燭夜」，這時期待著現實的幸福，也有人期待著「五子登科」，「家財萬貫」，「壽比南山」，可是佛教覺得這一切都是虛幻，好像「鏡中花，水中月」。受了佛教影響的人，常常會講「人生如夢」、「世事無常」，就是說那些東西是過眼煙雲，都是虛幻。比如傳說點過秋香的唐伯虎就曾經寫過一首〈一世歌〉：

> 人生七十古來少，前除幼年後除老。中間光景不多時，又有炎霜與煩惱。
> 花前月下得高歌，急須滿把金樽倒，世人錢多賺不盡，朝裡官多做不了。
> 官大錢多心轉憂，落得自家頭白早，春夏秋冬撚指間，鐘送黃昏雞報曉。
> 請君細點眼前人，一年一度埋芳草，草裡高低多少墳，一年一半無人掃。

同樣，古人對「酒」、「色」、「財」、「氣」的批判也表現了這種對世俗欲望的懷疑，大家可能都讀過《紅樓夢》，《紅樓夢》裡有一首〈好了歌〉，說「好」就是「了」，也是佛教「無常」的意思，他開列出來的「功名」（古今將相在何

方，荒塚一堆草沒了）、「金銀」（終朝只恨聚無多，及到多時眼閉了）、「姣妻」（君在日日說恩情，君死又隨人去了）、「兒孫」（癡心父母古來多，孝順子孫誰見了），都是人心中常有的「欲望」、「愛念」，但從本質上來說，從永恆的時間上來說，卻是沒有意義的虛幻。所以，佛陀琢磨了四項基本真理，叫做「四諦」或「四聖諦」(Caturssatya)。

1.**苦諦**，佛教持一種對人生的悲觀態度，認為世俗生活就是苦難，人在時間中流轉生存，必須忍受這種痛苦，「和不愛的東西會合，與可愛的東西分離，追求不到欲望，欲望之後還是更高的欲望」。所以一切皆苦，沒有工作苦，有工作累得苦；無家苦，有家也苦；無官做心裡苦，有官做小心爭奪心裡也苦。而且這種「苦」並非一世可以結束。佛教說為「三世輪迴」（「輪迴」前世、現世、來世），通常人永遠在這三世中輪轉，在「六道」中往復（地獄、畜生、餓鬼、修羅、人間、天上）。

2.**集諦**，指造成世間人世苦難的原因，是由「無明」引出的「惑」或「業」，人由於有「無明」，身、口、意（行為、語言、思想三業）就成了集合起一切煩惱的「因」，在「因果報應」中不斷處於苦難中，「渴愛伴著欲望，導致生死輪迴，沒有自覺」，對於一切的「渴愛」，由於追逐的是幻相，所以只能說它是望梅止渴，或者是飲鴆止渴。

3.**滅諦**，指苦難的消滅，但是，這並不是要人去死亡，而是指人的意識，應當處於寂靜的沉潛的狀態，不為一切

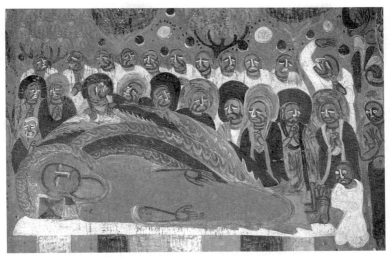

圖 5-6：敦煌四二八窟壁畫〈涅槃變〉

外在誘惑所觸動，彷彿像沒有反應一樣，心如古井水，波
瀾誓不起，這叫「斷滅」，佛教修行的目的，就是要斷滅引
起苦難的心理和欲望的根源，拋棄一切念頭與欲望，處於
心靈絕對的寂靜境界之中，達到解脫輪迴與苦難的「涅槃」
狀態。

　　4.**道諦**，指超越苦難，達到涅槃的種種理論與方法，
經過這種理論與方法的修行，使人處於沒有痛苦和煩惱，
不在六道輪迴中的超升境界。

四、解脫之法：「戒定慧」三學

　　那麼，佛教達到「涅槃」的方法是什麼？很多很多，

大致可以歸為三大類，也叫「三學」，即戒、定、慧。

「戒」，用世俗的話來講就是節制，是用外在的紀律、規範，對人的行為、語言、思想採取強制性的約束，例如佛教規定不許妄語就是撒謊吹牛，不許殺生包括所有有生命的東西，不許犯淫亂，不許偷盜，這些都屬於佛教的波羅夷（大罪過），如果是佛教徒犯了戒，就要進行處罰。佛教通過這樣的方式，為了誠實、和平，為了不傷害他人和一切生命，也為了自己在這種平和的心情中安頓心靈。佛教的戒律很多，光是講律的書就好多種，佛教三藏中，講理論的經、解釋理論的論之外，就是律了，中國流傳的律也很多，來自各個不同的部派，規定也很細。傳說裡面豬八戒，就是要守八種戒條，《西遊記》第十九回〈雲棧洞悟空收八戒，浮屠山玄奘受心經〉裡，豬怪對唐僧說「我受了菩薩戒行，斷了五葷三厭」，五葷即五辛，《梵網經》說是大蒜、茖蔥、慈蔥、蘭蔥、興渠，又《天台戒疏》下卷說是大蒜、韭菜、蔥、小蒜、芸薹；三厭，指雁、鶩、雉。也許不少人看過電影「少林寺」，影片最後在寺裡授戒，那個剃度的老和尚要問一系列的問題，比如「不殺生，盡形壽，如今能持否」，說的就是不許傷害任何生命，包括自己的身體。佛教有許多種戒律，像四分律、五分律、摩訶僧祇律等等，很大部頭，占了佛經好大一部分。

「定」，用現代語言來說，就是用自己心靈的力量對自己的欲望感情進行自覺的約束，佛教對此除了追求寂靜空

靈的心境目標之外，還有種種技術與方法，比如大家都知道「打坐」即「禪定」，說起來，現在大家都說是氣存丹田，眼觀鼻、鼻觀心，凝心入定，其實遠比這複雜得多，現在如果有和尚教你，要氣聚丹田，眼光散視，但不可閉眼，頸部微微前傾，放鬆脊梁但又要挺直腰部，雙腳交叉疊於大腿兩側，你覺得能做到嗎？其實不很容易的，你是否真的能夠心裡沉寂，意念專一？另外，還相傳有五大禪法：數息、因緣、不淨、慈悲、念佛，如果真的入了定，還要經歷四種階段或四種境界，有「初禪」，忘卻周圍的事物或現象，儘管此時還能有隨意與具體的思維活動。但注意力已始終集中在沉思的目標上了，在這種安詳狀態下，享受著肉體的舒適和精神的愉悅，這時開始離開欲望、憤怒、不安、煩躁；到「二禪」及「三禪」，人逐漸進入非想非非想境界，只有意念集中自我感覺的舒適與愉快上，最後到達「四禪」境界，在意識中，意念逐漸彌漫開來，不再有專注處，只有無哀無樂無思無慮的輕鬆、超脫，「我」已經化為整個世界，空曠的感覺擴大，擴大到無邊無際，周圍身與外界融合為一片柔和的光明。這就是「禪」，而禪宗就是從這些修行方法中，漸漸衍生和發展出來的、既有理論又有實踐的一種流派。

　　「**慧**」，就是以理性對人生因果關係和宇宙本來面目進行分析、反思，從而達到一種洞察宇宙與人生的智慧，因而在理智上得到解脫，比如從「一切皆空」出發，分析一

切皆為幻相，如夢如幻如雷如泡，因而能自覺遵從清明的理智，拋開執著的情欲與迷戀的感情。再比如從「三界唯心」出發，分析事物與現象的本質只不過是感覺的合成，從而拋棄對外在表象的執著，回歸純粹的心靈境界。

以上十二因緣（六欲三毒）、四諦（三世輪迴，六道，三業）、三學等等，就是佛陀當年在尼連禪河邊上的畢缽羅樹下所覺悟到的佛教真理，他對於宇宙本原，對人生狀態，對解脫途徑的思考，就成了後來佛教的基本思想，後來佛教雖然有了很大的發展，但出發點卻還是在這些基本教義中。佛教的書裡傳說，當佛陀覺悟到這些道理時，天龍環繞，大地震動，而且佛陀到了這個時候，才真正達到了佛教自己說的「天上地下，唯我獨尊」。

五、佛教傳入中國

佛教傳入中國是什麼時候，從哪條路來的？現在還有很多疑問。上一回裡，我們已經討論過了。大體上來說，是在西元一世紀時，從西域（中亞和新疆）就陸陸續續有佛教的消息傳來，從西南和南海也有一些零星的傳入了。有一些來貿易的中亞商人可能就是佛教徒，他們到中國來做生意的時候，很可能已經傳入了一些佛教思想與知識。中國古文獻記載，東漢明帝永平八年 (65)，楚王劉英曾經在宮裡祭祀過佛陀，說明佛教已經傳入上層，當時把佛叫

做「浮屠」、把和尚叫做「桑門」，大概佛教已經成了一種新信仰。到了二世紀，就有很多事情證明，佛教已經在中國流傳開了，比如，東漢桓帝時 (165) 也曾經在宮中祭祀老子和浮屠，特別是西元二世紀中，兩個中亞來的僧人支婁迦讖和安世高分別到了洛陽，各自傳來了佛教的不同知識。支讖先譯了《佛國經》，後來又譯了《道行經》，他的弟子支亮和弟子支謙更譯出了很重要的《首楞嚴經》、《維摩詰經》，把大乘般若學說引進了中國，安世高則譯出了三十五部四十一卷佛經，其中包括《安般守意經》，他與周圍的安玄、康僧會、嚴佛調等，一道譯了很多經典，則把小乘禪學引進了中國。這兩批來自中亞的和尚，開創並且影響了後來中國佛教的方向。再晚一些，漢獻帝初年 (190) 的丹陽人笮融，在廣陵、彭城一帶建佛寺，立銅佛像，教授誦讀佛經，據說有五千人參加，可見二世紀末時，佛教已經很流行了。

　　不過，早期中國士大夫和民眾信仰者所理解的佛教，實際上一開始都不那麼準確和完整，這並不奇怪，所有對異文化的理解一開始都會「郢書燕說」，用現代的時髦詞語說，就是「有意義的誤解」，這種誤解包含了創造。最初，中國士大夫用傳統中國尤其是道家的詞語來比附佛教道理，比如用「無」來理解「空」，用「道」來比擬「涅槃」，用「智」來說明「般若」等等，這就叫「格義」，經過道安 (?–385)、鳩摩羅什 (?–409) 和慧遠 (?–416) 等無數佛教中

人的翻譯、解釋和闡發，差不多在東晉以後，中國上層文化人才漸漸對佛教理論有了深入的理解和體會。而民眾呢？從一開始，他們是把佛陀當做一個神仙來供奉，把佛教當做可以解除困厄、驅使鬼神、讓人長生不老的宗教來信仰的。

千萬不要看不起這樣的傳播。每一種異文化傳入，都要經過本土人的解釋、想像的演繹，就好像翻譯一樣，沒有自己的語言，就無法翻譯外面的語言，有了自己的文明，就能想像和解釋外來的文明。相傳是第一部闡釋佛教的漢文著作東漢人牟融所寫的《理惑論》裡說，佛就是「覺」，這好像沒有錯，可是，下面就很神奇了，說佛是什麼「恍惚變化，分身散體，或存或亡，能小能大，能圓能方，能老能少，能隱能障」，就好像孫悟空一樣，可以「蹈火不燒，履刃不傷、在汙不染，在禍無殃。欲行則飛，坐則揚光」，聽上去就好像是神通廣大的神仙。而對於「佛法」的理解呢？則把它想像成為道家所說的「道」，可是，他們又說佛法「導人致于無為，牽之無前，引之無後，舉之無上，抑之無下，視之無形，聽之無聲，四表為大，蜿蜒其外，毫釐為細，間關其內」。所以聽上去，三寶裡面，「佛」就是一個神通廣大的神仙，「法」就是一種無所不能的本事，而「僧」當然常常被當成一種有巫術或神通的法師。

六、異域的禮物：新思想和新知識

不過，在佛教傳入中國的時候，它也帶來了一些新知識和新思想，這就是文化震撼，對於一般信眾來說，他們可能比較受震撼的是以下幾個方面：

一、**身雖朽，神不滅**。過去中國雖然也有「骨肉歸於土，魂氣無不之也」的說法，但並沒有關於這種魂魄去向的明確說法，他們相信身體的死亡，可是沒有想到靈魂永恆的話，會到哪裡去，好像「無不之也」這樣的說法，像是讓鬼魂四處飄蕩。可是佛教卻說，人的「肉體」，是會消滅的，就好像電腦的硬體，人的「識神」則彷彿軟體，他們說得很清楚，這就像植物之有種子一樣，又好比薪盡火傳，人的識神會轉到來世，依附下一個肉體之身，繼續著一個人的人生之旅。所以，人的死亡與生存，只是一個「輪迴」，人的生命過程，卻是一個綿延的過程，會經歷前世、現世、來世，不停地流轉延綿，要注意，這就和傳統中國把禍福因果關係，算成是一代又一代的承負關係不同了，古代中國思想中的「承負」，是上一代的罪愆善行，由下一代人承受，這一代人不會承受，所以沒有對這一代人的思想和行為的強烈約束力。大家都知道的范縝〈神滅論〉，就是針對這種說法來的，在南朝齊梁之間尤其是梁武帝的時候，有過很激烈的辯論，但是在民眾中，好像大多數人還

是接受了佛教的說法，在一千多年裡，民間都相信「輪迴」。

二、**地獄與六道**。自從 187 年康巨譯《問地獄事經》以後，在幾百年裡，佛教的地獄故事就逐漸和傳統中國的泰山故事、後來道教的北陰酆都大帝故事結合起來，成了關於人死以後想像的主要來源。本來，古代中國人都相信，泰山主死，泰山下的蒿里為死後世界，人們會唱〈薤露之歌〉送死者，又會用隆重的喪禮來送行。可是至於死以後的狀況，想像並不多，而佛教，當然也包括後來的道教，一直渲染著死後世界的恐怖，而這種很有威懾力的恐怖，又正好用來規範人世間的行為、語言和思想，讓他遵守倫理、道德或戒律的規則，不要亂說亂動。據佛教說，現世造孽的人，死後就要在地獄接受審判，並受到種種折磨，傳說中有孟婆茶、鐵面判官、牛頭馬面以及火床劍樹、刀山鋸臺之刑。在佛教中常常有這種宣傳地獄黑暗與恐怖的經典繪畫和通俗唱導，它使人心驚膽戰，毛骨悚然，因而也使人在作惡事時，心理上受到一些制約與懲戒，各位看〈**敦煌十王經圖**〉，這十殿的說法後來很流行的，老百姓雖然宗教知識不多，可是對這十殿卻很熟悉，後來到處都有這種圖像，像清代臺灣就有這種圖像，只是把在陰間的人都畫成了清朝人的樣子。

不光在地獄裡受苦，人還要繼續他的苦難旅程，轉世投胎吧，又根據一個人前世善惡，有六種可能，也就是「六

圖 5-7：敦煌三九〇窟〈十王廳與地藏〉

道輪迴」，六道是哪六道？一是地獄，這不必說。二是畜
生，傳說像天蓬元帥投錯了胎變成了豬，中國民間常常賭
咒時也會說，「讓我下世投胎變王八」、「讓我變牛變馬」，
都是說六道輪迴時落了第二道。三是餓鬼，餓鬼在想像中，
也是很悲慘的，所以民間常常有上供、燒錢，而佛教有「施
食」的儀式。四是修羅，修羅是指專門與佛陀作對搗亂，
又總失敗的惡人。五是人間，就是說來世仍變成「有情眾
生」，還在生死輪迴之中。六是天上，這裡說的天上雖然很
好，但也未能超越生死，仍在六道中輪迴。佛教宣傳說，
人始終是落在這六道裡，生生不息，反覆受難的，就是這
裡所說的「天上」，也並不是能夠超越的境界，而是相對來
說比較好的結果罷了。

　　三、**善惡與報應**。過去中國也有「報」，最早的「報」是祭祀先人，報答他所施恩於後人，先有先人的「施」，後有後人的「報」，王國維《觀堂集林》卷九〈殷虛卜辭所見先公先王考〉是很有名的文章，他考證出甲骨卜辭中有殷商先王，名為甲、乙、丙、丁等等，可是這些名字外面有個框，就念作報甲、報乙等等，他說，其實這就是「壇墠或郊宗石室之制」，就是子孫對先人的「報」，後來，楊聯陞在香港中文大學講演〈中國文化中的「報」、「保」、「包」之意義〉的時候，就專門解釋了這個問題。但是，古代中國只是先施後報，所謂「積善之家有餘慶」。後來，道教又有「承負」的說法，說前輩作的善惡之事，本人並不一定承擔責任，但是結果將由後輩子孫來承受。這兩種古代中國的傳統說法裡面，報、承都不及本身，所以對本人並沒有約束和警戒的力量。可是，按照佛教的說法，人有「過去」、「現在」和「未來」，或叫「前世」、「現世」和「來世」，這三世卻是連續不斷、互為因果的，三世都是你本人的輪迴。「凡為善惡，必有報應」，所以，人要在世時就「廣種福田」，什麼叫種福田？就是為來世預先種下幸福的種子，來世才能有好的收穫，這就像俗話說的「種瓜得瓜，種豆得豆」。如果這一世種下的是災禍，那麼，來世就只能收穫倒霉，就像一首老歌裡所謂的「誰種下仇恨他自己遭殃」。

　　那麼，人怎麼才能種下福田呢？一方面是做善事，什

麼是善事？最初是指度人為僧，開鑿佛像，抄寫或念誦經
卷，建造寺廟，也就是供養佛教，後來也接受中國傳統的
觀念，把做符合倫理道德的事情，如賑濟、孝敬、忠厚、
忍辱負重等等，都算在了善行之中，所以後來佛教也弄什
麼思過記善，就是懲惡揚善的記錄；另一方面是指每個人
的自覺，如果他能歸依三寶（佛、法、僧）、遵持五戒（去
殺、淫、盜、妄語、飲酒），那麼他就會減去罪孽，多得善
果；如果更進一步能夠出家，嚴守佛教非常複雜的戒律，
約束所有世欲的行為，能夠在禪定中保持身心清淨、心靈
平和，能夠在義解中領悟「一切皆空」，「萬法唯識」，鏡花
水月，終是虛空的道理，他就能夠超越六道輪迴，得到「不
退轉」也就是不再退回世俗輪迴老路上去的智慧，達到「涅
槃」 的境界。古代中國因果報應的故事極多， 如 《金瓶
梅》、《紅樓夢》、《西遊記》等小說裡都有，而這些通俗戲
文和小說裡面有，就說明它已經成了一般民眾的普遍觀念。

七、天下更大時間更長：佛教的宇與宙

　　除了上面這種三世輪迴、因果報應的說法之外，佛教
還有一個關於時間和空間的觀念影響也很大。
　　古代中國人在空間上，通常只是認同自己這個族群活
動的地域，充其量是承認通過書寫文字和口耳相傳知道的
那一個空間，就是「九州」，人們往往把它叫作「天下」，

圖 5-8：榆林一九窟〈阿彌陀淨土變〉

又叫「六合」，就是東南西北上下，以為「六合之外，可以存而不論」。而在歷史上，總是上溯三皇五帝，最多再想像出一個盤古，「自從盤古開天地，三皇五帝到如今」嘛。可是，自從佛教傳入中國，卻告訴中國人，關於時空還有另一套道理。什麼道理呢？那就是時間是無限長久，空間是無限擴展的。「天地之外，四維上下，更有天地，亦無終極。然皆有成有敗。一成一敗，謂之一劫。自此天地以前，則有無量劫矣」，這是《隋書‧經籍志》裡的一段文字。

這個佛教所說的廣大空間，就是所謂的「三千大千世界」，據《智度論》卷七說，就算有一千個日月，一千個閻浮提（大洲，部洲），一千座須彌山（在佛教傳說中，一個

小世界的中心大山叫須彌山），一千個四大天王處，一千個三十三天，也只是一個「小千世界」，一千個小千世界合起來，是「中千世界」，一千個中千世界合起來，才叫「大千世界」，中國只是在一座須彌山下一個閻浮提即南贍部洲上的一個國家，而環繞著這座須彌山的，就有四大部洲，如果是大千世界，該有多大呀。

而佛教說的時間呢，則叫「無量無邊劫」。一個劫是世界漫長的一成一毀，中國道教傳說中的「滄海變桑田」算是長的了吧，但是這遠遠長不過天地的一成一敗。《法華經》中的〈化城喻品〉用了一個比喻說，這就好像人磨墨，墨磨得很慢，如果磨完三千大千世界中的泥土這麼多的墨，才只是一點，把這些一點磨完，才只是過了一「劫」，如果時間是無量無邊的「劫」加起來的和，你說它是多麼漫長。

也許你會問，為什麼要把空間說得那麼大，把時間說得這麼長？簡單地說，這是為了反襯人的渺小和生命的短暫。佛教說，每一個人都只是在一個有限的時空中生存，所以，人很渺小，如果你希望永恆，就需要佛陀這樣的聖人來拯救，使自己出離三界，超越在時空之外。但是，普通有情眾生畢竟自己不能超越時空和生命，人生活在世界上，世界在劫數中，每一劫都會有一個終結的時候，這就是「末世」，每到「末世」，由於人愚鈍而且作惡，壽命也漸漸變得短促，最後「朝生夕死」。佛教的《智度論》卷三十八還說，那時還會有「飢餓、刀兵、疾病」，宇宙間又會

有大水、大火、大風的災變，把一切都洗滌之後，天地重新恢復。這時，有一個佛會出世來拯救世人，「更立生人，又歸淳樸」。這和天主教很像，天主教也有這種關於「末世」的說法，只是具體表達不一樣。

　　按照佛教的說法，只有虔誠的佛教信仰者，他們供養行善，念誦經典，才能逃脫「末世」厄運，超生天上，躲過災難。據早期佛經《阿含經》說，自有天地宇宙以來，已經經歷了六劫，也就有了六佛了，就是毘婆尸佛、尸棄佛、毘舍浮佛、拘那孫佛、拘那含牟尼佛、迦葉佛，現在正在世間開劫度人的，就是第七尊佛釋迦佛，所以，大家常常可以看見佛教寺廟的大雄寶殿中供七佛。而未來呢？則有彌勒佛，彌勒佛就是現在每個廟裡都供的那個大肚皮、笑嘻嘻，據說「大肚能容，笑口常開」的胖菩薩。

八、沙門不敬王者，可以嗎？

　　按照佛教的想法，要想得到佛教的拯救，第一，人們應當背離充滿世俗欲念的家庭與社會，以出家與世俗生活劃出界限，第二，應當按照佛教徒的宗教規則生活，以種種宗教性的聖潔生活來區別於世俗生活，第三，這種聖徒式生活只是一種代價，其意義在於以此獲得佛陀、菩薩、僧人的接引，使信仰者也獲得拯救，超越生死。因此，在佛教的世界裡，個人、家庭、國家的價值是低於佛教的價

值的，佛教超越了世俗世界，超越了生與死的輪迴，它有一個神聖的世界，當然這個世界價值要高於平凡的世俗世界，所以，宗教權力至少是可以與世俗皇權並立的，甚至占有社會等級與價值的優先位置，宗教徒可以不尊敬皇帝，不尊敬父母，但不能不尊重佛、法、僧三寶。

　　這也是佛教給漢族中國人饋贈的新思想和新知識之一。東晉時的和尚慧遠，就堅持著這樣的宗教理念，和當時的政治權力掌握者，尤其是桓玄展開了一場辯論。在桓玄看來，世俗社會的制度來歷久遠，天經地義，象徵國家權力的君主與天地一樣，具有絕對的權威，君主的尊嚴和權威是社會秩序的保證，一旦動搖社會就會發生混亂，所以佛教徒也應當尊敬和服從世俗的皇權。但是，慧遠卻寫了〈沙門不敬王者論〉來為佛教辯護，他提出，如果一個人在家在社會，當然應當服從皇權，禮敬父母，但是，出

圖 5–9：兩種石刻〈禮佛圖〉

家的佛教徒則是「方外之賓」，應當可以「遁世以求其志，變俗以達其道」。在各種文章中，他反覆暗示說，身體和生命只是幻，宇宙與社會只是空。這就是根本所在了，如果你承認人生的本原和價值只是「空相」，那麼，人的現世生存就是沒有價值的，如果你承認宇宙和社會的一切只是「虛幻」，而社會的現實秩序也是沒有意義的，如果承認人的生存是一種苦難的、連續的「因果」，那麼，父母的養育之恩，家庭的血緣之情，君主的治理之德，都不具有天經地義的合理性，按照這個邏輯推下去，人何必尊重世俗社會的秩序與禮儀？

但是，在古代中國可不行，正如釋道安所說，「不依國主，則法事難立」，要想在中國漢族地區推行佛教，就要依靠皇權，這就有矛盾了，中國的皇權是籠罩一切的，沒有任何力量可以對抗皇權，所以，佛教只能退避三舍。何況宗教教團對教徒即民眾的控制，已經傷害了世俗皇權的政治權力，宗教教團的擴張，已經形成與世俗政權爭奪的經濟利益，宗教教團的龐大，已經造成與世俗政權對抗的軍事勢力，所以桓玄才說，佛教對於世俗政權的根本問題，是「傷治害政」。

這是一個宗教是否可以優先於世俗的問題，大家知道，在歐洲中世紀，宗教象徵的神聖權力，是與王權象徵的政治權力雙峰並峙的，但是這並不吻合漢族中國的傳統，也許它可以在歐洲和印度通行，但是不能在中國生根。印度

佛教的這種傳統，是否可以在中國繼續？顯然不行，由於中國和印度的歷史差異，在中國，外來宗教絕不能優先於中國本來倫理信條與道德規範，特別是在「孝」和「忠」的方面，中國上層文人不能接受佛教的觀念，皇權也絕不能認同佛教的思想。因為在古代中國，「家」和「國」是不言而喻的實在，以「孝」為核心的血緣親情是一種自然的感情，建立在這個自然感情的基礎上的人性，是維持家庭、社會以及國家正常秩序的基礎，如果動搖了這個基礎，那麼一切秩序都將崩潰。

所以，儘管慧遠很雄辯，但是，這場辯論卻是不平等的，結論在開始的時候就確定了，那就是佛教必須服從中國倫理和政治。從五世紀到七世紀的歷史來看，顯然並不是佛教征服中國，而是中國使佛教發生了根本的轉化，要在中國生存，佛教不能不適應中國。他們只能無條件承認政權的天經地義，承認傳統倫理的不言而喻，承認佛教應該在皇權之下，並在這種範圍內調整佛教的政治和倫理規則。所以，到了七世紀的中國，佛教一方面廣泛地融入中國思想世界，一方面它的思想也相當地漢化了。

九、佛教啟示錄

不過應當說，佛教影響中國民眾非常深非常深，在中國歷史上還沒有一個宗教像佛教這樣深入地影響著中國，

很多很多的中國人，都從佛教那裡知道，自己面前的世界是一個充滿苦難的世界，每個人面臨著輪迴的人生，過去、現在和未來有善惡因果報應，人們必須期待佛教的拯救，這對於在痛苦中生存的人來說，一方面讓他們悲哀，一方面也給予希望，更教育了很多道理，所以在漢代以後，很多佛教信仰者接受了它的價值觀和生活觀，在那個時代留下來的文獻和遺物中，在很多歷史書籍裡，都可以看到它的影響。

　　接受了佛教思想的中國人，同樣也接受了佛教關於解脫的方法，比如開石窟、修寺廟、建佛像、鈔經卷。那個時候，無論是南方還是北方，都修建了大量的石窟、寺院。在常見的文字資料中，像楊衒之的《洛陽伽藍記》中記載了很多洛陽的壯麗寺廟，杜牧詩裡也說，「江南四百八十寺，多少樓臺煙雨中」，他寫的是江南，比如金陵棲霞寺等，當時流行著捨宅為寺的風氣，連貴族也捨出宅院來建造金碧輝煌的寺廟。同時，無數人都在虔誠地、誠摯地用信仰支持著他們的生活，不惜金錢和時間，開鑿著巨大的佛窟，在堅硬的岩石上，一斧一鑿地建造佛像，用種種方式、大量金錢，雕刻著巨大的佛像，讓我們從西往東數吧，像克孜爾、敦煌、麥積山、大同雲岡，一直到洛陽龍門。他們不是在做藝術創造，而是希望用這種虔誠與堅忍來表達信仰，以換得自己、自己的家庭以及周邊的平安和幸福，我們看當時造像供養人的題記就可以知道這一點。同時，

圖 5–10：河南洛陽龍門石窟古陽洞南壁

在當時的民眾信仰者中，還有一種念誦佛經或抄寫佛經的
信仰習慣。據說，不斷地念誦佛經，如《法華經》、《維摩
詰經》、《阿彌陀經》或者不停地念誦佛號、心中同時存念
於佛菩薩，可以靜下心來，可以除厄解困，也可以使在地
獄六道中的親人減輕苦難，甚至可以在念誦中看見西方極
樂世界，往生淨土，超越輪迴。而抄寫經典，也據說有很
多功德，可以贖去親人過去的罪過，可以預種未來的福田，
特別是刺血寫經，金字寫經，更能感動佛陀，得到功德，

所以至今還留下那個時代抄寫的大量佛典。

　　重要的是，佛教關於世界、人生和自然的種種觀念逐漸進入了普通信仰者的思想世界，並且改變了中國的傳統，這些改變是：第一，使中國人從追求「貴生」即長生，到追求「無生」即出世；第二，從相信「承負」，到相信「報應」；第三，它的善惡標準與內容，由於受中國的影響，等於擴大了儒家倫理的控制範圍，因此有著維護傳統社會秩序的意義；第四，它也在少數有堅定信仰和深刻理解的人那裡，確立了一種與現實利益無關的信仰與崇拜。不過，更主要的是它影響了民眾的信仰，使他們對現世生活抱了一種虔誠、一種謹慎、一分小心，也對來世幸福，懷了一線希望、一種幻想，以及一絲警覺。

第六回

似佛還似非佛——
話說《壇經》與禪宗

引子：本來無一物，何處惹塵埃？

先講禪宗史上的一個著名傳說。

這個傳說，可能很多人都聽說過。相傳是西元 674 年，也就是唐高宗還在位的時候，在嶺南新州（今廣東南海），出了一個砍柴的人，姓盧。那個時候的嶺南是「化外之區」、「荒蠻之地」，是流放犯人的地方，被看做是沒什麼文化的地方。唐代韓愈被貶到潮州，寫詩「一封朝奏九重天，夕貶潮州路八千」，被貶到潮州，運氣不很好，他才歎氣這樣說。宋代蘇東坡則寫「日啖荔枝三百顆，不辭長做嶺南人」，肯做嶺南人是有條件的，要有荔枝吃才肯做。

這個姓盧的砍柴人，當時就是住在這個時代的文化邊緣地區。據說，有一天他砍完柴，把柴擔到城裡去賣，聽見有人念《金剛經》，突然一下，他就好像觸了電一樣，覺得「心花開放」。於是這就問這個念經人，你念的是什麼經？念經人告訴他，我念的是《金剛經》。他就問，你是從

哪裡學來的？念經人說，我是從湖北學來的，湖北黃梅雙峰山東山寺有一個叫弘忍的大師，是禪宗的五代祖師，人們叫他「五祖」，很有學問。於是，這個姓盧的砍柴人就跑到了湖北去拜見弘忍學法。弘忍見面就問了他一句，說：「你是南人（就是南方人），又是獦獠（「獦獠」即「蠻夷」，是對少數民族的蔑稱），你到我這來學什麼？」這個姓盧的砍柴人很機智地回答說：「我雖不識字，又是南人，又是獦獠，但是，人雖有南北，佛性沒有南北。」弘忍一聽，覺得他還不錯，就把他安排到磨房裡去踏碓舂米，隨眾聽法。

八個月後，就在這個東山寺，發生了一件禪宗史上的大事情。弘忍年紀大了，要挑選接班人。條件是每個人寫一首詩，佛教叫做「偈」，這首詩要表明你對佛教的理解。弘忍門下的人想來想去，大家都覺得，算了，我們也都別寫了，因為弘忍門下有個非常傑出而且年紀比較大的學生叫做神秀，接班人非他莫屬。這個神秀也當仁不讓，寫了二十個字在牆上，「身是菩提樹，心如明鏡臺，時時勤拂拭，莫使有塵埃。」意思是，身體就好像智慧的樹（菩提是佛教詞語，意為智慧），心靈就像明鏡一樣，你要經常地對它進行擦拭，不要讓它有灰塵。

大家一看都讚歎不已，都說這二十個字真是精練得不得了，完整地說出了佛教道理。可是，有人念給這個姓盧的砍柴人聽，這個姓盧的砍柴人卻說：「好則好矣，了則未

了。」意思是好是很好，但是不徹底。他問有沒有人肯幫我寫幾個字，我也來一首，不管好壞你們也寫在牆上，於是他就念了兩首，其中第一首非常重要，他反駁神秀說，「菩提本無樹，明鏡亦非臺，佛性常清靜，何處惹塵埃。」意思是說智慧本來就沒有樹，明鏡也沒有實實在在的明鏡，人的那個心靈中的佛性本來就是乾乾淨淨的，哪有什麼塵埃呀！這後面兩句話：「佛性常清靜，何處惹塵埃」，在後來通行的各種本子裡面被人改了，改成另外兩句，叫做「本來無一物，何處惹塵埃」，意思是，本來什麼東西都是虛假的，沒有什麼真實的本質，所以，哪會招惹什麼塵埃不塵埃的。

　　弘忍聽到了這個事情，看到了他的這首詩，半夜三更，就把這個姓盧的砍柴人悄悄叫到房間裡來。弘忍說：我給你講《金剛經》，然後，我把象徵著佛教禪宗真理和權力的衣缽給你。但是有一條，自古傳這個憑信——就是傳授這個權力象徵的衣缽——都會引起很多爭鬥，你又沒什麼文化，又沒什麼力量，又是後輩，你得了衣缽以後趕快往南跑。聽了弘忍講《金剛經》後，這個姓盧的砍柴人便越過九江，一直往南，回到他的老家，而且不敢輕易出來，一直躲在獵人裡面，據說，他吃飯只吃「肉邊菜」，雖然還沒有正式剃度授具足戒成為出家和尚，但他也不敢壞了佛教吃素的規矩。

　　十幾年過去了，弘忍已經去世，神秀紅透半邊天，按

圖 6–1：明代宋旭〈達摩面壁圖〉

照後來的一種記載說，大概是在西元 689 年，那個時候是武則天的時代了，這個姓盧的砍柴人終於出山了。有一天他到了廣州，看到南海寺一個很有名的和尚叫印宗正在講經說法，印宗問他的學生說，風吹幡動，你們給我講一講是風在動還是幡在動。於是，學生就分成兩派，有的說是風動，有的說是幡動，只見這個姓盧的砍柴人大步走上前來說，「風也不動，幡也不動，是人心自動」，印宗大師頓時大吃一驚，馬上就走下來，恭恭敬敬地請他坐在上面演說佛法。這個時候他剃了頭髮成為和尚，公開亮出了禪宗正統的旗幟。這個姓盧的砍柴人，法名叫惠能，就是我們後來知道的開創中國禪宗的重要人物「六祖」，因為他在中國的禪宗祖師譜系中排在第六位，第一位是從印度到中國的菩提達摩。

這就是禪宗史上的一個著名傳說，可信不可信，有很多人懷疑。但是這個故事裡面所包含的兩首詩偈，卻包含著非常深刻的象徵性意義。

一、六祖之爭的思想史意義：
從印度佛教到中國佛教

這個傳說到底有什麼象徵性意義呢？

第一個方面，就是象徵著原來在印度佛教的基本立場，轉到了中國佛教的基本立場了。換句話說，就是佛教中國化了。在神秀的那首偈語，代表了印度佛教以來，一直奉行的一種傳統觀念，就是說，人所面對的這個世界，是分裂成兩個的，一個是混濁的、庸俗的世俗世界，但另外還有一個清靜的、超越的、自由的心靈世界。儘管你說「身是菩提樹，心如明鏡臺」，你的主觀世界是非常乾淨的，非常超越的，但你常常禁不住外面世界的誘惑，世俗世界不斷地給你搞精神汙染，不斷地用各種各樣的名利、各種各樣的美色來誘惑你，使你的心不能清靜和純潔。這就像現在的人說的，「外面的世界真精彩，心中的世界真無奈」。佛教為了讓心中的世界始終能夠平靜，保持一種「心如古井之水」的「不動」境界，就一定要把外面那個混濁的或者說世俗世界和心靈世界隔開，所以，佛教告訴人們，你的心就像一個鏡子，當灰塵不斷地落下來時，你就要不斷地擦拭，不擦，你的心就會蒙上灰塵，就會髒，然後你的整個心靈和整個人生就變得毫無意義，變得很庸俗。

這個思想代表了傳統佛教的一個想法，叫做「法有我

空」，佛教所說的「法」是現象世界，「我」是主觀世界，佛教要說的是有這樣兩個對立的世界。我最近聽流行歌曲，有一首歌裡面有這麼兩句很符合「法有我空」的思想，叫做「在混濁的世界中，心還那麼清澈」，這個人不知道有什麼想法，如果外面的世界真的那麼混濁不堪的話，他的心是不是能夠明澈是很有問題的。但有人確實想堅持心靈的清澈和純潔，宋代周敦頤的〈愛蓮說〉，就是提倡「出淤泥而不染」，儘管外面都是淤泥，你可以「不染」，但是大家想想看，有一點是很難做也是很難過的，就是外面混濁不堪或者說充滿了各種各樣誘惑的時候，要使心像古井水一樣保持那種靜止的狀態，至少也是一種痛苦。所以佛教的《妙法蓮華經》裡面有一個故事叫做「火宅」，說人間世界就像一個著了火的大院子，你要想在那個著了火的大院子裡面保持你的寧靜是何等困難，好比這個地方到處都著了火了，唯有你這個地方不著火，那是不可能的，所以這裡面就存在著一個矛盾：法有我空，我怎麼空？用「時時勤拂拭」，就是經常勤於擦拭，就很麻煩也很艱難，最終能不能保持心靈的寧靜也還是一個問題。

　　但是，六祖惠能的偈語卻講了這樣一個道理，非常的乾脆俐落，就是說，一切都是虛幻的，既沒有智慧樹一樣的身體，也沒有什麼透徹如明鏡的心靈，法也是空，我也是空，外面的世界和心中的世界一樣，都是空，都是幻相，這樣就把佛教大般若學的「空」這個概念推向了極端。

二、說「空」：空空如也

我這裡順便講一下什麼叫「空」。理解佛教思想，理解禪宗思想，如果不懂得什麼叫「空」的話，恐怕很難理解佛教和禪宗。

簡單的說，「空」可以分成三層來理解。

第一，現象世界中的一切都沒有「自性」，「自性」這是佛教的一個非常專門的概念，沒有自性不是說它「無」，是說它沒有實在的本體，只是因緣和合的幻相。所以《金剛經》裡面說，一切「如夢、如幻、如泡、如影、如電」，最後一個是「如如」，就是說「如什麼東西」也是假的，也只是「如」，就是「如如」，都是虛幻之相，都是由於外面的「緣」和內在的「因」相結合產生的。內在的「因」是你自己「無明」產生的「妄想」，外在的「緣」是使妄想成真的一些條件。這因緣合成的現象世界沒有永恆性，都在不斷生和滅的過程中。關於這個道理，我想只能用比喻來解釋，按照佛教的說法，「空」是不可說的，一說就錯。如果我這裡還要勉強地來說，那麼，只能用一個很勉強的比喻說，世間的一切就像放映電影，電影是聲、光、電的綜合，影像要顯現出來，它必須有一個銀幕，必須有一塊布，上面才能演出無數令人感到悲哀，感到歡喜，感到激動的畫面。在佛教看來也同樣如此，外面的世界是由眼、耳、

鼻、舌、身、意,就是眼睛、耳朵、鼻子、舌頭、身體、意識的感覺和知覺組合成的,它並沒有一個實在的本體,而你的心靈,就好像是那塊銀幕的布,接受了這些東西以後就產生了一個幻影,如果人一旦真的是全身心投入了,相信這是真的,於是,就會跟電影裡面的虛幻的情節同悲同喜,付出你的感情,付出你的代價,為古人落淚,為整個故事產生各種各樣的情感,然後你會耗盡你整個生命跟它在裡頭廝混。

佛教有個非常著名的故事「盲人摸象」,現在很多人不了解它的原來的意思。「盲人摸象」原來的意思並不是說每個人只知道局部不了解整體,故事的本來的意思是,要人了解沒有真實的實在。大象只是長鼻子、大柱子一樣的腿、像鼓一樣的肚子、像繩子一樣的尾巴合成的,世界也只是由色聲味嗅觸加上意合成的,並沒有一個真實的存有,人所感知的、看到的、聽到的,甚至摸到的,都是那些局部感覺綜合而成的。佛教說「四大皆空」,「四大」就是指地、水、火、風,或者叫土、水、火、風,宇宙就是四大合成,但它又是幻相。有一次,我看到一個寺廟裡的對聯,我認為那個對聯很精緻,它說:「影外影為三等幻,夢中夢是兩重虛」。實際上,按照佛教的觀點,很多東西都像是夢裡面的夢,由妄想和欲望構造的一個假相,其實,一切現象世界都是沒有「自性」的,這是空的第一個要點。

再說關於「空」的第二個要點。因為你看到好像真實

的現象世界，本來是沒有自性的幻相，是各種因緣和合的，所以它本身就是「空」，就像電影一樣。但是，畢竟它是電影，所以是五彩繽紛的「色」，儘管是本來虛妄的「空」，但是，它卻與「色」一樣，所以，佛教引申出來的道理就是「色即是空，空即是色」。三千大千世界都是由於幻相，也就是色、聲、嗅、味、觸、意，也就是眼、耳、鼻、舌、身、意所接受的感覺和知覺構成的，「色」就是形狀，「聲」就是聲音，「嗅」就是氣味，「味」就是味覺，「觸」就是觸覺，「意」就是意識的感覺，由於一切都是由這六種感覺和知覺構成的，所以又可以說「色不異空，空不異色」，幻相與空相，並沒有本質的差別。按照佛教的說法，一切是沒有自性的，唯一存在的，就是這個「沒有自性」，而沒有自性的存在就是一切，所以在《般若波羅密多心經》裡面這十六個字，「色即是空，空即是色，色不異空，空不異色」，大概很多人都背得很熟，但是，要去深切理解，卻不大容易。

最後說第三個要點，「空」的觀念落實到人的精神狀態，就是說，在佛教中這個「空」還是一種最終的意識狀態，是人排除對於現象世界的一切虛妄的認識以後，所產生的一種清靜的狀態。它不光是外在於人的宇宙本質存在狀態，而且也是內在心靈的本質的最終境界。因為你理解這種宇宙和人生的本質，就可以掃除心中對於現象世界幻相的迷戀和執著。當你排除了你的迷戀和執著以後，你對

很多東西就不會產生那種求之不得、憂心如焚的焦慮狀態，所以，白居易有一首詩講：「生去死來都是幻，幻人哀樂係何情」，它的意思翻譯過來就是說，看戲替古人掉淚，聽歌替今人擔憂，其實一切都是幻覺，你何必為它付出情感呢，如果不付出感情，也不被它迷惑，人的心靈不就很清靜了麼？

三、漸修：神秀代表北方的禪

神秀和惠能的這兩首偈語，象徵著對於「空」這種概念的理解，一個是傳統佛教的理解，還在「法」、「我」對峙的裡面，追求法有我空，一個是中國式佛教的理解，把「法」、「我」打成一團，都徹底瓦解，一切都是「空」，這就預示著中國禪宗在很多方面就要取代和超越傳統的印度佛教了。

為什麼呢？因為這種理解很快就會順勢引申出佛教思想和理論上的變化，就是作為一個宗教，它的修行、救贖和解脫途徑的變化。神秀接受的傳統佛教認為，外面的世界對於我來說，每天都有很多汙染，我每天都要擦心靈這面鏡子，每天都要洗自己的臉，所以，有很多自我修行的辦法，比如說，自我約束、自我懲罰、自我教育等等。早期的佛教希望通過這種方式得到解脫，他們有「戒」，就是守戒律，有「定」，就是習禪、靜坐，有「慧」，就是通過

分析的法門，從「一切皆空」或「萬法唯識」的角度，來理解現象世界都是幻相，了解一切欲望都是由於人的「無明」引起的，通過自己的理性分析，得到對宇宙、對人生的一種覺悟。早期的佛教修行是非常艱苦的，比如說早期佛教的「戒」，就要對自己有種種約束，不能喝酒吃肉，不能娶媳婦，不能說別人的壞話和吹牛；又比如說「習禪」，我們現在的人說坐個禪太容易了，可我深知那是不容易的，你們不信試一試就知道，你們能不能夠把兩隻腳心向上，而且兩腿交叉著放在兩側大腿上，然後心中排除一切雜念，很少有人能夠做到，除非專門練過的人，但是這是必須的，而且不能閉眼，閉眼會睡著，但是，眼睛又什麼都不能看，看一樣東西則會引起一種知覺的活動，你試試看。

　　佛教早期的這些自我修練的法門，對於一個具有七情六欲的人來說，是相當艱苦的。早期佛教預設，在你的心靈之外，另有一個超越和光明的世界，人在追求那個超越和光明世界時，需要通過種種自我懲罰的方法，因為這實際上是在跟佛陀做一種救贖的交換，你要用這種方法來求得佛陀對你的世俗生活的一種寬容和原諒，或者說得到佛的「印可」。但是，你如果沒有這種自我修練，那你就不可能進入佛陀認可的世界。這是早期佛教的一種傳統觀念決定的，早期佛教一直認為，人之所以會變壞、墮落、沉淪在煩惱之中，是因為人的心靈受到外在的五陰黑雲所覆蓋，五陰就是眼、耳、鼻、舌、身合起來的五種感覺，這五種

感覺本來是假的,但是你天生有「無明」,所以總以為是真的,因此你就會受它的蒙騙,就對這些東西執著得不得了,你想吃、想喝、想貪,什麼都想要,就起了很多貪婪醜惡的心思。很多人都看過《西遊記》,《西遊記》裡面,孫悟空跟虎力、鹿力、羊力大仙鬥法的時候,鹿力大仙用刀一剔,撈出一顆心來,孫悟空自己也拿刀在自己肚子上一劃,卻撈了好多心來,一看都是黑的,人問怎麼你的心那麼多,而且都是黑的,他說,你看有好色心,有貪心,有害人之心,有好勝之心,這倒是個好的比喻,其實人確實有這麼多心的。

所以早期佛教認為,人的心都是被五陰黑雲所覆蓋,你要想清除這個五陰黑雲,你就得苦苦地去清洗、苦苦的去鬥爭,用大陸文革時代的一句話來講,就是「鬥私批修」,你要狠狠的「鬥私」,要「靈魂深處鬧革命」,你得做好多事情來消滅自己的種種欲望和感情。早期禪宗最相信的《楞伽經》裡面就說:人的心本來是平靜的,之所以會風雲起伏、騷動不安,是外界的誘惑,就好像平靜的大海為風浪所掀簸。要想到達彼岸,就要苦苦修練,壓制欲念,使自己的心靈回歸平靜狀態。據說神秀活了九十多歲,他臨死的時候說,我告訴你們,所有的佛教的道理只有三個字,第一個字是「屈」,受委屈的「屈」;第二個字是「曲」,彎曲的「曲」;第三個字是「直」。他的意思是什麼呢?就是人要想從人變成佛,要想從混濁的世界進入那個

清靜的世界，就要像蛇入竹筒，一條彎彎曲曲的蛇進入了一個竹筒子，首先你要彎曲，那個蛇要曲身而入，這個身體呢，本來就是彎曲的，它入竹筒才能變成直，但是你想，一個彎彎曲曲的蛇進入了一個直的竹筒子楞撐直了，能不難受嗎？的確，早期的宗教是要人難受的，他認為只有你難受才能夠得到佛的認可，所以這是一個痛苦的、艱難的、或者說是執著的宗教修行方法。而且，特別要注意的是它只能漸進，不能一蹴而就，所以一般研究禪宗的人都同意，神秀所代表的早期禪宗的思想是「漸悟」，或者說「漸修」，就是漸漸的修行的方法，而且信仰者多少還要靠別人（他力）來指引他、拯救他。

四、頓悟：惠能代表南方的禪

但是，由於惠能認為一切都是「空」即虛幻，所以這一下子，對汙染的抵抗就不必要了，因為按照這個思路往下想，連這個汙染本身也是虛幻的了。惠能說，佛性本來就是清靜的，哪裡會有什麼汙染不汙染呢？所以，他就把修行者從苦苦的修行中間給解放出來了，不需要修行，一切都是假的。據說，他認為人常常處在迷惑中，其實人只要一悟，只要一明白，就明白過來了，什麼都是虛幻的，修行也是虛幻的，修行不也是人為的嗎？人為的事情只能給心靈帶來更多的負擔，惠能用這種「佛性常清靜，何處

惹塵埃」的觀念，實際上是把早期佛教的那種苦苦的修行方法，一下子全拋棄了，他使人們有了一個新的解脫方式，這個解脫方式就是不必解脫，回頭看去，原來此岸就是彼岸。

如果說，以前的修行是從此岸到彼岸，你得慢慢游過去，坐船過去，很辛苦。這回可就好了，此岸就是彼岸，可以不用那樣苦修也可成佛了，這個時候才叫大徹大悟。這個變化很重要，從後來禪宗發展的結果來看，惠能的這個思路使中國禪宗有了自我拯救的新方式，同時，也使得佛教也不再像是宗教，只是一種精神信仰。宗教畢竟是要人服從和相信，要有一些嚴格的戒律，有一些嚴格的修行方法，而且要有全身心的崇拜對象，否則，要宗教組織、要師傅傳授、要團體紀律幹什麼呢？但是，當惠能這麼一解釋，就像現在的流行的詞叫做「消解」，一下子就把它全部抹掉了，因為不再需要神靈，不再需要佛陀，也不再需要戒律，也不再需要組織，也不再需要師傅，也不再需要各種各樣的什麼方法，在意念中一個轉向，就可以大徹大悟，所以，做禪宗信仰者就變得很輕鬆了，換句話說，禪宗的宗教性質就漸漸越來越淡了。

圖 6-2：廣東南華寺至今保存了六祖惠能的真身

神秀和惠能這兩首偈語

代表了一種思路的轉換，這種思路的轉換，可以說是從印度佛教立場到中國道家立場的轉換。因為早期印度的佛教，是提倡個人艱苦修行的一種宗教，但是中國的老莊呢，基本上是追求心靈自由和超越的一種思想，它非常適合中國一些上層知識分子的心理，也很容易被那種害怕艱苦修行、推崇自由超越的中國知識分子所接受。大家都知道，《莊子》的第一篇，也就是《莊子》影響最大的一篇，就是〈逍遙遊〉。逍遙遊三個字，本來都是從「走」字偏旁的，就是茫茫大地，隨便你走，不能有一點束縛。你讓我走路，可成天的一會兒是紅綠燈，一會兒又是人行道，警察又管著我，還得罰款，那多難受呀？如果落了個白茫茫大地真乾淨，隨便走來走去不更快活嗎？中國接受老莊思想的知識分子，特別嚮往這種好像絕對自由絕對超越的路數，所以，他們特別提出的一個說法，就是「無心是道」，對什麼事情都「無心」。有心你就有執著，有執著你就有痛苦，有痛苦你就活得不自由，所以他要求的是無心，而無心的最後狀態是什麼呢？按照老莊的說法，是自然而然，適意放鬆，這個自然適意的狀況，絕對不是說把自己捆得跟個粽子似的，動也不敢動，吃也不敢吃，睡也不敢睡，然後在那兒修行，像禪宗說的「睡時不肯睡，百般須索，吃時不肯吃，千番計較」，這當然不自由。

　　當禪宗的惠能提出這樣的自由超越之路的時候，熟悉老莊的士大夫就很容易接受惠能所開創的南宗禪佛教。

五、《壇經》的故事

有一個外國人叫許理和，他寫了一本關於南北朝佛教史的書，我覺得它的精彩不亞於中國學者湯用彤先生的一本佛教史著作《漢魏兩晉南北朝佛教史》，但是，他這本書的名字用中文翻譯過來叫做《佛教征服中國》，很多人對這個名字很不以為然，我也曾寫過一篇文章，說不是佛教征服中國，而是中國征服佛教。其實，整個中國佛教，特別是影響知識分子最大的禪宗，後來的思路就是沿著惠能所開創的這條思路走的，而惠能所開創的這個思路只不過是披著佛教的外衣，實際上是長在老莊的根上的。神秀的偈語和惠能的偈語，實際上就意味著印度禪學到中國禪宗的這種分界線。所以，記錄惠能說法的《壇經》這本書，實際上在中國思想史上非常重要。在中國佛教裡，歷來都是把印度傳來的佛經叫做「經」，這是因為佛教的起源在印度，「外來的和尚會念經」，「如是我聞，佛說如是」才是正牌經典。但有一本書是唯一的例外，那就是惠能的《壇經》，這本由中國人自己的講演記錄整理而成的書，也被稱之為「經」。

那麼，《壇經》這部書是怎麼回事兒呢？

據說，惠能在廣州南海出山以後，他的團體迅速地發展。於是，他到了現在的廣東韶關。在廣東韶關一個叫做

大梵寺的寺廟裡面開宗說法,當時韶關這個地方叫做韶州,
韶州這個地方一個姓韋的刺史,就帶著幾十個官員和一些
儒者,據說一共有一萬多名信仰者,一起來聽惠能的講演,
盛況空前,這部《壇經》就是當時開壇講演的記錄,記錄
的人叫做法海,是惠能的學生,不是傳說裡面鎮住白娘子
的那個法海。法海記錄了惠能的講演,這就是《壇經》,這
本書一直就這麼流傳下來,一千多年以來,這個說法是沒
有疑問的。

　　但是,後來因為本世紀初在敦煌的一次文獻大發現,
這部書突然有了問題。因為在敦煌發現的古文書裡面,有
一些禪宗的古書,這些禪宗的古書給我們提出了很多問題,
讓人懷疑《壇經》到底是不是真的記載了惠能的言論?它
是不是後人偽造的或刪改的?敦煌的發現,使《壇經》的
真偽、內容、思想突然成了問題。我們知道,在古代歷史

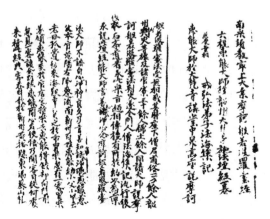

圖 6-3:敦煌發現的古寫卷《壇經》

書裡的確有很多假的歷史，而很多真的歷史，有時卻是靠一些偶然的機會被突然發現的，比如說，咱們現在能知道古埃及有這麼多燦爛的文化，還有這麼多文明的創造，在很大程度上是由於一個偶然的事件。十八世紀末，大概是1799 年吧，拿破崙遠征埃及的時候，帶了五萬多軍人，還帶了好多學者一起，他們在戰敗撤退到尼羅河三角洲西北修工事的時候，無意中發現一塊刻了幾種古文字的石碑，這個地方叫做羅塞塔村，所以後來也叫它羅塞塔石 (Rosette Stone)，後來到了 1822 年，商博良 (Jean Francois Champollin, 1790–1832) 破譯，人們才讀懂了古埃及文，從而再現了古埃及的歷史。因為那塊石碑上面，剛好古埃及文字和古希臘文是對比刻在一起的，幸好人們那個時候還懂古希臘文，所以，拿古希臘文和古埃及的象形文字一對，譯出了古埃及文，然後這個古埃及的象形文字一個個被確定以後，又來讀其他的象形文字的資料，才慢慢地揭開了六千多年的古埃及史。另外，比如說《聖經》，現在都說《聖經》是怎麼怎麼的，但近代關於《聖經》的真正大發現是在 1950 年代。有一次，一個放羊的農民在死海邊上一個叫庫蘭的地方，趕羊的時候，無意中拿了一塊石頭往山洞裡面一扔，只聽得山洞裡面發出瓦罐被打碎的聲音，正是這一聲響，使人們發現了現代所謂著名的「死海文書」。這死海文書是西元以前，也就是耶穌誕生以前，後來形成《聖經》的另一些文本，這才讓現在的人知道有很多東西，

我們過去並不知道。

　　同樣，在中國也有兩次非常了不起的發現。一次是甲骨文的發現，當時河南安陽的農民用地下挖出來的骨頭來騙人，把它說成是「龍骨」，是包治百病的靈藥，拿到北京來賣，後來碰到一個對古文字很感興趣的官員，叫做王懿榮，他買來這個東西後大吃一驚，因為他發現上面有他不認識的文字，他覺得這可能是古文字。從此中國的甲骨文才揭開了中國三千五百年前的祕史。還有一次就是跟我們現在所講的有關係的敦煌文書。1899 年，在敦煌有一個王道士，有一天無意中敲了敲他坐的地方後面的牆，覺得牆空空地響，於是他把它打開，發現了一個小房間似的洞窟，裡面密密麻麻地堆滿了文書。這個洞是在西元十世紀下半葉封起來的。這些文書突然被發現了，陸陸續續地，英國的斯坦因、法國的伯希和，還有日本的、俄國的探險隊，都來這裡買走或者說是騙走了許多文書，直到最後，中國人才發現這些是無價之寶，但是當中國官方去收集這些文書的時候，只剩下不到一萬卷了。現在，英國大英博物館藏有近萬卷，是最漂亮最完整的一部分，在法國巴黎圖書館收藏的是最有價值的近一萬卷，在俄國聖彼得堡，也收藏著近一萬卷，大體上是較零碎的，其中有許多過去沒有公開，最近才由上海古籍出版社出版了一部分，叫《俄藏敦煌文獻》，全世界共收藏有幾萬件敦煌文書，中國有一萬多卷，大多放在北京的國家圖書館。

六、胡適的發現：《壇經》的著作權出了問題

　　言歸正傳，正是因為敦煌文書的發現，人們才對《壇經》的真實性提出了很多問題，其中最早提出問題的是胡適。1920 年代末 1930 年代初，胡適接連寫了好幾篇文章，認為《壇經》不是惠能所作，而是惠能的學生神會編出來的，他的結論使全世界研究禪宗史的人都目瞪口呆。胡適的論證是這樣的：第一，西元 800 多年的時候，有個人叫韋處厚，他寫了個碑叫做〈大義禪師墓誌銘〉，說神會的學生和他學生的學生「竟成《壇經》傳宗」，他認為九世紀的人講這句話，說明《壇經》是神會編出來用來做傳宗憑證的。第二，敦煌文書裡面還發現了很多神會的資料，神會講的很多道理和《壇經》是一樣的，可以證明《壇經》可能是神會編的。第三，使禪宗真正在中國取得絕對優勢的是神會，所以神會炮製《壇經》，確立一個死去的權威。畫人不太容易，「畫鬼最易」，炮製一個死去的絕對權威是很要緊的。所以，胡適寫的《荷澤大師神會傳》中最後講了這幾句話：「南宗的急先鋒，北宗的毀滅者，新禪學的建立者，《壇經》的作者，這就是我們的神會，在中國佛教史上沒有第二個人有這樣偉大的功勳和永久的影響。」

　　胡適這個人極聰明、敏銳、清楚而且好發新見，胡適一生在中國創立了很多新的思想，他可能每本書都有錯，

但他每一本書都開創了一個新的方向，確實是個了不起的人。但是在這一件事情上，胡適好像有點證據不足。首先，用《壇經》當傳授的憑證，是《壇經》中說過的。《壇經》中說，「不得《壇經》，即無稟受」，沒有《壇經》就不算南宗的弟子，大概神會也只是沿襲了老傳統而已，可能惠能在世的時候就已經肯定《壇經》作為他們這一派的憑證，所以這不能夠證明。其次，老師和學生的話相似，不一定是學生炮製了老師的話，也可能是學生抄了老師的話，這是不能作為絕對證明的。第三，確立禪宗的地位不應就是禪宗的創立者，歷史上有很多著作都是在著作人去世很久以後，才成為絕對權威的經典的，比如說《論語》。

　　當然，我們也應該承認，胡適敏銳而且勤奮，有很多想法都是有啟發意義的，他提出的很多新的見解也不是胡編亂造的。胡適看書很認真，直到晚年他坐輪船的時候，還在拿著禪宗的書慢慢看，還不斷地寫文章，不斷地寫筆記，在他的日記裡面有很多這樣的記載。所以，胡適關於《壇經》的考證裡面，確實還有一個疑問始終得不到解決，因此他的質疑也無法推翻。這就是《壇經》最後暗示，惠能死後二十年，將有一個人要繼承惠能為禪宗的復興大聲呼籲，這恰好就是神會的故事，神會在開元二十年也就是西元 732 年，在靠近東都洛陽的滑臺大會上宣布，惠能這支禪宗要取代神秀這一支禪宗，而且要跟神秀對抗，這件事情的發生正好是在惠能死後二十年。如果不是神會在事

後編寫，怎麼可能惠能在當時就預言二十年後的事情？這一條胡適的疑問始終沒有被推翻。所以，我們很多人都相信這樣一個比較調和的結論，就是原來可能有一本《壇經》，是惠能說法的記錄，但是後來神會在這裡面摻了很多自己的思想，加了很多東西，而神會一支後來曾經很興盛，所以他們傳的《壇經》就成了禪宗的經典。很可能是這樣。

那麼，我們現在看到的《壇經》究竟是不是最早的樣子呢？即使不是惠能時代的原本，那麼是不是神會時代的修訂本呢？顯然也不是的。現在，在敦煌發現的《壇經》，大概抄寫的時間是西元 780 年左右，是惠能死了六七十年後、神會去世二十多年後抄寫成的，這個抄本只有一萬二千字，有兩個卷子，一個藏在大英博物館，一個藏在敦煌博物館，顯然已經不是原本了。但是這還是早的，在日本京都的興善寺，還藏有一個宋代初期抄成的一本《壇經》，這個時候已經是一萬四千字了，多出兩千字來，和敦煌的抄本又不一樣了。到了北宋的中期，一個叫做契嵩的著名和尚又做了一個校訂本，這時候已有兩萬字，又多出六千字。而此後流行的，又是元代人校訂並且分了篇章的一個版本，在敦煌、日本的各種版本發現以前，大家都是讀這個本子，沒有誰有疑問。這個版本是元代的兩個和尚宗寶和德異分別依據契嵩的本子編成的。這個版本有兩萬三千多字，又多出三千字，共分成十章。第一章講惠能出家的經過和南宗的建立過程；第二章講般若學的「空」；第三章

回答當時韋刺史對他的提問；第四章講「定」和「慧」是一回事；第五章是講坐禪，講坐禪不僅僅是打坐，而是心靈不起念頭；第六章講什麼叫無相懺悔；第七章介紹了惠能的各個弟子怎麼樣得到了徹底的覺悟；第八章是講什麼是漸修，什麼是頓悟；第九章是講禪宗跟政府的關係；第十章記載惠能臨死的時候對各個弟子的講話。這就是我們現在能夠看到的各種禪宗版本的內容，可見，這部中國佛教自己的經典，是漸漸形成的，是不斷增加修訂出來的。我們一定要了解，所謂的「歷史」和「經典」，有時就是這樣被書寫出來的。

七、《壇經》的關鍵詞之一：自淨

要理解《壇經》，先要理解《壇經》中的若干關鍵詞。

第一個關鍵詞叫做「自淨」。惠能在《壇經》裡面講，智慧就是般若之智，世上的人本來自己就有，「般若之智，世人本自有之」，「世人性本自淨」。

任何一個宗教的目的都可歸納為兩個字「救贖」。佛教拯救世俗世界，有兩重界限是一定要遵守的，第一是信仰程度的界限，首先要使得有文化、有知識、有道德、有信仰的人首先得到解脫，然後才輪到普通信仰者，而不信仰的人是不能得到拯救的，否則它沒法分誰有信仰誰沒有信仰，這是一個非常普通的常識，按照佛教的說法是使「上

根人」得到解脫；第二是信仰非信仰的界限，它要對真正的信仰者承諾，而拒絕異端，否則真正的宗教信仰就沒有意義和價值了，也不能勸誘人們保持信仰，一個宗教要保持自己的存在，它必須做到這一點。

說到信仰，就要注意，在所有的宗教裡，信仰的起點和信仰的終點是不是一回事？顯然不能是一回事。作為一個宗教，如果信仰的起點和終點是一樣的，就等於瓦解了自己，宗教存在就沒有依據了。所以早期的佛教一定要強調一點，信仰的起點和信仰的終點是不一樣的，人性跟佛性也是不一樣的，人對於佛教的信仰就在於提升人性而趨近或達到佛性，他遵守種種戒律，進行種種修煉，都為了使人性向佛性趨近。但是，從中國的南北朝以來，有一個思想，一直非常強烈地在瓦解這個觀念，這就是「人人都有佛性」的思想。南北朝有兩個事情是非常重要的，一個是關於是不是人人都有佛性的討論，這個討論涉及到一個經典，叫《大般涅槃經》，這個《大般涅槃經》本來是在北方流傳，當時有一個人叫竺道生，在西元五世紀初到南方來，告訴人們即使是有罪的人他也有佛性，叫做「一闡提有佛性」，當時，南朝的京都即現在的南京輿論大譁，他被攻得不成樣子，只有少數的人支持他，直到《大般涅槃經》傳到南京，大家才相信他的說法是有依據的。第二件事情和《楞伽經》有關，《楞伽經》是禪宗早期所依據的重要經典，《楞伽經》提出了一個看法，每一個人心中都有如來

藏，如來藏都是清靜的，清靜的如來藏在每一個人的心中，所以禪宗的第一代宗師達摩也說「含生同一真性」，由於肯定了人人都有佛性，於是解脫和超越的關鍵就漸漸地不再是別人來拯救自己，而是自己來拯救自己，一般的佛教修行思路還是依靠外在的苦行，要通過自己對自己約束來拯救自己。但是，由於惠能非常的強調「自淨」，沒有必要用苦苦的修行，在本來就清淨的心靈上「頭上安頭」，用佛教的一句話來說就是「佛頭著糞」，在佛的頭上潑糞，那不是汙染嗎？沒有必要來多此一舉，這時候修行和學習就不太需要了。

八、《壇經》的關鍵詞之二：無念無相無住

這就涉及我們所說的第二個關鍵詞，就是無念、無相和無住。由於每個人心裡面都有本來清靜的佛性，成佛的關鍵就在你自己的心裡面，所以，你怎麼樣使你自己的心靈達到佛性的境界，是一個很重要的問題。惠能在《壇經》中提出來，要「以無念為宗，無相為體，無住為本」。

「無念」並不是什麼都不想，而是「念而不念」，所謂「念而不念」，就是不執著於自己的每一個念頭，中國古代老莊學說裡有一句話叫做「物物而不物於物」，就是把物當做物，但是不把自己的思想束縛在物上面，被外在的「物」牽著跑，佛教經常用這種比喻，就是人的心像一面鏡子，

天地萬物都在鏡子裡面照出來，但是鏡子裡面何嘗有萬物呢？但是，更重要的是它並不拒絕萬物，人的心就應當是這樣，如果你要拒絕萬物，拼命地跟混沌的世界保持距離，你的心就會處在一種非常緊張的狀態，佛教不希望你處在緊張的狀態，而是一種所謂自然的、放鬆的、適意的狀態裡面，所以它告訴你連鏡子都忘掉，那才最好。所以禪宗有兩個著名的，而且是文學性很強的句子：「雁無遺踪之意，水無留影之心」，或者叫「水無沾月之心，月無分照之意」，就是說大雁飛過湖泊，並沒有想到把影子留在湖泊上，湖面映照出大雁的影子，湖面本身也並非有意要留住大雁，完全是一種偶然的遇合；水和月亮兩個很清澄皎潔的東西互相照映，但是，水並沒有要沾月亮的光，月亮也並非有意要把自己的光分給湖面，按照禪宗的說法，人應該對一切現象世界及現象世界留在你心裡面的那些念頭，採取一種「無念」的狀態，就是雖然有「來往」，但是不「執著」，所以，佛教有一句話叫「無執」，佛教認為，人之所以會有痛苦有煩惱，就在於人有「我執」，就是「有我之心」，最徹底的是連「無念」也不要在你的心裡面。「無念」就是不固執、不留戀、不沉湎，隨意而自然的在這個境界裡面，是一種自然而然的狀態，英語的「自然」(nature) 和中國話的「自然」是很不一樣的，中國話裡面「自然」這兩個字應理解為「自然而然」，是自己這樣的，沒有誰逼你；但是你也不要「我非不進入你這個境界」，你

要拒絕一個境界，實際上也就肯定了一個境界，於是你的心就會兩分，佛教是要你超越兩分世界的。

　　這是無念。「無相」，同樣是「於相而離相」，用話來解釋是很困難的，也許可以叫做看而不看，聽而不聽。如果你閉目塞聽，你就會很痛苦，因為人畢竟是有種種視聽感覺的，真正的禪宗所要求的「無相」的境界是什麼，就像風過耳、影過眼一樣，使自己不被一種形、色、聲而束縛，自由的意義是能夠隨心所欲，是自我感覺到空間的寬闊無邊。我有時候跟人講兩句話，一句是自由並不是你想幹什麼就幹什麼，而是你在意識裡面能夠感覺到你的精神空間裡面是非常寬闊的，第二，自由不是想幹什麼就幹什麼的自由，而是拒絕幹什麼的自由，這才是真正的自由。所以，「無相」實際上並不是一種偏執，講究的是中道。

　　同樣，「無住」就是在一切現象中不停留自己的意識的腳步，在《壇經》裡面講，在一切現象上不要固執、不要留戀、不要停留，如果你有一念停留，那麼你所有的「念」就被停留，在這個地方就等於是被這個念頭所束縛，所以，它後面講，「於一切上，念念不住即無縛也」。惠能有一個隔世傳人叫做馬祖道一，他有一次在山上和另外一個禪師有一段對話。這個禪師說，你要修行，要解脫束縛。他就反問道：誰給了你束縛？有人說，要擦乾淨心裡面的髒東西，他說，有誰弄髒你了？他的意思是，一切都是虛幻的，只要你不把它當做是實在的，使自己的意念束縛在它上面，

你就不會被這個東西束縛住。蘇東坡有一次登山，他看見山很高，山頂上有一個寺廟，心裡面很悲傷，想：我真是爬不上去了呀，但是同時心裡面又想，我今天一定要爬上去，於是就不停地爬。到了半山的時候，他在一個叫做松風亭的地方休息，他轉回頭想了一句話，這句話很重要，就是「有什麼歇不得處」。這意思是：我幹嘛一定要被爬上去這個念頭束縛住，搞得我那麼緊張？他後來又有一句話叫「吾心安處是故鄉」，人真正的故鄉是什麼地方呢？凡安心就是故鄉，還有一次他生病時說，「安心是藥更無方」，這個就基本上把禪和佛教的思想完全地轉到了中國的老莊的思路上來了。其實，這就是禪宗的基礎，老莊和禪宗發展到極點都是這條思路，人應該處在自然的、適意的、隨意的狀態裡面，這時人的心靈是放鬆的，你會感覺到一種輕鬆，佛教認為這是一種永恆的感覺。

九、《壇經》的關鍵詞之三：不立文字

　　第三個關鍵詞是「不立文字」。《壇經》中有好幾處說到這句話，你對於終極境界的體驗和觀照，應該是「自用智慧觀照，不假文字」，這個問題比較難講。

　　語言文字是對現象的命名，而且是使現象世界呈現在人們面前的符號，用海德格爾的話來說，「語言是呼喚物的，物只能在語言中呈現」。我們每一個人不可能了解和觀

察一切，我們所了知的這個世界，實際上大多是由語言文字符號傳遞到你的腦子裡的。然後，用佛教的話來講，「名者，想也」，當一個名詞出現在你的面前，就引起你的聯想。比如我說「瓶」(vase) 這個詞，這個聲音和這個字的形狀呼喚你的思維裡面出現的是一個瓶的形狀，但實際上並沒有真正的瓶，就像「望梅止渴」中的「梅」一樣，當你聽到並想起「梅」，就會不由得口舌生津。語言在你的心目中構造了第二個世界，它是處在你的心靈和真實世界之間的，這個東西可能是一個門，有時候是從這個世界到那個世界的一個主要的通道，但也有可能它關上以後就阻隔你從這邊進入那邊。語言文字對於人和世界來說也是這樣的，它有可能使你了解世界，但也有可能使你誤解這個世界。

　　對於佛教禪宗來說，語言文字傳遞的不是最終境界，也不一定是真實世界。首先，禪宗思想裡面，最關鍵的是要讓人體驗那種輕鬆的、自由的、超越的終極境界，按照佛教的理解，這種終極境界是不可以言說的。我們經常在生活中會碰到沒法說的感覺和體驗，所以佛教經常講「不可思議」。思想是靠語言來思想的，可是確實有那種最高境界的感受和體驗是不可思議，或者不可言說的，就像成語中說的「不可名狀」。禪宗很早就主張以心傳心，不立文字，就是因為語言文字常常在人心裡面，產生了一種阻隔，使人不能由自己的內心體驗到最終境界，有人叫做「高峰

體驗」。其次，因為自從人類有理性以來，人類的理智就支配著人類的理解，形成的一個理解結構就支配著人的分析，在人們的心裡都有一個不言而喻，不證自明的先驗的框架，這是一種背景，而這種背景又由於我們的語言和文字被固定下來，成為我們所說的「理性」。實際上，人的理性是後天的一個框架，它所描述的我們面對的世界有可能是不對的，《紅樓夢》裡有一句話叫做「真事隱去，假語村言」，對於人來說，很可能人是不太可能直接以經驗了解這個世界的，你只是借助於理性，通過語言文字，來了解這個世界，但是文字所說的那個世界真的絕對正確嗎？

禪宗要在「無念、無相、無住」裡面體驗這個終極境界，就非常反對人們用語言來描述，因為語言描述的這個世界，並不是你自己能夠親身體驗的真實的世界，也不是佛教要你去追求的終極的超越世界，那個世界是不可言說的，只能用心去體會，用自己的心直接面對它，中國的傳統裡面好像有這樣的一條思路，老子說：「道可道，非常道」，所以後來人們也說，絕對真理「不可說，一說就錯」。

不可說的東西怎麼把握，語言不可表達的東西怎麼表達？禪宗一方面提倡「以心傳心」，直接用本心來領悟，另一方面它也得用語言來告訴你，於是它採取了很多方法。我們要特別說明，「不立文字」，它的原來意思是不確立文字的權威性，並不是「不要文字」。禪宗為了瓦解人對文字語言產生邏輯和聯想的習慣，它用了三個方法，第一個方

法是單刀直入，乾脆不要文字，這是最簡單的一種方法，也是最基本的一種方法，對於萬事萬物，你都直接體驗，語言有時候就在你中間產生一種障礙，這時你拋開這種語言這是必要的。在明代小說《笑得好》裡面有一個著名的故事：有一個很傻的差人押送一個犯罪的和尚，他記不清自己都是帶了什麼東西，他的妻子就教他念個順口溜：「包裹雨傘枷，文書和尚我」。途中，和尚把傻子灌醉，剃光他的頭逃走了。第二天早上他醒來，按例念「包裹雨傘枷，文書和尚我」。——都在，和尚哪？一摸頭，原來也在，「可是我呢？」有時我們接觸這個世界，經常出現的一個事情就是「我到哪兒去了？」通過語言文字來了解這個世界，實際上語言文字是別人告訴他的，不是自己親身去理解的，所以世上的人們經常也會忘記「我」到哪兒去了。西方現象學也有一句名言：面向事物本身。禪宗在文字上的思想跟現代西方哲學的一些思想是很像的。這是第一種方法。第二種方法，在沒辦法的情況也得用文字，用文字破壞文字，用語言來破壞語言。《壇經》裡面講到，人問你「有」，用「無」來回答，問你「無」，用「有」來回答，問你神聖，要用平凡來回答，問你平凡，要用神聖來回答，他用矛盾的、不通的、彆扭的語言來破壞你對語言的習慣性執著。因為人對於語言都有一種下意識的遵從習慣，事實上，這只不過是語言規定性的一種表現，人要是盲目服從語言，那麼也許就要上語言文字的當。反過來想一想，

「問道於盲」也許並不錯，這個盲人不知道「東」還是「西」，也許告訴你向前走，向右拐，再向前走，你就會憑自己的感覺自己去找路了。唐代有一個趙州和尚，別人問他住在哪裡，他答：「趙州東院西」，東院是哪裡？西是木字旁的「栖」，還是東西的「西」，他也不給你回答。在這類經常出現在禪宗的話裡面，禪宗又有兩句著名的話，「仰面看波斯，面南看北斗」。完全是矛盾。還有一首偈語叫「空手把鋤頭，步行騎水牛。橋從人上過，橋流水不流」，這些都是用語言破壞語言的例子。因為正面講，合著邏輯地講，你就會被語言誤導了，你想不通，那最好，你自己去看，面向事物本身。

禪宗有一句話說：「當你父母還沒生下你的時候，你的本來面目是什麼？」是「無」，但是「無」是包蘊著一切可能性的，當你沒生下來的時候，你有一切可能性，可能是男的、可能是女的、可能叫張三、可能叫李四，擁有無限的可能性，只有當「無」才有無限的可能性，一旦成為「有」，被命名以後，就落入語言文字聲色形體的規定性中，你就是你，你就有限定性。要你超越語言就是這個道理，就是讓你回到「原初之思」。這裡借用了西方的一個術語，西方人認為，人一開始形成理性的時候，這個理性就制定了理解的框架，這個理解的框架，憑什麼它是對的？西方哲學正在要追問這個問題，憑什麼它要指揮我們理解一切，回到意識之初，用你自己的觀念來理解，用你自己

的眼睛，自己的耳朵來理解一切。也就是說，當人的理智還沒有形成固定的框架，語言文字還沒有把這個世界固定化的時候，從那種原初的起點上出發再重新思考，這就是禪宗要你做的事情，這一點與現代西方哲學的思路確實有很多相近之處，從胡塞爾，到海德格爾，到雅斯貝斯，基本上都是這個思路，為什麼說現代西方的一些人開始把視野轉向東方，海德格爾曾經和一個中國學者蕭師毅一起念《老子》，而榮格曾經讀過道教的著作，雅斯貝斯也曾經讀過中國的很多書，還寫過一本《佛陀傳》，從這裡可以找到原因。這是第三個關鍵詞，也就是「不立文字」。

十、《壇經》的關鍵詞之四：頓悟

既然人的解脫的關鍵在於人的自身，人最重要的是「自性清靜」，而且能夠做到「無念無相無住」，能夠拋開語言文字，那麼，人在一剎那間在意識的轉換中，就可以達到很高的境界。惠能認為，既然一切都是「空」，既然一切外在的修心養性都不需要，那麼，也不需要拒絕過去被認為是庸俗的實在的世俗世界。他覺得，只要在自己心上無念無相無住，信仰者就可以超越和解脫，在心靈意識的轉換裡面，達到一種自己感到輕鬆的境界，這就是被後來人稱之為「頓悟」的法門，而這種「頓悟」的法門就是分別開中國佛教和印度佛教的一個重要的標誌。

在五世紀末六世紀初，曾經有一個有名的中國人叫謝靈運，他是個大詩人，謝靈運作了第一篇有關中西思想比較的文章，他說西方人（印度）容易受宗教性的約束，而不能在裡面理解和覺悟到「理」，而華人「易於見理，難於受教」，所以，中國人一定要「頓悟」。其實在謝靈運時代就已經講到「頓悟」了，不過，這個口號直到惠能時代才被揭出來，作為一個旗幟，由於有了這個旗幟，中國佛教後來就一直提倡「自己解脫自己」，人在剎那間的意識轉換裡面就可以達到超越和解脫。講一個故事，有一天，禪宗大師馬祖道一還沒有領悟的時候，曾經在那兒苦苦的坐禪，希望自己能夠解脫，他的老師看到他，就找了塊磚在石頭上使勁的磨，馬祖和尚被攪得很煩，就問：你磨磚做什麼？老師答：磨磚做鏡子。馬祖問：磨磚怎能成鏡？老師就說：磨磚不能成鏡，坐禪又豈能成佛？他的意思是，一切都在你的心裡面，如果你的心靈意識不能夠轉換，不能夠意識到自心清靜，你坐禪又怎能坐出佛來？一切都要在一剎那的意識轉換中，自我體驗到自性清靜，於是自己就清靜了，這才是禪宗。

這道理，你明白嗎？

第七回

大慈大悲觀世音——
民眾的佛教想像

引子：大慈大悲與救苦救難

　　四、五年以前，我客居在歐洲一座小城裡，小城的中心廣場用石頭鋪成，歐洲的城鎮中心，照例都有華麗的市政廳和威嚴的教堂。每天我都到這個廣場閒坐，看風捲雲飄，看鴿子飛過，有時也到教堂裡「隨喜」，聽著風琴的緩緩奏鳴，看著彩繪玻璃上的《聖經》故事畫像，在莊嚴肅穆的氣氛中體會信仰者的心情。這座聖彼得教堂 (St. Peter's Church) 在歐洲大概是一座中等的教堂，並沒有什麼特別之處，只是那裡的一座聖母像，卻讓我想了很多，為什麼呢？因為她太像我們熟悉的觀世音菩薩。我在想，她真的

圖 7-1：比利時聖彼得教堂中的聖母像

圖 7–2：敦煌榆林二窟「水月觀音」

與觀音菩薩有關聯嗎？

　　把歐洲的聖母放在一邊，先說東方的觀世音菩薩吧。
可能大多數中國人都知道，觀世音是一個非常慈祥可親的
女性形象，而且觀音菩薩有好多好多種化身，有千手千眼
觀音，有魚籃觀音，有童子拜觀音，特別是小說《西遊記》
流行以後，大家都知道，這個觀世音菩薩不僅美麗，而且
真是神通廣大，孫悟空收伏不了的妖怪，她可以來收伏，
像偷唐僧袈裟的黑熊怪、還有通天河的魚精，連孫悟空頭
上的緊箍，也是她給安上的，而她身邊的童子，據說是牛
魔王和鐵扇公主的孩子，叫紅孩兒，在觀音菩薩收服他之

前，孫悟空本事再大，也有點奈何他不得。

　　不過，那都是小說故事。實際的社會生活世界裡，觀世音菩薩的影響也很大。在中國佛教有**四大名山**，據說象徵地水火風，分別有四大菩薩，也就是地藏（地，安徽九華山）、文殊（騎獅，風，山西五台山）、普賢（騎象，火，四川峨嵋山）、觀音（水，浙江普陀山），如果在民間去作一個民意調查，比一比哪一個最有影響？那一定還是觀音菩薩，佛教的佛菩薩羅漢裡面，大概除了阿彌陀佛、彌勒佛之外，就數她最有名了。在很多佛教寺廟裡，都有她的塑像，大多是手持楊柳枝，以甘露清涼淨水，灑向人間。

　　觀世音菩薩的名望為什麼這麼大，她為什麼得到這麼多信仰者的崇拜？這還要從歷史講起，其實，關於觀世音菩薩的歷史故事很多，裡面的問題也很多，比如，為什麼他在印度本是男身，到中國變了女身，這裡面有什麼奧祕？他是怎樣和中國歷史上的「妙善傳說」聯繫起來的，究竟為什麼道理，民間把她叫「三皇姑」？她在晚明是怎麼和天主教連在一起，並且代替了被禁止的聖母被虔誠的教徒崇拜？今天，就要說一說這些歷史故事。當然，我們更要讓各位想一想這樣幾個很特別的問題，第一是觀音由男性變成女性，背後是什麼原因；第二，在西藏、內地、日本的觀音信仰中，有什麼文化的差異和背景；第三，觀音信仰是如何與中國民間信仰混融的。

一、佛教經典裡的觀世音菩薩

觀世音菩薩的信仰，在西元的第一個世紀就在印度流傳，「觀世音」，在梵文（阿縛盧枳帝濕伐邏）裡面，前半是觀看、顯現的意思，後半是聲音的意思。「菩薩」，在梵文（菩提薩垂）裡面，前半「菩提」是智慧，後半「薩垂」是「有情眾生」，意思就是以智慧解救眾生的大士，所以，「觀世音菩薩」就是視覺和聽覺中都能感受到的、以智慧拯救眾生的菩薩。

在大約東漢三國的時候，提到他的佛教經典像《法鏡經》（東漢安玄譯）、《維摩詰經》（吳支謙譯）剛剛被翻譯過來，他被翻譯成「闚音」，到了西晉竺法蘭等人譯《放光般若》，他又被譯成「現音聲菩薩」，而竺法護譯的《正法華經》，則叫他做「光世音」，在很長時間裡，他都被稱為「光世音」。後來，鳩摩羅什翻譯的《妙法蓮華經》的第二十五品〈普門品〉才把他譯做「觀世音菩薩」，因為這個〈普門品〉譯本盛行，「觀世音菩薩」的名號才漸漸地在民間流行起來。那麼為什麼這品經特別流行呢？還有一個故事，據說大約在四世紀的時候，北涼的國主沮渠蒙遜生了大病，醫生沒有辦法，各種藥都不靈，這時有一個印度和尚曇無讖勸他念這個〈普門品〉，他照辦後，果然病就好了，所以他下令全國都讀這品經文，於是它便流傳開來。

妙法蓮華經觀世音菩薩普門品

第二十五

爾時無盡意菩薩即從座起偏袒右肩合掌向佛而作是言世尊觀世音菩薩以何因緣名觀世音佛告無盡意菩薩善男子若有無量百千萬億眾生受諸苦惱聞是觀世音菩薩一心稱名觀世

大乘妙法蓮華經　卷七　觀世音菩薩普門品第二十五　三二

音菩薩即時觀其音聲皆得解脫若有持是觀世音菩薩名者設入大火火不能燒由是菩薩威神力故若為大水所漂稱其名號即得淺處若有百千萬億眾生為求金銀瑠璃硨磲瑪瑙珊瑚琥珀真珠等寶入於大海假使黑風吹其船舫漂墮羅刹鬼國其中若有乃至一

圖 7-3：〈普門品〉書影

那個時候，五胡十六國在北方中國天天打仗，各種民族如鮮卑、羌等等，都進來了，政權變得很快，社會變得很動盪，人要尋找一種安寧，所以有一個觀音出來，很能讓人信仰呢。不過，到了唐代初期，因為要避唐太宗李世民的諱，所以就簡稱「觀音菩薩」了。順便說一下，所謂「避諱」，就是遇到比自己地位和等級高的人，不能直接書寫或稱呼他的名字，要缺筆、缺字、或者改字、提行、空格等等，這是為了表示尊敬，比如康熙皇帝叫玄燁，所以清朝的時候，也把「玄」寫成「元」，「玄而又玄」就成了「元而又元」了，把觀世音叫成觀音，就是為了避開李世民的名字中的「世」字。

　　這個菩薩，在佛教中，是顯教和密教都尊敬的，順便再說一下什麼是顯，什麼是密，「顯教」就是傳說中可以公開傳授的佛教，古代中國如大小乘各派，什麼三論宗、天台宗、淨土宗、華嚴宗、律宗、禪宗都是「顯教」，它們有好多道理教育信仰者，雖然有一些儀式舉行，但更主要是依靠自覺的修行，如戒定慧等等；「密教」是祕密傳授的佛教，據說有很多技術、方法、崇拜等等，是祕不示人，只能師徒祕傳的。這裡包括中國內地、西藏、蒙古的喇嘛教以及傳到日本的真言宗，他們有「曼荼羅」、「阿字觀」、「咒語」，有祕密的修煉方法，還有「身口意三密相應」等等，都充滿了神祕的色彩。無論顯、密，各自都有很多經典，在這些經典裡，都有關於觀世音的記載，所以這是兩派都重視的菩薩。據文獻的記載，在大乘佛教的各種菩薩中，觀音信仰最為普及，廣泛流傳在印度、西域、中國、西藏、日本、東南亞等地，因此有關觀音之信仰史事為數最多。在中國佛教徒的印度旅行記像《高僧法顯傳》、《大唐西域記》等書中，就記載了印度及西域各地崇拜觀音菩薩的事實，尤其《大唐西域記》卷十記載，南印度的秣羅矩吒國布咀洛迦山有觀音菩薩之靈跡，近代又真的從艾羅拉 (Ellora)、坎內利 (Kenheri) 及鹿野苑廢墟中發現若干聖觀音像。其中，坎內利窟寺中存有諸難救濟圖、十一面觀音像等物，可以證明觀音信仰在印度的流行。

二、有關觀世音菩薩來歷的傳說

那麼，這個菩薩是怎樣一個人呢？他是如何獲得大神通力的呢？

關於他的來歷有好幾種傳說。我們只講其中一種，據說，很久很久以前，有一個國王，常常聽佛陀說法，在後花園修行禪定時，有兩朵蓮花從左右長出來，化為童子，一個叫寶意，一個叫寶上，後來得到佛陀的指引，就是後來的「觀世音」和「大勢至」兩個有名的菩薩。這兩個菩薩是阿彌陀佛身邊兩個脅侍菩薩，據說佛入滅以後，觀音

圖 7-4：敦煌壁畫中的大勢至菩薩（左）和觀世音菩薩（右）

將成為佛，叫做普光功德山王佛，所以好多觀音菩薩的頭上有阿彌陀佛像。在《法華經·普門品》裡，現在的佛陀對大眾說，這個觀音菩薩很了不起，如果有人念誦他的名號，可以入大火不能燒，落大水不能淹，佛陀還舉了很多很多的例子，比如過去曾經有千萬個貪心的人，爭先恐後到大海裡，去尋找金銀寶貝瑪瑙珍珠，結果「黑風吹其船舫，飄墜羅剎鬼國」，可是其中有一人念觀世音菩薩名，結果所有的人都得到了解脫。又比如世界上有一個滿是強盜的地方，一個商隊身懷重寶路過，其中有一個人說，只要念誦觀世音，就可以不必害怕，平平安安。而且按照佛的說法，如果女子拜觀音菩薩，乞求生男，就會「生福德智慧之男」，如果乞求生女，就會「生端正有相之女」。

按照佛教的說法，觀音菩薩拯救信仰者是很靈驗的，南北朝有名的佛教和尚竺道生在注釋《法華經》的時候就說，本來佛教拯救世人的途徑很多，專門推崇觀音，是為了使眾生都嚮往一個目標，產生熱烈的感情，後來敦煌出土的卷子，那是唐代的，大約在十世紀，就有更多對觀音的讚頌文字，像用血寫的〈普門品〉裡就說，寫〈普門品〉可以使「當今聖主，保壽遐長。使主千秋，萬人安樂」，「一切有情，捨種類身，各獲聖位」，甚至可以使「凡是遠行，早達鄉井」。而且他拯救世人，又有很多種「法門」，除了上面說的最普通的、也是最容易的那種「念誦名號」之外，還有很多種方法，一種是始終懷著慈悲心情看待世

界，希望解除眾生的痛苦，據說這樣自己也可以解脫。還有一種是用智慧觀察世界，像《心經》中說的「行深般若智慧」，觀照和體驗「空」，在心靈中得到超越的感覺。還有一種是念誦咒語，像現在寺廟中常常念的「大悲咒」，共八十四句，據說念誦就有各種應驗。再有一種就是「觀想往生法門」，想像西方極樂世界，以後就可能真的往那個世界去。總之，最常見的是念誦名號、造觀音像、供養禮拜、念有關觀音的經咒等等這幾種，這裡包括了在中國所有最簡明的解脫修行方式，所以觀音菩薩的信仰者就特別多。

因為他受尊敬，所以又有很多傳說故事和很多記載傳說的書，其中特別有兩類很重要，一種是中國人漸漸編出來的佛教經典，像北魏孫敬德編的《高王觀世音經》、後來的《觀世音菩薩救苦經》等等，都是記載他的種種神話，還有一種是記載信仰者的傳說，記載人們信仰他、念誦他，如何可以得到拯救和解脫的故事的書，像晉朝謝敷有《觀音持驗靈傳》，南北朝時代，大約西元五世紀前後劉宋的傅亮編有《光世音應驗記》、張演編有《續光世音應驗記》，南齊陸杲也編了《繫觀世音應驗記》等等。總之，從西元五世紀前後，這種傳說、書籍就已經很流行了。

三、觀世音菩薩的各種形象及其故事

據說觀世音菩薩現身的時候，有種種不同的形象，按

照〈普門品〉說有三十三身，也就是說，觀音菩薩會在各種不同情況和場合中，以不同的形象出現，像《西遊記》裡他第一次在人們面前現身，是變化成老人的。而密宗經典《清淨觀世音普賢陀羅尼經》則說，普賢、觀音都是釋迦佛的脅侍菩薩，還說當時繪畫，在佛陀的「右廂畫觀世音坐華座，著白色衣，胡跪合掌，面向佛看，聽佛說法。左廂三手，一手執華，一手捉澡罐，一手捉經甲。右廂三手，一手施無畏出寶，一手捉索，一手捉珠。菩薩頂上有佛」。但是，在佛教的書籍或雕塑中，有十幾種最普遍。首先是正觀音（又叫聖觀音），這是佛教密宗系統裡所說的「**六體觀音**」裡的總體，**結跏趺坐，雙手結禪定印**，頭戴寶冠，冠上有佛像，身上有瓔珞項釧等裝飾。不過，在後來的信仰者那裡，還流行有以下幾種：

千手千眼觀音。這是密教六觀音之一（密教六觀音是聖觀音、千手千眼觀音、馬頭觀音、十一面觀音、準提觀音、如意輪觀音），唐代以後，這種觀音形象很多，石窟中漸漸把她當做主要的觀音像來供奉，在日本也很多，像京都著名的三十三間堂，裡面就供有據說是千年以前木雕的千尊千手觀音，很是壯觀。這種形象，主要是中間的雙手合掌，一般以四十隻手在背後伸出，象徵千手，左右各半，兩兩對稱，分別手持金剛杵、寶劍、經篋、寶印等等，每一隻手中有一隻眼，每一手一眼都有二十五種神通，所以象徵著千手千眼。一般來說，這種菩薩形象，頭上還要有

圖 7-5：西藏江孜百居寺「千手千眼觀音」

寶冠，冠上有結跏而坐的化佛像。這種菩薩像的象徵意義，
據《佛說千手千眼觀世音菩薩廣大圓滿無礙大悲心陀羅尼
經》說，是表示能圓滿普渡眾生，可以用千手護持，千眼
照見，避禍消災。

　　十一面觀音。他有十一面相，除了主要的面相之外，
上面的十張臉，象徵十方，據《佛說十一面觀音神咒經》
說，前三面是菩薩面，左三面是生氣的嗔面，右三面似菩
薩面，後一面大笑面，頂上一面是佛面，每一面都要戴冠，

冠上有佛，觀音菩薩左手持串瓔珞，手作施無畏印，右手
拿淨瓶，瓶中有蓮花。

不空絹索觀音。絹索是傳說中用來絆野獸的工具，不
空絹索的意思是永不落空的捕獲，在苦海裡拯救眾生也是
永不落空。這一菩薩形象身披鹿皮，所以也叫做鹿皮觀音。
這裡圖中的這種觀音形象，是很和善的，但是另有三面六
臂，一面四臂，一面十八臂等等，據《不空絹索神變真言
經》中記載，三面六臂的觀音，三面各有三眼，正中的臉
面很慈祥，頭戴天冠，額頭上有一隻眼睛，但是左面卻是

圖 7-6：敦煌壁畫中八臂十一面觀音像

怒目突出，鬈髮聳起，右面也是蹙眉怒目，狗牙上出，六臂分別拿著絹索、蓮花、三叉戟、鉞斧、如意輪杖，以及作施無畏印。

如意輪觀音。這也是密宗六觀音之一，因為他手持寶珠、如意、寶輪，所以叫做如意輪觀音。他右手作思維相，表示悲憫眾生，第二隻右手是如意，表示能滿足眾生願望，第三隻右手是念珠，表示渡一切眾生苦難，左手按明山，表示不動搖，第二隻左手拿蓮花，表示純潔，能夠清洗一切汙垢世界，第三隻左手拿的是寶輪，又叫做「轉法輪」，據說，有六臂是象徵著可以在六道巡遊。

準提觀音。也是密教六觀音之一。準提是潔淨之意，指這種觀音形象象徵著心性清淨，有一個傳說，也把這種觀音看成是過去無量諸佛之母，所以叫「七俱胝佛母」，「俱胝」在梵文中是千萬，七千萬的意思是極多。據說這種觀音可以消災延壽，念誦他可以家庭和睦，小兒平安，治癒各種病症。準提觀音左右有難陀、跋難陀兩個龍王守護，觀音坐在蓮花之上。

──以上是密宗的六體觀音，密宗系統的觀音形象，大體上都是有印度來歷的，也就是說是舶來的，雖然也經過了修改，但是大體還是遵照了印度佛經的。在這六種之外，還有一些，像馬頭觀音，傳說這是婆羅門教時代就有的信仰，據說婆羅門教中也信仰觀音，但是在婆羅門信仰中，觀音是一對孿生的小馬，是雙馬童神，他是善神，可

圖 7-7 ： 明代德化窯何朝宗款「足踏祥雲觀音」

以使盲人再見光明，可以使公牛產奶，朽木開花，還可以讓久不生育的女人生育等等，後來佛教就把這種神話也吸收了，把觀音頭上加一個馬頭，所以叫馬頭觀音，也叫「馬頭明王」。此外，在中國很流行的，還有像數珠手觀音、楊枝觀音、白衣觀音等等，拿著楊柳枝的， 可能受了印度的影響，傳說印度佛教相信楊柳枝可以治病，就像中國傳說桃木避邪一樣，拿著淨瓶，則象徵著清潔身心，後來傳說裡面，這兩個就結合起來，用楊柳枝在淨瓶裡沾甘露，普灑天下，沐浴世界，這些形象也在中國民間很常見，他們有的有一些經典的根據，但是大都受了中國文化和審美觀的影響，其中，特別是水月觀音，水和月都是最清澈透明的東西，象徵著佛教色空空色的思想，人心中很多陰雲，遮蔽了本來是澄澈的心靈，而佛教就是要恢復每個人原來就有的澄明境界，像水和月亮一樣，陰雲散去，便現皎潔，於是，中國人按照《華嚴經‧入法界品》的描述，但是又發揮了自己的想像，就創造了這一種形象。水月觀音像看上去很安祥，很平靜。這在中國是最常見的觀音形象之一。不過，觀音到了中國，就又有了新的故事，新的形象，以

下介紹的，大概都可以算是中國的想像。

四、古代中國關於觀音菩薩的另類想像

特別要重點介紹的是馬郎婦觀音和三皇姑故事。

馬郎婦觀音又叫魚籃觀音。這在古代中國是最普通的觀音菩薩形象，這是根據一個唐代就流傳的故事，據說，唐代元和十二年 (817)，有一個地方叫金砂灘，這個地方的人不信仰佛教，喜歡打獵廝殺，上天曾經想滅絕他們，但是觀世音菩薩不忍心，於是有一天變化成一個美麗的女子，提著籃子到這個地方賣魚，包括這個地方的惡人馬二郎都想娶她，她就說，如果有人能夠一夜就背誦〈普門品〉的，就願意嫁他，於是這地方的人都開始背誦佛經，一夜中有二十多人背誦出來。接著她又說，不能嫁二十多人吶，如果有人能一天背誦《金剛經》的，就嫁給他，於是，他們又開始背誦《金剛經》，居然也有十人一天就背出來。然後她又提出，看誰用三天可以整個背誦出《法華經》，最後，只有馬二郎一人了，於是她就答應嫁給馬

圖 7–8：元代趙孟頫繪〈魚籃觀音〉

二郎了。可是剛一過門，她就因病去世了，人們把她的遺體埋葬以後，過了幾天，一個紫衣老僧人來，打開墳墓看，裡面什麼也沒有，只剩下一副黃金鎖子骨。於是他告訴人們，這是觀音大士來拯救你們，因為你們罪孽深重，又不能聽從正確的教誨，所以只好用這種方法來啟示，現在你們讀了佛經，減輕了罪惡，說完，僧人便飛空而去。於是，人們就把這種觀音叫作馬郎婦觀音，又叫魚籃觀音，並把她想像成一個提著魚籃的美麗女人，像《西遊記》裡，當通天河的鯉魚興風作浪時，她就來幫助唐三藏等人，她提著竹籃，「解下一根束襖的絲縧，將籃兒拴定，提著絲縧，半踏雲彩，拋在河中，口中唸唸有詞」，原來那鯉魚本來是觀音蓮花池裡的一條魚。

　　三皇姑的故事大約出現在宋代。據說，一個國王叫妙莊嚴王，他有三個女兒，第三個小女兒叫妙善，到了出嫁的年齡，大女兒、二女兒都順從父親的旨意，但是這個小女兒卻無論如何不願意出嫁，寧願吃齋念佛，這很讓國王生氣，於是把她關在後花園裡，她依然不服從，乾脆出家為尼姑，與家庭和富貴斷絕了關係，國王更是大怒，讓兵去燒寺廟，但是天降大雨，國王更是怒不可遏，乾脆把她送上了刑場，讓人把她凌遲處死，但是佛陀卻保護她，刀斷劍折，只好用弓弦絞死，後來還有傳說是，幸好土地公上奏玉帝，玉帝說，「如今西方，除了如來，就是妙善，此等大識智菩薩今日有難，豈可坐視？」所以派了神仙變成

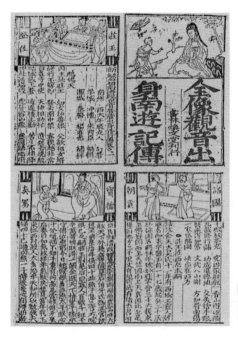

圖 7-9：明代書林煥文堂所刻小說《全像觀音出身南遊記傳》封面

老虎，在刑場上把已經死去的妙善馱到山林，「令魂遊地府，遊遍即還魂」，並把她送到香山，據說香山得通南海普陀。這當然是後來添油加醋，增加上去的。據說，九年以後，國王生了重病，無人能醫，生命不保，這時有一個僧人來，自稱神醫能治其病，但是需要「無嗔人手目」，這時，變化成僧人的妙善就獻出了自己的手和眼，治好了國王的病。後來國王與夫人到山上拜謝恩人，才知道這個救命恩人，其實就是以德報怨，始終孝順自己的女兒，於是終於改變了自己對佛教信仰的看法。而妙善也因此獲得了更大的報答，她獻出了手和眼，但成為了擁有千手千眼的

觀音菩薩。

這個故事，最早在刻於北宋元符三年的蔣之奇《香山大悲觀世音菩薩傳》中就有記載，這塊碑原藏於河南汝州寶豐香山寺，後來收在陸增祥編《八瓊室金石補正》裡。故事已經相當完整，其中，說到國王病好以後，知道獻出手眼的是自己的女兒，於是大為悲痛，「以舌舔兒兩眼，續兒兩手」，於是生出千手千眼。可見北宋的時候，就已經有這個傳說，也許形成的時間會更早一些。後來，它廣為流傳，是因為《香山寶卷》，這是傳說為宋代普明禪師編的一個通俗說唱文學作品，佛教通俗講唱的場合通常是在各種法會、法事，參加的人很多，有的佛教徒就以會唱、會講、會表演著稱。這種在通俗宣傳中常常演出的作品，漸漸把妙善就是觀音的故事，傳得更廣了。到元代，傳說著名書法家文學家的趙孟頫，就是剛才我們看到的那幅〈魚籃觀音〉的作者，他的夫人，也是很有名的管道昇，就寫了一篇〈觀世音菩薩傳略〉，廣為流傳，好像就把這個故事變成了觀音的主要故事，比其他故事都傳得廣。我們要注意，古代民間流傳的很多知識，是通過寶卷、通俗戲文、大鼓書、評彈、快板、相聲、善書、皇曆等等不起眼的東西傳播的，也正是因為這個故事的廣泛流傳，說妙善是皇帝的第三個女兒，所以，人們也把觀音叫做「三皇姑」，這裡有一張清代年畫，畫的就是這個故事的主角。

圖 7-10：清代年畫〈香山三皇
姑〉

五、觀音故事中的文化接觸問題

在觀音的各種傳說故事中，有很多很有意思的問題，
值得我們去想一想。

第一個問題是，在印度本來是男性的觀音菩薩，在中
國漢傳佛教中為什麼變成了女性？我們看各種佛經尤其是
印度傳來的佛經，大體上都沒有把觀音菩薩說成是女性的，

比如《華嚴經》裡面，說「勇猛丈夫觀自在，為度眾生住
此山」，顯然是一個男性菩薩，和文殊菩薩、普賢菩薩、地
藏菩薩一樣，有一種關於觀音菩薩的故事，是說觀音是轉
輪王的兒子，叫做不眴，他是有鬍子的男子，所以早期一
些觀音像，常常是男子的形象，如隋代的觀音像，如敦煌
莫高窟二七六窟的觀音，身材雄壯，有八字鬚，榆林二五

圖 7–11：敦煌六六窟
的觀世音菩薩像

圖 7–12：晚唐五代觀音壁畫

窟大約是唐代中期的觀音像，就有鬍子。直到北宋初期，觀音還有鬍子。在印度、在西藏的各種觀音像中，也說不大清楚是男是女，因為本來佛教的各種佛像就不太顯示男女的特徵，但是，大體上從密宗一系的觀音，大約還是男像，像現存元代一尊千手千眼觀音像，就有八字鬍子。

不過，很早也開始有女性觀音了。最早出現關於女性觀音的傳說，是在南北朝時的北齊，據《北齊書》卷

圖 7-13：明丁雲鶴所繪觀音像

三十三〈徐之才傳〉說有人生病，神思恍惚中，「自雲初見空中有五色物，稍近，變成一美婦人，去地數丈，亭亭而立，食頃，變為觀世音」，大約隋代這種傳說已經流傳很廣，到唐宋以後，漢地的觀音像，漸漸就大都成了女性了，最流行的，一個是有善財童子和龍女侍從的觀音像，一個是所謂的渡海觀音，因為傳說中她住在南海普陀山，要拯救世界上的眾生，就要渡海，而且她也保佑著渡海的船，像媽祖一樣。無論哪一種，都成了慈祥、美麗、和氣的女

圖 7–14：水月觀音菩薩　　圖 7–15：南海觀音與童子，這是中國常見的圖像。

性，讓人看上去就有親和感，甚至有的想像中，還把她變成一個普通的婦女，像《西遊記》第八回〈觀音奉旨上長安〉第一次出現觀音菩薩的時候，就說她「眉如小月，眼似雙星，玉面天生喜，朱唇一點紅」，第四十九回寫到孫悟空等三人去南海請觀音菩薩來救師父時，看到的也是「懶散怕梳妝，容顏多綽約。散挽一窩絲，未曾戴瓔珞。不掛素藍袍，貼身小襖縛。漫腰束錦裙，赤了一雙腳。披肩繡帶無，精光兩臂膊，玉手執鋼刀，正把竹皮削」。

　　那麼是什麼原因使觀音從原來的男性變成女性？有很多推測，法國一個很有名的學者石泰安對此還有很專門的研究，甚至還引用了佛洛依德的理論，但是似乎也不能完全說清楚這裡面的問題。有人說是婦女具有天然的同情、溫柔、善良、母性，使觀音由男變女，像印順法師就說，

女性的苦難，從古代以來，一直多過了男人，女性內心的特性，是慈忍柔和，表現在她們的日常行為中，即是愛，女性的心理，慈愛確實超過了男人。但這恐怕是一種想像，因為佛教、道教神很多，那麼，為什麼其他也承擔了拯救世人的神不由男變女呢？也有人說，這是男性中心的社會想像，把觀音想像成美麗的女性，可以滿足男子的嚮往，在對觀音的想像中寄託了男子的欲望，這恐怕也是一種憑藉理論的推測，因為這種崇拜和嚮往，已經離開觀賞太遠了，而且古代中國，恐怕對於男性來說，沒有那麼嚴屬的禁欲限制，他可以從其他很多渠道得到欲望的滿足，不必藉觀音來偷偷地滿足對女性的窺測欲望。特別是，印度、西藏，同樣也有人有這種相同的願望和欲望，為什麼偏偏到漢族地區來，觀音就由男變女？那麼原因究竟是什麼？

　　第二個問題是，在觀音的形象變化中，體現了不同文化接觸的一些有趣的現象。

　　比如說，觀音為什麼用魚網呀，按照法國學者的研究，這是來自《世襲傳智未定經》中濕婆的故事，據說濕婆的弟子塞建陀偷了祕密經文，並把它扔在海裡，經文被魚吃掉，濕婆就以神力網 (saktijala) 捕魚，取回經文，但是是不是這樣？也許並不很確鑿，只是一種猜想。不過，觀音住地的故事，就很有意思了。過去佛教經典的傳說中，觀音是住在南方補怛洛迦山，《華嚴經・入法界品》裡說那山裡西面岩谷之中，山泉清澈，樹木鬱鬱蔥蔥，香草都向右旋，

鋪滿地面十分柔軟，觀音菩薩就坐在金剛寶石上，結跏趺坐，給各種菩薩說法，這個補怛洛迦山，據說是在南印度，又叫普羅多山，「補怛洛迦」、「普羅多」的意思是光明，但是，到了中國，菩薩的住地，就由南印度轉到了浙江的舟山群島的普陀山，傳說在唐代大中十二年 (858) 日本的和尚慧鍔到五台山進香得到觀音像，他路經四明（今寧波）回國，這時船到普陀，居然船附在石頭上走不動，眾人就相信，這是觀音離去的時機不成熟，應當留在普陀，所以便把慧鍔請來的菩薩像留在島上，並建了寺廟，也有傳說說，這是五代後梁貞明二年 (916) 的事情，慧鍔船載觀音像，到這裡不能前進，發願在此地建寺，於是船自己漂到了觀音洞這裡。這當然都是傳說，像杭州飛來峰一樣，可是為什麼會有這種菩薩居住地的人為移動？這和建立本民族宗教信仰，或者和漢族改造宗教傳說有什麼關係？很多宗教傳播中的一個重大問題，是信仰不能轉變，不能走樣，一定要強調「原來旨意」（原教旨或者叫基本教義），像早期佛教就為了出家人能否拜皇帝，天主教就為了中國可不可以用「上帝」這個詞，有很多爭論，其實，只有適應傳教地區的民族文化習慣，新宗教才有可能生根開花，像觀音菩薩就是這樣的例子。

　　一開始我們就說到西方的聖母和觀音形象的相似，那麼究竟兩者有沒有關係呢？1940 年代，日本學者宮崎市定在《東方的文藝復興和西方的文藝復興》中就指出，1515

年前後,歐洲人簡帕瑞爾 (Jean Perreale) 在製作聖母像的時候,已經受到了東方觀音形象的影響,如瓜子形的長橢圓臉,合十的動作等等,這是否可靠,還不好說,不過,我看歐洲的一些聖母像,真的彷彿是觀音,也確實可能受到影響。同時,這一點是很確實的,就是中國的觀音信仰確實也幫助了早期的天主教徒,法國學者德貝格在 1974 年發表文章就說,十六世紀泉州製造的觀音瓷像,就被天主教徒用來掩蓋對聖母瑪利亞的崇拜。加州柏克利大學東亞圖書館所收藏的一張明代中國刻印的聖母像,就像觀世音。在天啟、崇禎時代,曾經有抵制天主教傳教的風氣,雖然徐光啟、李之藻等人很支持天主教傳教士的事業,而且尤其喜歡他們帶來的科學知識,但是多少在社會文化習慣很深的情況下,人們還是不太相信外來的宗教,特別是外來的宗教要人相信自己的主張,也最好是借助本來就有的資源。所以在沿海一帶如泉州等地,就有人用觀音比附聖母,用觀音像代替聖母,還有一張芝加哥自然博物館所收藏的十七世紀的聖母畫像

圖 7–16:十七世紀中國所刻印的〈聖母與聖嬰〉

(A Chinese version of the miraculous image of the virgin)，這是中國版本，就是把水月觀音的形象用在了這裡，頭上戴的是觀音的風帽，頭後面有月輪，穿的也是中國式的衣服。同樣的事情還出現在日本，我曾經去訪問過長崎的大浦天主堂，那裡有一尊瑪利亞觀世音像，日本人雖然絕不像中國人那麼固執，不過，在皈依天主教的早期，一些堅定的信仰者也常常把觀音像當做聖母來想像，特別是在天主教信仰被禁的年代。傳說在禁止洋教的二百多年中，他們就是把大慈大悲觀世音菩薩像，當做聖母瑪利亞來默默祈禱的。所以，文化接觸中常常要依賴轉譯，這轉譯並不僅僅是語言。幾乎對所有異族文化的事物的理解和想像，都要經過原有歷史和知識的轉譯，轉譯是一種理解，當然也羼進了很多誤解，畢竟不能憑空，於是只好翻自己歷史記憶中的原有資源。就像洪秀全夢中的天主是照著中國皇帝加上道教天尊的模樣翻譯的，最初聽說埃及獅身人面像的人則把它畫成《山海經》中的怪物，這就好像古代中國，借了傳統的龍、馬、鹿、牛形象，把異域的長頸鹿，想著想著，就想像成了麒麟。

　　第三個問題是，在不同區域、不同宗教之間，其實也可以互相溝通，甚至互相借用各自的神靈的。除了天主教曾經用她來代替聖母之外，比如說，觀音菩薩和福建、廣東、臺灣地區的媽祖，常常是可以互相借用來想像的，甚至還有「觀音媽祖」的叫法；像道教關於生育的「送子娘

娘」，也常常被畫成觀音的模樣，比如「送子觀音」。為什
麼會這樣？簡單的回答是，因為，第一，在中國的信仰者
這裡，靈驗是第一位的，在普通的信仰者中，並不特別去
嚴格地區分佛教、道教、天主教甚至其他民間宗教，所以
多少中國的民間信仰有點實用性，只要實用，幹嘛要分那
麼清楚？所謂白貓黑貓，抓到老鼠是好貓，就是這個道理。
第二，在中國，宗教並沒有特別的超越世俗的獨立立場，
所有宗教都在皇權的籠罩之下，不像西方宗教的神權那樣，
力量大到可以和世俗的皇權對抗，我們看過一幅清代乾隆
年間北京刻的〈千手千眼觀音像〉，它雖然是宗教性的圖
像，但是還要刻上「皇圖永固，帝道遐昌」之類的話，然
後才到「佛日增輝，法輪常轉」，因此它們之間沒有特別明
確的權力範圍，所以，宗教之間的界限並不很清楚，宗教
之間的「排他性」也不很強烈，按照宗教內容來講，就是
沒有一個「唯一」的、「神聖」的崇拜對象，沒有不可通
約、彼此衝突的「原旨」，所以，從來沒有過宗教性的戰
爭，像所謂「十字軍東征」、「新月對十字」、「伊斯蘭聖戰」
等等，但是，更深層的因素，是不是還可以進一步思考呢？

第八回

古代中國的道家——
從老子到莊子

引子：道家與道教

　　道家是一種很吸引人的學說，很多人都喜歡它。特別是中國的讀書人，覺得它玄妙超脫，至少不像儒家學說，有那麼多的倫理責任，有那麼多的道德說教，好像比較輕鬆，所以兩千年來，很多文人都受到它的影響，每個人的心裡都覺得，生活太累，負擔太重，希望自由、輕鬆，有個機會可以逃避一下世界給自己的壓力，所以特別喜歡道家。有人說，中國文化就是「儒道互補」，一個關於社會，講秩序，一個關於個人，講自由，也可能太簡單，不過也有一點道理，古人說「出處」，「出」就是達則兼濟天下，出來救蒼生，完成大業，建功立業，「處」就是不達則獨善其身，保持一種超越的姿態，顯出清高的價值。同樣，西方研究中國的人也特別喜歡它，老子在西方有相當多的譯本，一些西方人覺得它才像是西方人所謂的「哲學」，裡面的形而上的東西讓人可以琢磨，不像孔夫子，一開口就那

麼具體和現實。原因是什麼？我覺得，原因恰恰是它和西方的東西一樣又不一樣。大家一定要知道，文化交流上，常常是類似的東西能被人理解，但不同的東西能讓人注意，道家在很多方面和西方人習慣的哲學啦、神學啦都既相似又不同，所以西方人從一開始就對它很有興趣。

　　道教呢？這可真是中國土產，如今中國幾大宗教（佛、道、伊斯蘭、天主教、基督教）、古代中國各種宗教（佛、道、摩尼、景教、祆）裡面，只有道教是土生土長的中國製造，也特別體現著古代到現代中國人的想法，還特別深地滲透在中國社會生活裡面，1918 年，魯迅在給許壽裳的信裡說「中國根柢全在道教，以此讀史，有多種問題可以迎刃而解」（〈致許壽裳〉），後來他又說，中國人恨和尚、尼姑，卻不恨道士，「懂得此理者，懂得中國大半」（〈小雜感〉）。可是，道教究竟是什麼？道教信仰的神鬼、儀式以及方法究竟如何？其實很多人卻並不清楚，就好像老話說的，普通人都是「他說是廟你就磕頭，他說是燈你就添油」。有一年清明，我到茅山去調查，看見到山上進香的人很多，背著黃香包，口裡念念有詞「菩薩保祐」，這是怎麼回事呢？西安有一座八仙宮，是道教的宮觀，可一個日本學者在調查時，記錄下來門口善男信女嘴裡唱的歌卻是〈十朵蓮花〉，「蓮花」明明是佛教的象徵，詞裡又是菩薩又是彌陀，當然是佛教的通俗讚頌詞。特別是民間出殯，包括上層人士出殯辦喪事，請了和尚，又請了道士，可能不夠，

還會請喇嘛，像《紅樓夢》裡面的秦可卿出殯就是這樣。
那麼，到底這些人信的是什麼？

　　先要說清楚，思想學說和宗教是不太一樣的。作為一
種思想學說，道家是以「道」為中心論述哲理，分析宇宙，
社會與人的存在的，作為一種宗教，道教是以神的崇拜、
溝通天人神鬼之間的儀式與方法、宗教團體組織和思想信
仰合而為一構成的。作為一種學說，道家只管提出各種各
樣的問題，讓人思考，也允許人懷疑，它讓人更聰明一些、
多一點理解世界的思路，可作為宗教，道教卻要管人生的
解脫，管生活的苦難困厄，給人提供虛幻而又具體的承諾。
所以，它們大不一樣，可是偏偏有很多人卻把它們混為一
談，全然不清楚彼此的界限，覺得它們都是「道」，都和
「老子」有關，西方人也常常混成一團，一個 Taoism，又
是道家，又是道教。

　　所以，這裡我要從 ABC 講起，先講道家，下次再說
道教。

一、道可道：那個關心身外事的時代

　　離現在二千四百年到二千二百年前後的戰國時代，是
一個很自由開放的時代。那時候中國分成好幾塊，互相不
統轄，人可以來往，這樣說話也就很自由，各種思想都紛
紛出來，特別是一個似乎統一的周王朝崩潰了，三代一體

的神話也破滅了，人就特別愛想問題，究竟天下應當如何建立秩序？什麼樣的道德是好的道德？人應當怎樣實現自己的生命？宇宙和社會的根本道理應當建立在什麼樣的基礎上面，才算是合理的？那個時候，「儒分為八，墨分為三」，有的講禮樂是重建秩序的途徑，有的說要兼愛非攻，還有各種各樣的不同聲音，像特別講究實用和目的的，就提倡一些「術」，特別關心生活領域裡的技術的，就在考慮各種預測的方法。現在一說就是說「百家」，好像很多，其實那時候大體上關心的就是這幾個問題，一個是宇宙，天地怎麼是這樣的，這樣的天地有什麼意味？一個是社會，社會怎麼變成這樣了，怎樣才能是一個最好的社會秩序？還有一個是關於人，人怎樣才是最好的狀態，是在秩序與規矩中互相和諧，還是超越社會成為絕對自由的人？

有沒有一個簡單而又能解決一切的總方法？有沒有一個讓我們可以解釋一切的大前提？「吾道一以貫之」呀，人們都希望「執一馭萬」，好像找一把可以開一切門的萬能鑰匙，拿了這把鑰匙就安心了，當時人們都想找到一個可以貫通各種知識、技術、思想和信仰的終極基礎，對宇宙、社會和人的事情，來一個一勞永逸的解釋，所以，那個時候有很多學者都愛討論「道」是什麼，或者用「道」來表示他們追求的真理，所以，後來人統統把他們算作道家。

二、非常道：道家也不同

雖然都是討論「道」，可是「道」並不太一樣。

仔細說來，大概有好幾種不太一樣的思路。一種呢，是討論「天道」，也就是陰陽五行的知識和技術，更多地琢磨各種天地人變化狀況的，大約後來的黃帝之學就是這一類，因為他們總是打著黃帝的旗號，借黃帝名義，像《管子》裡的一些內容，《呂氏春秋》裡的一些部分，馬王堆帛書的《道原》、《稱》、《十大經》以及一些醫方、數術的書，大概都是可以總在這裡的，按照馬王堆帛書裡的《黃帝書》說，這一派「觀天于上，視地于下，而稽之男女」，常常討論「天地人」的學問，並且以天為基礎，推出一套思路，在天圓地方、四季流轉、物候變遷的天文地理知識中，總結出人們必須遵循的自然法則，這叫「毋亡天極，究數而止」，所以和數術的關係很深。另一種呢，是討論語言的，像什麼「白馬非馬」、「離堅白」之類的命題，他們想把語言與世界分離出來，在純粹語言符號上運算，並從中尋找一個抽象的「道」，比如他們討論「天下之中，在越之南，燕之北」，這明明違反常識，但是這種對語言表達的常識的違反裡面，就有一些可以深入探討的思想。但是，這一思路很快就湮滅了，大概是太抽象太玄虛了。再一種呢，就是下面我們要介紹的老、莊之道了，他們是從天道和人道

中思考一種超越的道理，又希望以這種叫做「道」的哲理，反過來解釋和處理人面對的所有問題。簡單地說，就是黃帝之學討論和解釋天地運行的根本道理，用這個道理貫通一切日常生活和政治生活，惠施、公孫龍一系討論超越語言的根本道理，希望在人能夠擺脫語言的控制，尋找到終極的真理，老子、莊子一系也討論超越知識、語言、概念的根本道理，但是他們更要求從歷史上批判社會秩序和社會道德，主張回歸自然。因為後來這一支綿延下來，而且產生了很大影響，他們的書也被兩千多年的中國文人反覆詮釋，所以後來一說「道家」，就以為只有老、莊、文、列，其實並不是的。

順便說一個老子時代的問題，傳說老子姓老，「子」是尊稱，好像說孔子、墨子一樣，《史記》裡對老子的事跡記載，有些吞吞吐吐疑疑惑惑，說不清楚，一是說他是楚苦縣曲仁里人，一是說他可能就是老聃，孔子曾經向他請教禮，最後又懷疑他是否就是太史儋，是「周藏書室之史也」，好像現在的國家圖書館館長。所以，過去關於老子、道家的時代，就有很多爭論，梁啟超、胡適、馮友蘭、錢

圖 8-1：漢代齊山畫像石中的孔子見老子，傳說孔子曾經向老子學習禮，所以引起後來關於孔子和老子先後的爭論。

穆等大學者討論來討論去，意見不能統一。有說老在孔前，因為傳說孔子曾向老子問禮，也有說孔在老前，因為老子好像總在批評儒家的仁義道德，還有人更是因為老子的話裡，有一些如「萬乘之國」之類，就斷定它應當產生在戰國末期，甚至比莊子還晚，就連西方漢學家也捲進來，像史華慈《古代中國的思想世界》就堅持老子在孔子之後，甚至在莊子之後。所以，《史記》裡的三種說法，引起了人們的種種懷疑，可是，這一直無法結案，即使是 1970 年代，馬王堆漢墓裡面，有手抄在帛上的《老子》被發現，大家還是無法斷定《老子》是不是很早就有的，因為畢竟那是西漢的抄本，離戰國還遠得很。

碰巧的是，1993 年，湖北荊門郭店這個地方，突然發現了西元前 300 年的戰國楚墓，這個墳墓裡有八百多支竹簡，八百多支竹簡裡有三種 《老子》殘本（去掉重複，總數約占現在《老子》的三分之一），這下子可了不得，在戰國中期墓發現它，它至少寫成是在比

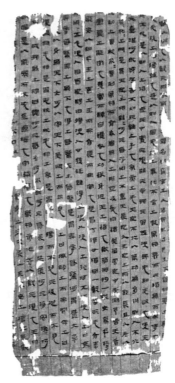

圖 8–2 ： 1970 年代長沙馬王堆出土西漢帛書本《老子》

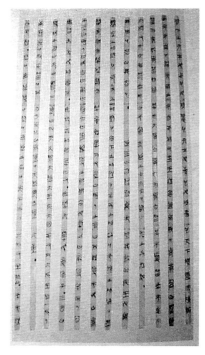

圖 8–3：1990 年代在荊門郭店這
個地方發現的竹簡，其中有西元
前 300 年左右抄寫的《老子》。

這早一些，按照古代的習慣，一本書從寫出來，到定型，
還得有一段時間，所以大家現在都相信，至少在戰國初就
有了《老子》這部書了。

三、不得不說的，和「不可說可不可說非常不
可說」

那麼，現在書歸正傳，老子的「道」，道家的「道」究
竟是什麼呢？

　　《老子》這部書第一章第一句話就說，「道可道，非常道」，意思就是說，「道」是不可以說的，可說出來的就不是道了。以前有個故事，說古代人避諱，五代時的宰相馮道讓手下人給他念《道德經》，這個手下人可尷尬了，既不能不念，又不能犯了馮道的「道」字，靈機一動，就只好把第一句念成「不可說（道）可不可說（可道），非常不可說（非常道）」。所以，「道」是不可說的，一說就可能錯。不過，現在我沒有辦法，在這裡還是得硬著頭皮跟大家說上一說這個「道」。

　　漢字有很強的連續性，它保持了創字時代的一些原始意思，所以很多古代的思想是可以通過文字分析來知道意思的，像「天」是「人之顛」，就是人頭上的星空，「本」是「木」下面有一點，表示是樹的根，所以，我們就知道討論古代的「天」的思想，要考慮頭上的天，而不能只考慮抽象意義上的「天」，討論「本」，也要考慮古人思考中關於樹有葉有根的涵義，不能只是抽象地談「本質」、「本體」。我們在分析「道」的時候，也試著把「道」字拆開來看。道字從「首」從「走」，這兩個字一個有「開始」、「起初」、「領頭」的意思，比如「元首」、「首先」、「首當其衝」、「首相」，它總有個原初、根本和基本的意思，一個是「行走」，所以和「運動」、「道路」等等有關，而「道」字還有一個意思，大家都知道，那就是說話，比如常常用的「說道」、「道情」，我們說，這三個意義剛好都與《老子》

的「道」有關。

所以過去哲學史書裡用「規律」來解釋道，也許可以，但太簡單，而且「規律」這個詞太多現代西方哲學意味。西方人的哲學，是「愛智」，它有特別的思路，層次清楚、概念明確，解決的問題也很清楚，比如「物」和「心」的位置、知識的獲得、邏輯的合理性、概念的內含外延等等。但是，古代中國人不同，學過古漢語的人都知道，在古代詞語裡面，常常包容著很豐富的歧義，不像後來人那樣條分縷析、概念講究精確，在所謂講哲學的方面尤其是這樣，如「氣」、「性」、「命」等等，像「氣」，就可以想像為飯氣，它和「精」字都有「米」字的意符，和生命有關呀，像「性」，就可以解釋為「有心靈的生命」，而其他的「生」就都只是「自然之生」，所以要了解古代思想中的關鍵字（詞），要有很多面向來考慮。

那麼，怎樣理解這個玄而又玄的「道」呢？

四、模稜三可：「道」的多重涵義

首先，「道」在《老子》那裡是一個「先天地生」、「可以為天下母」的本源（二十五章），它無形、無名，卻是一切有形有名的事物的起源和基礎，換句話說，就是宇宙還沒有的時候就有了「道」。由「道」而生出一切，就像現代大爆炸宇宙學理論，人們要問的一個疑問就是「大爆炸之

前的混沌，又是什麼？」古人和我們一樣呀，他雖然也相信「一生二，二生三」，或者像郭店楚簡《太一生水》講的那樣，但終歸要有一個來源，習慣於具體想像的人，沒法接受一個「無中生有」的解釋，所以，他一定要想像一個萬物萬象的總來源，哪怕是一個「無」，或者彷彿「無」的「道」，《老子》說：「道生一、一生二、二生三、三生萬物」，這個「道」是時間的起點，是空間的中心點，時間從「道」開始延伸，空間從「道」開始膨脹，時空由「道」開始走向無限，一切事物從「道」這裡產生。

其次，「道」也是萬事萬物產生、發展與消亡的必然道路。「道」不光指的是本源或起點，它不僅僅躲在起始站目送時空萬物離去，按照老子的想法，它還跟著時空、萬物一道，在冥冥之中指導著運行，用看不見摸不著的力量來操縱一切，就好像鐵路兩條軌，火車必須得依照這個「道」走，否則就會翻車出軌，現代的人說，道是「規律」，在這個意義上也對，但這只是其中一個意思。這個「道路」怎麼個行走呢？老子說，道就是返，「反者道之動」，「反」是「返回」，「動」是「運動」，老子說，一切事物的生長運作過程，就是「反本復初」，一切事物生了死，死了生，太陽東升西落又東升，晝夜交替，都是「返本復初」，從「無」到「有」，從「有」到「無」，這就是萬物必經之路，一切從「道」那裡出發，有了形有了名，也有了生死，最終，又回到無形無名的「道」的最初狀態，歸於消亡。這就是

「道」。

再次，道有說話和命名的意思，在老子那裡，「道」是一切的根源，是「無名無形」的，但從它那裡衍生的一切，則都是由它那裡給予名稱的，有了名稱，就有了事物，就不再是「無」而是「有」了，所以《老子》說：「無名，天地之始，有名，萬物之母」，也有人標點為「無，名天地之始，有，名萬物之母」，就是說，「道」是一種無名狀態，它是「無」，而「無」是「天地」的本源，這個時候，天地還沒有形成，也沒有形狀，也沒有名稱，所以它是無限，就像一個人，還沒有出生之前，他有無限可能性，包含著最豐富的未來可能，但是，一旦生出來有了名稱，他就只是一個他，是張三李四，就不可能是其他，有了規定性，後來禪宗的語錄裡有一句說「父母未生前，你的本來面目是什麼」，那個時候的本來面目，就是一個「無」，而「有」卻是在「無」中孕育命名的，所以，無名狀態是根本、是一切的可能，而它是對於一切的命名者，當天地形成以後，出在有名狀態，那就進入了有限的世界，所以說，「天下萬物生於有，有生於無」（四十章）。

五、虛玄的與實在的

這個「道」在老子看來實在太偉大了，但是，由於「道」很虛玄、很抽象，不能說，所以老子只能用象徵和

比喻來描述它。他說：「道沖，而用之或不盈，淵兮似萬物之宗」（四章），這一句的意思就是說：「道是虛空的，但作用卻不會窮盡，太深太玄了，那是萬物的宗主」（陳鼓應譯文，略有修改）。這當然太虛玄了，以前陳獨秀在《新青年》創刊號上就罵這種說法是籠統含糊。不過，這怪不得古人，這個「道」究竟是什麼呢？它什麼也不是，老子說，它「視之不見名曰夷，聽之不聞名曰希，搏之不得名曰微」（十四章），它只是一個「無」，要知道，這個「無」，並不是什麼也沒有的「無」，不是「一無所有」，而是暫時空曠，卻又如孕育著無限可能性的「無」。這道理很容易懂，我們通常形容一個空間體積大的東西，可以說它三丈高五丈長，可以說它像地球那麼大，可是要說一個最大最大的空間，我們就只好借用「無」，「無限」、「無量」、「無數」、「無比」，這個「道」的「無」就既是「無」，又是「無限」，就像前面我說的，一個人出生之前，雖然「無」，但擁有著無限可能性，沒有名字、性別、相貌，可他可能是這、是那，沒有確定性的狀態，擁有最大的自由，可是一旦出生命名，他就是張三或李四，是男或是女，是個什麼樣的人，也就固定了，也就只能是這樣一個人了。所以，這種「無」，就是最包孕的、最豐富的狀態，儘管它是「無」，但它是幽深不可測的，是朦朧恍惚的一種神祕的境界──用老子的話說，就是恍恍惚惚，其中卻有形象，朦朦朧朧，其中卻有實物，深遠晤昧，其中卻有精質，精質是真實的，其真實

可以信驗的「渾沌」（二十一章）。

思想追問的，常常是那些最形上的、最終極的東西，而且也是最原始的狀態。「道」據說就是知識最根本、最原初的狀態，老子是很有歷史意識的，有人說老子出於史官，也許有一定的道理。他覺得，歷史一步一步，建立了理性和知識，用語言來表達知識，通過語言來了解知識，可是也同時掩沒了自己的經驗和感覺，老子覺得這種知識史中有問題，人應當重新來認識自己。他追問，為什麼人要靠符號來認識宇宙和社會呢？這不是對「心靈」的蒙蔽嗎？同樣的問題是，社會在歷史中漸漸建立了道德、倫理和政治秩序，可是，這種外在於人的秩序，又不能完全控制欲望的力量，所以人一方面需要用這些東西來控制人欲，一方面又覺得這些東西真是沒有用，為什麼人越來越壞呢？所以，他對這種歷史中形成的道德、倫理和政治規則很反感，他對於當下社會的秩序、知識、道德等等，都不免有些輕蔑。

過去，哲學史和思想史常常要說，老子思想中有「反智」，就是對道德和知識的反感，比如他認為有了道德，反而使人道德更壞，有了知識，反而使人受到知識的愚弄，都不能從自己內在心靈中去體會真理和意義，但這是否真的是老子的本意？過去並沒有懷疑，因為一來從邏輯上說，重視根本的、超越的「道」，常常會對具體的、歷史的道德和知識很蔑視，二來從歷史上說，老子正好和儒家相反，

作為儒家的批評者，他一定會對儒家最看重的道德和理性產生懷疑和質疑，但是，因為 1990 年代郭店楚簡的發現，有人說，在郭店楚簡裡，最重要的「絕聖棄智」，不是「絕聖棄智」，而是「絕偽棄辯」，這一來就麻煩了，至今關於老子是否「反智」這一爭論還在沒完沒了地進行著。

六、同是道家：老子、莊子也不同

莊子是老子「道」的思想的繼承人之一，他也認為「道」是最了不起的，他說，道是真實的，有信驗的，但又是沒有行為和形狀的，可以用心體驗但不能以語言文字傳授，可以用心感悟而不能用眼看見，它自為本源與基礎，在沒有天地時就已經存在。不過，仔細看好像他和老子又不一樣，老子論「道」，既把「道」用於社會治理上，又把「道」用於個人生命的保養上，而莊子論「道」，好像更偏於人對社會的態度和人對自然的關係，更注重個人的精神自由。

為什麼這麼說呢？我們回頭來看看老子，我們發現，他講「道」講得好像很玄，但是他的著眼點卻很實。為什麼？

話分成兩處說。

首先，他的道理是針對個人的人生，特別是生存。《老子》十三章裡說，「何謂貴大患若身？吾所以有大患者，為

吾有身，及吾無身，吾有何患？」這意思是說，肉體的生命和欲望，給人帶了種種憂患和麻煩，怎麼辦呢？他並不叫人拋棄生命和欲望，像後來的佛教一樣叫人「出世」或「無生」，所有道家都有「貴生」「重命」的傳統傾向，他要人重視這一點，即一切困擾和麻煩都和自己這個身體，以及承負著生命與身體的生活有關，所以要小心翼翼地珍重這個生命的基礎，使它永遠健康，同時又不受困擾和戕害。那麼，如何保護生命使它處於良好狀態呢？老子要求人效法自然的「道」（人法地、地法天、天法道、道法自然），模擬「道」來生活，這就和孔子的感受一樣，「天何言哉」，可是四時流傳，永遠不停，「道」是「無」，所以人也應當恬淡無欲，保持「道」一樣的虛靜沖默。他說，執著於滿足，不如適時停止，鋒芒畢露，不能長久，金玉滿堂，無法守位，富貴而驕，自取災禍，所以應該「功成名遂身退，天之道」。同時他認為，貪圖五色，人就會瞎眼，貪戀五音，人就會耳聾，人只要有了貪欲嗜好，就會走向衰老死亡，要保持長久，就應該像「道」一樣回歸到「無」的狀態，像嬰兒一樣，嬰兒什麼也不想，所以有長久生命，人到中年，老年，一輩子在利祿場裡廝混耗盡了心力，就會死亡，所以要保持淡泊、無為。

其次，他的想法是針對政治的。他覺得世上爾虞我詐，兵戈相向，是因為社會太發展，太富足，分配不公平，世上犯罪人多，殘殺盜竊，是因為禁令太殘酷，太嚴厲，人

沒有自由，老子覺得只有按照「道」的方式，首先是少管無為，五十七章裡說，禁令太多，老百性不知所措，刑法太嚴，弄得人不自由，所以反而人會犯罪（壓抑太甚，反彈愈強），七十五章裡說，稅太多，老百姓沒法活就逃避和反抗，統治者欲望太多，老百姓滿足不了你，也會犯罪作亂（前面說的好像紅牌黃牌太多，中國人不會踢足球，後面一段說的好像是狗急跳牆，人急上房）。所以老子說：「民不畏死，奈何以死懼之」，最好是，第一，仿照「道」的狀態，無為，無事，不干涉，順其自然，中國的自然與西方的 "nature" 不同，是「自然而然」，五十七章裡就說，「我無為而民自化，我好靜而民自正，我無事而民自富，我無欲而民自樸」。第二是返本復初，像「道」一樣，回歸最初的本源狀態，即「雞犬之聲相聞，民至老死不相往來」的小國寡民時代，很多人批評說老子主張倒退，其實這不過是老子在自然、社會、人方面保持了邏輯思路的一以貫之，「道」是返來復初，政治也應該返本復初，人也應該返本復初，他認為這是保持永恆的方法。

七、無待：渾沌鑿七竅的故事

　　莊子似乎不太關心政治上的治理方法，也不太關心人身的養生修煉，但更注意作為「精神」的東西，也就是說，老子的「道」是抽象，但實際上著眼點很實在，但莊子好

像更關心精神的自由、心靈的超越等等問題。莊子也強調「道」的本源意義，但他強調「道」是自然與自由，《莊子》中第一篇也是最有影響的一篇〈逍遙遊〉裡說，大鵬一飛沖天，擊水三千里，扶搖直上九萬里，自北海飛，到南溟息，可是知了（蟬）和小鳩鳥（學鳩）卻嘲笑牠，覺得牠這是何必呢？我們飛來跳去，到樹上就歇，落到地下也就落，多好呢，可是，牠們怎麼能夠理解大鵬自由翱翔於天涯海角的自由自在，但莊子又說，大鵬飛還要憑羊角風，列子飛行也要憑風，真正的最惡境界還不是這種憑藉外力的境界，真正的超越境界是絕對的自由：「無待」，人生，老要達到真正自由，則要「無己」、「無功」、「無名」，因為人有了「自己」的想法，就要為自己考慮，有了「功德」，就會被功勞所累，有了「名氣」，就要被名氣束縛，人的自由境界，不僅不能靠「己」、「功」、「名」，而且恰恰要拋開這些，什麼都不依賴（待），這樣才能得到自由。這種「一無所有」的「無待」狀態，對於人的精神狀態來說，也就是「道」的境界，因為「道」即是「無」，人在「無」中才能自由自在，試想一旦落入多種「有」中，豈不磕磕絆絆，怎能得自由？

　　那麼，人怎樣才能達到「無」呢？莊子的回答首先是拋開知識和貪欲。

　　在《莊子・應帝王》裡有一個故事，說中央的帝王叫渾沌，本來好好的，可是南海之帝倏、北海之帝忽卻為了

給他做好事，給他鑿了七竅，結果渾沌反而死了。這就是有名的「渾沌鑿七竅」的故事——這個故事實際上是說，人若處在無知無欲，渾然不覺狀態裡，人是永恆而自由的，一旦人有了知識和欲望，反而就失去了永恆和自由的精神。

　　為什麼有了知識反而不好呢？《莊子‧徐无鬼》裡說，舜有知識，能做好事，結果很多人都來投奔他，在鄧這個地方集中了十萬多家，堯知道了，就讓他出來主事，結果搞得他年邁力衰還不得休息，這就是「勞形自役」，換句話說是自討苦吃，所以「真人」連螞蟻那點心智都要拋棄，這樣就可以像魚一樣自得其樂。在《莊子‧山木》裡又說，有一個大樹，枝葉繁茂，但是不成材，「無所可用」，伐木人看都不看一眼，結果它反而得「終其天年」。這兩個故事都是說「知識」有時反而是一個人的累贅，這就是〈人間世〉末句裡說的，山木是自招砍伐，膏火是自招煎熬，桂樹可以吃而遭伐，漆樹有用而遭割。

　　為什麼有貪欲就不好呢？貪欲是人人都有的，可是莊子認為，有了貪欲，就使人不能保持一種自然的心志，在〈天地〉一篇裡他講了一個故事，子貢看見一個人種田，打井取水，就問他，有機械在，可以一天灌溉百畦，「用力甚寡而見功多」，你為什麼不用？種田的人就說：有機械就有機事，有機事就有機心，一有了這種心思，心裡就不純，心裡不純，神性就不定，神性不能安定，就不符合「道」。一席話把子貢說得十分慚愧。同樣，有了貪欲，心裡就躁

動不安，躁動不安，就有可能去爭去搶去奪。可能就為此失去了單純自由的精神，甚至喪失了生命。

八、蝴蝶、骷髏與烏龜

那麼怎麼才是真正「道」的自由境界呢？莊子認為是「無心」，對政治也好，對功名利祿也好，對生死也好，都應該採取「無心」的自然態度，他覺得小人為利而死，士大夫為名而亡，連聖人為天下犧牲，都是一種可惡的現象（〈駢拇〉），所以在〈讓王〉裡歎息「今世俗之君子，多危身棄生以殉物，豈不悲哉」。「物」是指的有形世界，他覺得「心」的精神世界才是最可貴的，而「物」的有形世界是「心」的累贅，要達到精神上的自由和自然，就不能依靠外在的名利、權力，也不能依戀心中的感情、欲望，一切都任其然，這就叫「安時而順處」。比如說生死，這是人最關心的事，誰都在為這事苦惱，生了孩子高興，死了人悲哀，可是莊子卻不是這樣，他覺得生與死很平常。著名的「莊周夢蝴蝶」和「莊周妻死鼓盆而歌」的故事就是講的這種「達觀」態度和「無心」境界，又比如說功名利祿，這也是人最關心的事，人為了功名利祿爭來奪去，不惜一切，可是莊子卻覺得這一切都是致人心淆亂、人生悲哀的東西，〈秋水〉一篇裡記載，楚王讓兩個大夫來找他，請他管理政事，就是當總理、宰相，可他說，聽說楚有神龜，

已死了三千年，被供在廟堂上祭祀，受到珍重，可是你若是龜，你願意做死龜被尊崇呢？還是願意做在泥裡爬的活龜呢？兩大夫說當然願意做泥裡爬的活龜，於是莊子就說：「那你們走吧，我願意做在泥裡拖著尾巴的活龜。」在〈至樂〉一篇裡，莊子又寫了一個寓言，說他遇見一個骷髏，他問骷髏：「你怎麼這麼可憐，你究竟為什麼會到這個地步？」夜裡骷髏跟他託夢說：「我雖然死了，但上無君管，下不管臣，沒有四時辛勞，自由自在，即使是當天子也沒我快樂。」莊子不信，就試探說：「我可以讓你復活成人，你願意不願意？」骷髏皺著眉頭說：「我怎麼能放棄我的這種快樂而又去遭受人間的辛苦呢？」

圖 8-4：南朝墓室磚畫〈竹林七賢〉

很多人都覺得莊子是在批判人間的黑暗，其實不全對，莊子更注重的是人在種種繩索捆綁、種種欲望衝擊的現世怎樣保持個人的精神自由，如果人能夠對政治、生死、利祿「無心」，那麼你不會為得失、福禍、死生等等而煩惱。人就在內心中自由了。

九、無心是道：心齋與坐忘

自由是心中的自由，追求這種心中的自由，莊子覺得需要「無心」，什麼是「無心」？就是一切不繫掛在心上，這在莊子那裡，也叫做「心齋」，好像心靈處在一種平靜和淡泊的狀態中，沒有激動，沒有憤怒，沒有貪婪，富貴如浮雲，於我何所有哉？這種境界，又叫做「坐忘」的境界，莊子覺得這是體驗宇宙人生之「道」的唯一途徑。

按照莊子的說法，知識有很多，技藝也有不少，但是，這些都只能解決具體的有形的問題，用我們現在的話說，他只能達到「謀生」的水平，只能成為一個「工匠」，為什麼？因為他達不到自由和超越的境界，被那些具體的、枝節的、低下的東西束縛了，鼠目寸光嘛，以前老話講，井底之蛙，見天就不大，所以他只能懂得「技」，而最高級的「道」，卻不是工匠式的知識技藝能領悟的，只能靠一種自然而然的、心靈虛靜的境界才能領悟，這種「道」不是知識可以描述可以了解的，說得玄一點兒，那是一種心與天

的溝通，心要溝通宇宙，必須首先虛靜（心齋）、空明，只有達到「無心」——「坐忘」——才能悟到「道」，說得具體一點兒，就像傳統中國人講彈琴，你不能 GDAE 死記指法，要「一把無弦琴」，心忘手，手忘琴，也像人講下棋，如果只會死背定式，跟著人走，永遠不能成為超一流，要有感覺，又比如書畫，大書畫家豈是死記肩架結構，筆墨濃淡的？就連武俠小說裡面講武功的境界，也得是無招勝有招，金庸小說《倚天屠龍記》裡面講張三丰教張無忌太極劍法，就是要忘記具體的招法而領會劍法的意境，所以這就叫「琴道」、「棋道」、「書道」、「劍道」，一講「道」，就入了道家的彀中了，莊子就曾講過很多寓言故事來說明這一點，如果你有興趣，可以看他的「老者承蜩」、「庖丁解牛」、「郢匠運斤」等故事，說的都是這個「無心是道」的意思，他讓人去追求個人的精神自由、個人的真實存在，後來中國文人士大夫受他影響，總是期望在人生上有一種瀟灑、超脫的境界，他們覺得，這才是宇宙與個人共有的終極意義「道」。

　　真是這樣嗎？

第九回

永生，如何永生？——
話說古代中國的道教（上）

引子：這是「中國的」宗教

講過了道家，接下來就要講道教。

我們都知道，古代中國曾經有過各種各樣的宗教，比如什麼佛教、摩尼教、祆教、景教、天主教、伊斯蘭教等等，但是，這偌多的宗教中，只有道教是唯一在中國土生土長的宗教，說它「土生土長」，是因為它的資源都來自中國本土的思想、知識和技術，出身很純。

可能有人會問，它就是道家吧？他們不是都崇拜「道」，都相信老子嗎？問這個問題並不奇怪，西方人也是一樣，他們用一個 Taoism 就既指道家，也指道教，常常覺得道教就是從道家那裡「生長」出來的。可是，這裡我還得再重複說一遍，儘管道家與道教有一定關係，但兩者畢竟不同。道家可以說是一種思想學說，道教卻是一種宗教信仰。如果說，思想關心的、討論的是人的智慧，這些學說是可以檢驗和反駁的，它的道理是可以相信接受但又不

能直接付諸實用的，那麼，宗教關心的是人靈魂與生命，它是一種信仰。據說，西方有一種說法，要問什麼是宗教？宗教就是對信仰的理解。先信仰，再理解，不是先理解，再信仰。而且，宗教還要真的來解決每個信仰者的具體的生命與生活問題，信仰者最關心的是什麼呢？一是生死，二是活著的時候過得好，而道教它承諾的就是永生和幸福。

有趣的是，法國和日本各有一本很有名的研究道教的書，不約而同用的書名，就是「永生的追求」。

一、從秦漢到明清：兩千年道教簡史

關於道教的起源可能要追溯到很遠很遠，先秦兩漢時代，有各種各樣的巫師方士，他們有各種技術，也有各種想像的神話傳說，像什麼求雨禱旱，什麼煉銅成金，什麼服氣成仙，什麼海外幻想的神山仙島，什麼預測吉凶的占卜技術，當然也包括種種天文地理知識，這些知識、傳說、觀念和技術在後來統統影響到了道教。

到了漢代，仍然活躍著很多這種方士、巫師，他們在朝野吸引著各種信徒，從東漢末年的太平道、五斗米道開始，這種方士開始有了組織團體，有了自己的理論、儀式和方法（符水治病、二十四治、天師、祭酒、鬼卒），進入魏晉時代，這種宗教形式漸漸成熟，天師道也就是原來在四川和漢中一帶的五斗米道，隨著曹操遷到華北，又隨著

晉代北方的大亂，流轉到了江南。東晉以後，一連出了好
幾個了不起的道士，南方的葛洪、陸修靜、陶弘景，北方
的寇謙之，漸漸把道教組織整合起來，得到上層的信任，
所以，天師道就在南北都傳開了。

　　這時，天師道在南北方形成各種不同風格的道教流派，
編製出了很多道教早期經典，有的推崇上清經典，這些經
典據說都是「降唆」的，像現在扶乩寫字一樣，是神仙降
臨的時候寫出來的，像《真誥》裡面收錄的就是這些東西，
傳說西晉的大司徒魏舒的女兒魏華存，也就是南嶽魏夫人，
是一個重要的傳人，她有仙人降授的經典，像《黃庭經》、
《上清經》等等，她自己又有一些經典傳下來，後來由句
容茅山的楊羲寫下來，又傳給許邁和許謐兄弟，許氏兄弟
又傳給許謐的兒子和孫子，於是就形成茅山為中心的一支。
還有一支呢？則重視靈寶經一系的經典，大約和葛洪一系
有些關係，本來葛氏就是江南的道教，從葛洪的先輩葛玄
即葛仙公以後，一直在南方流傳，到了葛洪以後的葛巢甫，
就繼續炮製了一些叫做「靈寶經」的文字，傳了開來，於
是成了南方新的道教系統，這一系統和上清系統有些不同，
上清比較重視思神存想，靈寶比較擅長祈禳的儀式。到了
南朝梁代的大道士陶弘景，把各派的長處都學了，而且還
學了一些佛教的東西，這種風氣到了唐代更加濃重，道教
各派又互相混融，派系之間的界限已經很不清楚了，其中，
上清的存想思神方法和靈寶的齋醮儀式很盛行，上清漸漸

占了思想方面的主導地位，不過儀式方面卻由靈寶為主，而劾治召考的那些東西，大家還是沿襲著天師道以前的傳統。到了宋元時期，吸收佛教的影響，北方新興起了性命雙修、講究出家、設置叢林的全真道，而南方擅長符籙的正一派仍然十分興盛，終於形成了一直延續到現在的全真和正一兩大系統的道教格局。

總之，道教起源很早，形成期很長，在中國文化土壤中滾了很久很久，吸納了很多古代中國的知識、思想、技術和各種各樣的傳說、神話，還從佛教那裡學了很多宗教性的內容，像建造像、立廟宇、設儀範等等，漸漸形成了這個中國自己的宗教，這就是道教的大體的歷史。兩千年來，道教雖然沒有佛教那麼興盛，但是在民間生活世界裡面，影響卻不比佛教差。我注意到一點，現在，東西方很多研究道教的學者都同意一個看法，就是最深刻地表現中國社會生活傳統一面的，而且最本質的反映了古代中國的人性觀念的，可能不是儒家，也不是佛教，而是道教。為什麼？因為道教這個宗教的全部理想，就是對永恆生命和幸福生活的追求，這是很本質的。

那麼，道教是怎樣追求永生和幸福的呢？為什麼中國人會相信、信仰這個宗教，並且期待這個宗教給他帶來永生和幸福呢？下面我們一一說來。

二、九轉還丹：為永生的煉丹術

我們先講道教的煉丹術。

《西遊記》裡說到，孫悟空被二郎神捉住，讓太上老君放在煉丹爐裡，因為他在天庭當齊天大聖的時候，像吃炒豆一樣，偷吃了老君一鼎爐辛辛苦苦煉的九轉還丹，所以，老君想把這個渾身都滲透了丹藥的猴子當原料，重新煉成還丹。那麼，什麼是九轉還丹呢？就是經過反覆煉製，吃了可以永生不死的丹藥。古代中國千百年裡，道士一直在想方設法地煉丹，在過去，煉丹也叫煉外丹，因為這種追求長生的方法，和「內丹」就是靠自身內在的煉氣養生的方法不同，它主要是依靠製造和服食外在藥物來保持生命，所以叫做「外丹」。保持生命，和神仙一樣永遠不死，這就是道教最重要的理想。

螻蟻尚且貪生，人也當然惜命。重視生命的傳統，在古代中國一直有，像先秦兩漢的時候，黃帝之學中講究「貴生」，楊朱之學中講究「為我」，戰國的《行氣玉佩》上面講煉氣，《莊子》裡面也提到熊經鳥伸、吹呴呼吸。在那個時候，還流傳著海上三神山有不死仙人、不死仙藥的故事，引得秦皇漢武都想去尋找。特別是古代中國人都有這樣的觀念，人一死不能復生，所以對生命看得格外寶貴。怎麼樣延長生命，成了大家都關心的事情。兩千多年以前，中

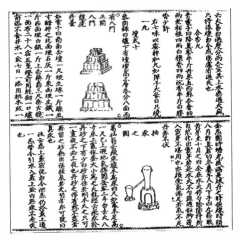

圖 9–1：《道藏》中關於煉丹鼎爐和安放鼎
爐的方式的記載

國就流行著各種方術，馬王堆出土的帛畫中就有〈導引
圖〉，畫了很多人形，像現代人做體操時的動作分解圖一
樣，有熊經、鳥伸之類，後來傳說華佗的五禽戲，其實很
早就有；還有的人相信有仙藥仙草，也有的人相信有神鬼
的護佑，所以常常有海外傳說，有真的出海入山求仙的事
情。其中，有的人還相信，人可以借用外在堅固的物質使
自己也同樣堅固，就好像借了鋼筋為水泥建築加固一樣，
這不僅使人們開始煉各種不死丹藥，而且想像可以攫取天
地人精華為自己補充生命力，就好像吃人參果或人形何首
烏一樣。《楚辭》裡說，「餐六氣」，醫方裡說，「飯赤子之
精」，房中書裡更說，「補腦還精」，傳說裡更是說要去尋找
各種不死之草，在長期的整合中，人們漸漸形成了一種理

念，就是「人是可能像神仙一樣不死的」。

　　怎麼樣不死？就要學仙人，道教就是從叫人學仙開始的，所以它也叫「仙學」。因為道教不光是解決人生的具體問題，還要解決人生的終極歸宿問題。如果說，佛教更重視精神超越，那麼，道教則更注重肉身昇華，道教認為，人生最終的目標，最高的理想境界是成仙，而成仙不但要信仰，而且要一套技術，道教的外丹、內丹，就是這樣的技術，它是比儀式方法更為重要的，能使人超越現世，達到成仙目的的途徑。

三、憑什麼相信外丹能給你永恆？

　　所謂「外丹」，就是通常所說的煉丹術，為什麼能讓人相信，它可以幫助人長生呢？

　　其實，古人煉丹最初可能是煉金，追求財富也是人類的一種天性，這種技術一直到明清還有，三言二拍裡面有過煉假金的道士，《儒林外史》裡面也講西湖邊上有騙人煉金的道士。從漢代起，煉金術中一支漸漸轉成了煉丹術，追求生命永恆也是一種天性。不過，從煉金到煉丹，從單純地想像化學性質的轉變，到相信它可以輔助生命，其中要有一些特殊的想法支持。

　　什麼特殊的想法？很多學者在研究裡面都感到，中國古代有一種相當特別的思想，就是相信同類之間有一些很

特別的互相感應，而這個「同類」不是金屬、非金屬、生物、非生物這樣現代的分「類」，而是陰陽五行八卦十二宮二十八宿等等在感覺基礎上的「類似」，所以，有天人感應之外，還有物類相感，就是說，除了天與人能夠互相感應之外，現代人看來互相不同類的東西，也可以在多種類似點上互相滲透和溝通，比如木和東方、青色、酸味等等都對應。那麼，金呢？古人認為它是陽性的、不怕火煉的，性質穩定、永恆存在的東西。而汞（水銀、朱砂）呢？則是陰性的、能夠不斷循環的金屬，《抱朴子‧金丹》就說「丹砂燒之成水銀，積變又還成丹砂」。於是，人們就想，如果能夠通過服食它吸收它的性質，是否也會獲得和它們一樣堅固、不朽、永恆、循環的生命？

　　這種想法，你仔細想想在中國是很普遍的，這就和中醫裡對一些藥的想像一樣，比如中醫通過龜長壽、茯苓在長青的松樹下、人形何首烏像人、人參果像童子，就會想像它們都可以提供長壽、生命力與時間，這和現代人還相信的「吃腦補腦、吃肝補肝」一樣，其實不見得有效，比如吃豬腦，是不是也會變得像豬一樣聰明或者愚蠢呀？這方法不一定可靠，可是古人相信。被稱為「萬古丹經王」的《周易參同契》上篇裡面，有一段話很重要，說是——

　　　　金性不敗朽，故為萬物寶，術士服食之，壽命得長久。

可是，道教說，我們普通人平常吃的東西，主要是米飯、蔬菜，有了病也只是吃草藥，像人參、當歸、三七、柴胡、黃連、枸杞等等，可是，仙人平常吃的，是交梨、火棗、胡麻，而在生命的修煉上呢？他們服食的又是丹砂等等，比我們就高明了。葛洪在《抱朴子·仙藥》篇中，總結了漢魏時代祕傳的種種仙藥，據說，「仙藥之上者」為丹砂，然後依次為黃金、白銀、諸芝、五玉、雲母、明珠、雄黃、太乙禹餘糧、石中黃子、石桂、石英、石腦、石硫黃、石飴、曾青，再然後依次為松柏脂、茯苓、地黃、麥門冬、木巨勝、重樓、黃連、石葦、楮實、象柴、天門冬等等。你可以看到，最上等的十幾類都是礦石藥，然後才是植物藥。為什麼？葛洪說，一般草木之藥不行，因為草木一燒即成灰，可丹砂、黃金卻不然，它們都是相當穩定的或者循環的物質，所以吃了它們，人也可以獲得它們的性質，就是永恆和長生，這就叫用異類物質來幫助人類肉體生命得到堅固，這叫做「假求於外物以自堅固」。

四、經歷九轉方成丹：丹爐與丹藥的炮製原理

當然，黃金和丹砂並不能直接成為長生藥，第一，這種煉丹過程是一門宗教壟斷的神祕技術，不能像人人都會的常識，甚至也不能像中醫那樣可以公開的技術，道士把它神祕化，就使想長生的人不能不信仰道教；第二，用黃

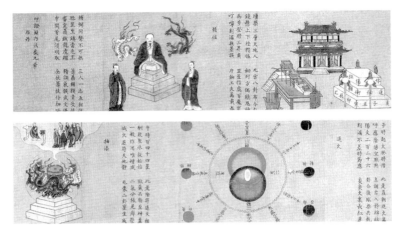

圖 9–2：北京白雲觀所藏清代〈祕傳煉丹圖〉，需要注意的是，在這幅圖中，內丹和外丹的界限有些分不清楚，看上去像是煉丹，但是很多地方讓人覺得是講身體內部的氣的運行。

金、丹砂來合長生藥，理論上，還要經過陰陽調和，據古人說，黃金是「日之精」，「積太陽之氣薰蒸而成，性大熱，有大毒」，而丹砂又是陰之精，也有大毒，所以要用一些方法，配一些原料，比如鉛（黑金，屬北方水）、硝石（秋石）、雄黃等等，經過配置和煉製，來克制它的毒性和異性，比如《太清石壁記》裡說的，「水銀有毒，鉛配太陰，終不獨行，行必為偶，若無制伏，二毒難消」，這道理和中醫裡用藥的「君、臣、佐、使」是一樣的，就是經過多次的調理炮製，使它成為適合人服用的「還丹」。

　　外丹之所以能長生，在道士那裡還有一種思維上的依據。他們煉丹時，除了配方祕術之外，還有其他一些鼎爐和煉製中的規定，據《大洞煉真寶經九還金丹妙訣》的一

種說法，他們的鼎爐分三層，分別是對應天、地、人三才，三層中象徵天的上層又要開九竅，象徵天上的九星，中間象徵人的一層要開十二門，象徵十二辰，而且門門要有扇，而下層象徵地，又要開八達，象徵大地上有八風。鼎爐每層又分四象（青龍白虎朱雀玄武）、五行、八方（八卦）、

圖 9–3：道教煉丹爐

十二月、二十八宿。也就是依照宇宙而建的，丹藥在這個小宇宙裡模擬宇宙生成過程燒煉，燒煉的火候，也很有象徵性，要象徵陰陽二十四氣、七十二候等等。古人認為，這樣，藥物在裡面的反應，就等於是在宇宙中化合，當它隨著宇宙運轉一周，丹藥就具備了宇宙的永恆性質。據說，鼎爐作為宇宙象徵，鼎爐中的一個時辰，即人間一年，煉丹九九八十一天，就幾乎相當於人間千年，金丹有千年之煉，人吃了這種千年煉萬年煉的天地宇宙精華，當然就能長生不死了。你看《西遊記》中關於兜率天宮太上老君的煉丹爐的想像，大概就知道普通人想像中的金丹是何等的靈驗了。

關於外丹的書不是很多，像化學出身的陳國符先生當年寫的《道藏源流考》和後來出版的《續考》，是很重要的著作，而最清楚也是最深入的研究，要看李約瑟和何丙郁

的論文和他們所寫的《中國科學技術史》的化學卷，同時也可以看美國學者席文 (Nathan Siven) 的《伏煉試探》 英文本，「伏煉」就是煉丹。煉丹術的書，不太容易懂，一是需要化學知識，二是道教煉丹的書，常常用一些象徵和神祕的名詞來包裝，包括原料、火候等等，都有特別的名稱，所以還要有一本詞典，唐代就有《石藥爾雅》一類的書，現在又有現代人的解釋書了。

　　兩千年的歷史裡面，古代的道士就是這樣，在兩千年裡一直煉呀煉呀，從魏晉以後，到唐宋，到明清，一直在延續。他們煉丹，一般在山裡面的靜室，要建壇，要在壇的四周設計很多象徵性的東西，而且需要準備很多原料，沒有金錢也是不能來煉丹的，所以唐朝的詩人盧照鄰要寫文章向人討藥值。可是，很多人吃了丹藥會喪失生命，因為那裡面有興奮劑，有致幻的成分，也有一些本來就是金屬，就是毒藥，像砷就是砒霜啦，所以，像唐朝的唐憲宗、唐穆宗、明代的明世宗就是嘉靖皇帝，還有清代的雍正皇帝，據說都是死在這種仙藥上面的。不過，道士也從煉丹裡面發現了很多種有效的藥，今天中醫裡的很多藥叫「丸」、「丹」，就是他們的功勞。當然，還有很多化學上的發現，比如類固醇（激素），據說就是唐代的道士在提煉小兒尿時發現的，而銅、銀變「假金」的技術，也是他們發現的。人的兩大欲望，就是發財、長生，在煉丹術裡，這兩個欲望都很顯著地表現著。

五、內丹：古代中國思想世界的產物

　　接著我們來講「內丹」，內丹就是我們很熟悉的「氣功」、「養生術」，不過，要注意的是，它和純粹的氣功並不一樣，它不僅僅是一種保健長壽的方法，在道教的觀念系統裡面，它應當是一種使人長生不死的仙術。

　　「內丹」這個名稱起源很晚，大約是在隋唐之間吧。在漢魏時代甚至更早，古代中國的養生術，主要包括三方面，一是辟穀食氣，二是引挽健體，三是房中技術，具體的方法呢，這裡我不多講。這裡主要講這些來源很早的養生術，為什麼人相信它能養生甚至成仙，它的基本理論基礎是什麼？現在很多人都對養生、對氣功感興趣，我在各個地方講課，一講到禪道，就有人讓我講內丹，而且最好講得「現代一點」，好讓大家明白。可是，這實在很難講，之所以如此，是因為「氣」是很虛玄的，在中國人的思想裡面，這種「氣」是要靠自己向內體驗才能感受到的。特別是道教，它還有一個字「炁」來表示先天的元氣，但是什麼是先天的元氣呢？就是父母生你的時候，稟天地之氣，通過父精母血，傳到你身上的，用道教的話說，人生下來有三百八十四銖氣，六十歲就只剩下七十二銖，這又是怎麼算出來的？不知道。

　　所以，氣功，道教的內丹，以及中醫，它屬於古代中

國思維世界，可是，現在中國的語言和概念，是受到西方科學影響的，現代的我們習慣用「概念—判斷—推理—分析—歸納」等一套形式邏輯，這就好比是電視，裡面如果是一個黑白顯像管，信號顯示的是黑白圖像，如果是彩色顯像管，過濾的就是彩色圖像。所以，用我們現在的概念去解釋古代的思想，當然會比較麻煩，好像成語說的，是圓枘方鑿，格格不入。比如 1980 年代的時候，有人希望用「場」的理論，用紅外輻射、靜電、磁波、次聲波，用「物質、能量、信息三者有機綜合」來解釋「氣」，聽了你都不一定懂。有人說，中國的養生術「神祕」，其實，「神祕」，就是因為古人的想法和我們不同，我們用平時習慣了的邏輯去理解它行不通，於是我們便覺得奇特、神祕，就好比一個外星世界一樣。

六、氣：內丹的根本道理

　　言歸正傳，「內丹」這個名稱起源較晚，辟穀、食氣、導引，這類名稱起源較早。中國古代人，把世界分成「大宇宙」也就是天地，和「小宇宙」也就是人的身體，他們覺得，這兩者是相通的。因為後來道教中人認為，「外丹」能使人成仙是因為鼎爐模仿了宇宙，黃金丹砂又是不朽之寶，不朽之寶在小宇宙裡長時間煉製可以成為仙藥。那麼，人體也是一個小宇宙，氣則是人生命的本源，氣在身體內

的積存和運行，也就像天地之間的「氣」的周而復始一樣，也能使人成仙長生，所以它也是煉丹，所以把它叫「內丹」。

這裡面有一個基本的設想。道教認為，人是由父精母血稟受天地陰陽二氣而成的，「氣」（也叫「炁」）是人生命的根本。古代中國人想像，在嬰兒甚至胞胎狀態中，人的氣是周流循環於全身的，而且那時候是「先天的元氣」，根本不用鼻呼吸。可是人一生下來之後，呼吸上面到鼻，下面最多只到尾閭，所以「氣」不能流貫於全身，所以《莊子》說「眾人之息以喉」。而且，他們覺得，人在世上有了欲望，有了欲望就氣粗心燥，氣粗心燥就耗費原有的「元氣」，僅僅靠口鼻吸氣來補充，畢竟是《老子》所說的「動而愈出」。人的元氣有了虧損，那些情欲耗費著人的精氣神，五穀雜糧葷腥又據了人體，使新鮮的「氣」補不進來。久而久之，就把生命力漸漸消耗掉了。

正是根據這樣的想法，除了藥物補充後來成為外丹術之外，古代一直有很多養生的技術，前面我們講它包括三大類：一是食氣，二是引挽健體，三是房中。

其中「食氣」，就是用自己的意念引導吸進來的「炁」，在身體中運行，使全身的氣脈流動和貫通。這在古代是很早就有的，很多年以前發現的戰國時《行氣玉佩》，近年來發現的張家山漢簡《引書》，就講的是這方面的知識。在古代人看來，由於自己有消耗，所以要補充，補充的方法之

一，就是食氣，氣又分清濁，先天元氣也就是生命要素的
那種「炁」，是沒有汙染的清氣，為了能服食到清氣，就要
清潔身體，防止汙濁，所以要「辟穀」，因為食物也是濁的
東西呀，而食氣最好是凌晨的元氣，「吐故納新」的意思就
是說，吸進新的，吐掉舊的，吸進清的，吐掉濁的。所以，
至今還是這樣，北京香山的早晨，為什麼有這麼多人去，
就是這個觀念，覺得早上的空氣是新的清的，葷和素、濁
和清的觀念，在中國人的感覺世界中常常是可以憑感覺理
解的。所謂「引挽健體」，就是體操鍛鍊，這來源也很早，
《老子》有「專氣致柔」，《莊子》裡面有「熊經鳥伸」，這
大概都是講「引」，在漢代墓，就是馬王堆漢墓發現的〈導
引圖〉，一直到華佗的五禽戲，就是這一方法。至於「房
中」，可能來源也是很早的，馬王堆漢代帛書的《合陰陽》、
《十問》、《養生方》，就是講如何通過男女性生活，得到生

圖 9–4：馬王堆出土漢代帛書〈導引圖〉

命和身體的保健的，甚至還有人把它說成是一種成為神仙的途徑，後來道教中就有黃書合氣，就是用「黃赤之術」來求得神仙。這是當時很流行也是很重要的知識，那個時代的人不像現在人那種道德和倫理意識，可能在唐以前，這種知識還是公開的，所以日本人從中國抄的古書中，就有很多這方面的記載，不公開流行他怎麼能抄到呢？你看《醫心方・素女經》就知道了，那時這種文字很多也很公開。像署名白行簡，就是白居易的兄弟寫的〈天地陰陽交歡大樂賦〉，就是讚美這種事情的，只是到了後來，道德普遍化以後，男女禁忌漸漸嚴了起來，它就邊緣化，成了不能公開提起的「採陰補陽」之術。

七、內丹的基本方法

回到道教內丹本身的話題來。應該說，道教的內丹功夫就是建立在這種思想上的，煉內丹的要求，概括起來並不複雜。

首先，要求人保持身心兩方面的虛空和潔淨，這一點又回到道家思想上去了，心要靜，心靜才能保持元氣不動不耗，體要淨，體淨才能排盡濁氣換清氣，所以道教要求人排除各種世俗的雜念，不食葷腥五辛甚至少吃五穀食糧，以保持心理上的恬靜平和，生理上的潔淨無垢。

其次，以意念控制呼吸（腹式呼吸），雙目微閉，含光

內視，眼觀鼻，鼻觀心，心存丹田，舌抵上顎（舌反捲以舌底頂住上顎的兩個漏氣孔——天池穴），丹田在道教看來是最重要的大倉庫，「元氣」的基地，所以又叫「氣海」，每夜子時吸取天地新生之氣，二吸一呼，以多吸多存元氣，按照道教的說法，要服食五方精氣，而且還得想像東南西北中、青赤白黑黃，合著五行的推衍變化。這時，要做到無欲無念狀態，同時一呼則呼出濁氣，這叫「吐故納新」。在吐納的同時，還要有一些輔助的活動，像服元和就是吞漱唾液，握固就是手握如拳，叩齒即上下牙互擊，有時還要有按摩、梳頭、撞天鐘即以手指叩擊頭兩側。

再次，吸入丹田的「氣」要在體內緩緩運行全身，道教假設人心頭有「火」，用《易》裡面的「離」象徵，假設人的腎裡面有「水」，用《易》裡面的「坎」來標誌，這「氣」呢？就是引導這陰陽水火互相交互平衡，同時，還要把人體內部的濁氣漸漸排出去，把吸收的清氣即元氣一點一點聚集在自己的丹田

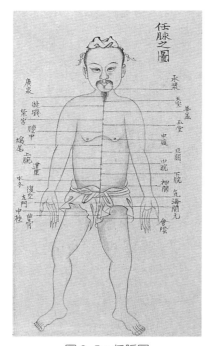

圖 9-5：任脈圖

裡，所以要引導氣周遊全身，《莊子》說：「真人之息以
踵」，就是說真人的氣要運行到腳後跟，但最重要的是打通
任督二脈，就是先將氣以意念引導，緩緩下行，通過會陰，
沿督脈而上。大家看小說常常會看到這兩個詞，任脈是胸
前大脈，督脈是脊後大脈，打通了任督二脈，即打通了「小
周天」，「氣」在小周天裡運行一周，就好像在宇宙裡周流
一圈一樣，成為「先天元氣」可以存入身中，如果更高一
級，則上通「重樓十二環」，達到上丹田（人腦門正中），
再緩緩下至中丹田（心門），這樣又打通了「大周天」。這
時的「元氣」就更高更有生命力了。「氣」在體內流轉，即

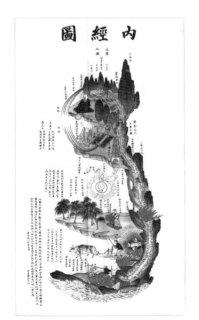

圖 9-6：〈內經圖〉

圖 9-7：〈體象陰陽升降圖〉

使周身血脈氣脈貫通，血脈氣脈貫通，人就長生了。道教常常把這種氣通行的過程看成是追求神仙的天路歷程，所以有不少圖畫，都把這種氣在身體中的運行，想像成登昆侖尋仙。像這幅〈體象陰陽升降圖〉和〈內經圖〉就是這類想像。

最後，人習慣了這種吐納功夫，始終用丹田呼吸。氣脈周流不息，達到渾然不覺狀態，人就達到了心定神清、無念無欲、綿綿不絕的狀態，這時存在丹田的元氣和精神打成一片，成了道教所謂的「金丹」、「九轉還丹」，人就與神仙一樣，「其息深深」了。——道教把「內丹」也看作煉丹，而且把「氣」的運行和八卦聯繫在一起，他們說，心是火，屬「離」（一），性好動，腎是水，屬「坎」（--），性好靜，在「氣」的周流中，它們互相在丹田中交融，達到「坎離交濟」式的平衡，然後腎水上升到心田，心火下降到腎府，這樣，人就陰陽平衡，百病不侵了。

要說起道教內丹，也要提醒各位，道教關於內丹的書雖然很多，但是因為內丹不像醫書，它不是一種公開的知識，而是一種神祕的技術，它追求的不是健康，而是成仙不死，所以，這些道教內丹之書，常常很難懂，一方面，它總是用神祕的隱語和專門的名詞，像用外丹的「鉛」、「汞」，用《易經》裡面的「坎」、「離」，用傳統數術中的「白虎」、「青龍」，用化了名的隱語如「姹女」、「黃花」、「白雪」等等，另一方面，可能有很多關鍵的地方，需要

師門的傳授，所以道教裡面常常有所謂「要訣」，沒有師授，常常是不行的，這才能保證這一門知識的壟斷和神祕。

八、永生的追求

這就是道教追求永生的方法和技術。道教追求幸福的方法和技術，在下面介紹神譜、道教儀式和方法時再說。所謂永恆或永生，實在是一個很古老的又是一直使人焦慮的問題。什麼可以永恆？在古代人看來，江河湖泊、山川大地、日月星辰，那些永遠在那裡的東西是永恆的，可是和它一比，人就很短暫，所以人生很可悲，古人說「對酒當歌，人生幾何，譬如朝露，去日苦多」，所以特別希望長生，特別是在佛教「輪迴」的觀念還沒有生根，「輪迴」的事實沒有得到確證的情況下，人會覺得，一死就告別了世界，多麼悲慘呀！所以想方設法追求永生，道教正好就對準了這一焦慮和煩惱，這是道教能夠存在和興盛的原因之一。在古代中國，儒家關心的是社會和秩序，「未知生，焉知死」，他們覺得人一生可以立德、立言、立名，就已經完成了生命的價值，所以並不關心生死的問題。佛教講究超越，把人生看成是苦難的，所以要求人對生死看得不那麼重，在這種哲理和觀念層次上，它可以解脫生死。但是只有道教，它把人生看成是美好的，把人生的樂趣定在享受和歡樂上面，所以它才有這樣的外丹和內丹。

　　在外丹和內丹，尤其是內丹中，我們可以看到，道教除了依靠幻想與神溝通的一面之外，還有依靠體驗，感受自身的一面，那種「意念」和「氣脈」不是那麼容易掌握的，只能在極靜的外部條件和極淨的內部條件中才能感受和把握，在這一點上，道教和道家是一致的，他們也認為「心齋」、「坐忘」狀態，是最佳的與「道」合一的心理狀態，他們也認為「無心」狀態是達到和體驗「道」的唯一途徑。所以在道教裡面，道家哲理也一直是正宗的理論，當士大夫進入道教時，常常就把老莊的思想和道教的思想混在一道，他們領受的，是主靜的體驗和感受一路，和老百姓依靠人神溝通來拯救現世問題的幻想和迷狂不同。

第十回

幸福，如何幸福？——
話說古代中國的道教（下）

引子：神靈佑我得平安

　　接著上次的題目，我們繼續討論道教。

　　《西遊記》第二回記載，美猴王渡海向菩提祖師學法，菩提祖師雖然名為佛教「菩提」，事實上卻是教授道教法術的道士，他曾問美猴王，是要學「術」（請仙扶鸞，問卜撰蓍，能知趨吉避凶之理）、「流」（諸子百家，誦經念佛）、「靜」（休糧守谷，清靜無為，參禪打坐，戒語揀齋，或睡功，或立功，並入定坐關），還是「動」（採陰補陽，攀弓踏弩，摩臍過氣，用方炮製，燒茅打鼎，進紅鉛，煉秋石）？這倒是傾囊相授，把道教寶貝全都抖落出來了，其中「動」、「靜」便差不多是內外丹，內外丹是道教至高的功夫，所以，菩提祖師念了一首偈語說：「難難難，道最玄，莫把金丹作等閑，不遇至人傳妙訣，空言口困舌頭乾」，也就是說，金丹——無論內丹或外丹——是最核心，最神祕，只能師徒傳授的道教法術。可是，美猴王偏偏不愛學，要

學有用的法術。在古代中國，普通民眾也和孫大聖一樣，對於那些玄而又玄，不切實際的外丹內丹都不感興趣，外丹花費太多，內丹見效很慢，那都是「超前消費」，也「不切實際」，而他們需要看得見、用得上、能夠「變現」的法術，幫助自己在生活世界裡解除困厄，得到幸福。所以，這裡我要討論的是道教的神鬼、道教的祭祀儀式、道教劾治的方法和技術等等，因為這些東西才是為了世俗的信仰者，在生活中免除困厄，去除疾病，使死者得到安寧，使生者得到幸福的。

　　而這恰恰是道教中間最現實、最有影響的一部分內容。

一、多神與一神：從永樂宮三清殿壁畫說起

　　在黃河邊上的山西芮城，有一座道教的永樂宮，永樂

圖 10-1：山西永樂宮壁畫

圖 10-2：著名的宋代人所繪〈八十七神仙卷〉（局部）

宮的三清殿裡，有元代的道教壁畫，壁畫保存得非常好，
傳說這個壁畫，是照了宋人的畫樣畫的，我也不知道是不
是，不過，現存宋人畫的〈八十七神仙卷〉和壁畫的風格
是有些像。據說，宋人畫神仙又是學了唐代大畫家吳道子，
說起來，這三清殿壁畫的淵源，就很久遠了。

　　三清殿壁畫是三面，畫了三十二天帝、十方上帝、各
種神仙、星宿，一起朝拜中間端坐的三清，三清的塑像在
中間聚焦處，四周的壁畫和中間的塑像形成一個眾星拱月
的格局。在這裡，你好像可以看到道教崇拜的各路鬼神，
不知怎麼的，總讓我想起《西遊記》第五回裡王母娘娘開
蟠桃會，把各路神仙都請了來的情景，《西遊記》裡除了提
到佛祖、菩薩、羅漢，有點兒不大符合道教規矩之外，另
外的什麼「東方崇恩聖帝、十洲三島仙翁、北方北極玄靈、
中央黃極黃角大仙」，還有什麼五方五老、五斗星君，上八
洞三清、四常、太乙金仙，中八洞玉皇九壘、海嶽神仙，
下八洞幽冥教主、法世地仙，真的彷彿是道教龐大神仙隊

圖 10-3：老子坐像

伍的花名冊。

道教神仙多，這不奇怪，它是多神的宗教。在道教那裡，各種神仙鬼怪各司其職，兩千年裡，不斷有新的加入，舊的消失，好像一個龐大有序的想像的神鬼官僚系統。順便再說一下，儘管西方人說的 Taoism 又是道教又是道家，但是，道家並不等於道教。道家像老莊學說，討論的是抽象玄虛的「道」，並沒有什麼神仙鬼怪，可是，道教卻是有神論而且是多神論。最初在漢代，也許道士們有一段時間主要崇拜老子，後來變來變去，大概受了佛教的刺激，又崇拜元始天王，在魏晉時期逐漸形成了比較完整的神鬼隊伍，到了南朝梁代的陶弘景寫《真靈位業圖》的時候，就有了一個清楚的神鬼系統了。

這是多神教，多神教也有多神教的好處。比起一神教來，它沒有那種關於「唯一」和「絕對」的緊張。大多信一神教的，像天主教、基督教、伊斯蘭教的信仰者，常常會把自己所信仰的神，看成是絕對的唯一的，人必須時時刻刻地圍繞他，向他祈禱，對於他的信仰和態度就是一切，換句話說，即不是信仰，就是不信仰，不尊重他或者違背

他的旨意，就只有被釘在恥辱柱上，而所有其他的神，都只是邪惡妖淫，所以不能妥協，自己如果不能與唯一神相遇，也會終身在痛苦裡面。著名的社會學家許烺光在《中國人和美國人》這部名著裡分析說，當這些信仰一神教的人看到異端信仰的時候，他們會覺得自己的基礎受到威脅，教士的自信心和安定感會受到挑戰，於是，常常會引起戰爭。現在的世界上，很多戰爭就是因為宗教不能通融而引起的。

　　可是信仰多神的呢？因為神本來就多，所以不會因為你信這個神，我信那個神，互相就不通融，你看中國人、日本人、朝鮮人，可以信這個教，也可以信那個教，可以拜這個神，可以拜那個神，還可以都信都拜，沒有關係。所以，像古代中國「三教合一」這樣的情況，之所以可以發生，就是這種信仰能夠包容和含糊的緣故。當然也要承認，這種信仰可能也有自身的問題，問題之一，就在於信仰並不堅定，就像魯迅說的，只有「迷信」，沒有「堅信」，拜神求仙，就好像在買股票，並不是真的信仰，而是希望換回利潤。偏偏道教就是多神教，而且可能是最典型的多神教，因為它的神鬼名單可以隨時增加，也在不斷變化，到明清以後，這個神鬼名單已經太長了，一個叫亨利·道爾 (Henri Dore) 的歐洲傳教士，寫了十大冊《中國迷信研究》(*Researches into Chinese Superstitions*)，開列了很多神名，卻都沒有辦法列出一份全體的名單來。

二、神仙系譜：三清、玉皇與眾仙

長話短說，道教的最高神是「三清」，玉清、太清、上清。有人懷疑說道教這三個神並列，可能是從佛教「三身」學來的，道教最早只是一個老君呀，從南北朝最早的造像也可以看出。但是，道教後來把「三清」解釋成宇宙天地開闢以來的最初的三種境界。玉清就是元始天尊，在道教辭彙中，元始天尊就是「道」，他是天地間一切的本源又是一切的主宰，可他又是「無」。太清是靈寶天尊，僅次於元始天尊，象徵了宇宙天地初始狀態；再下面上清是道德天尊，道德天尊就是俗話說的「太上老君」，有人說他就是「老子」本人的神化。《封神榜》裡「一氣化三清」裡的「三清」，其實就是指這三清，可是，作者卻把三清當成老子一個人的三個化身了，騎青牛一入敵陣就化成「三清」，

圖 10–4：宋代石刻「老君巖」

這是不對的。「一氣」本來指宇宙開闢之前就存在的元氣，元始天尊等三清，就是象徵宇宙從無到有、再到天地萬物生成的時間過程的，所以，道教三清塑像，元始天尊手中虛空，象徵鴻蒙時代的「無」或「道」，

靈寶天尊手拈玄珠，象徵著「一」或「一氣」，而太上老君
手持畫有陰陽雙魚的太極圖的扇子，象徵著「二」或陰陽
始分的時代。

　　也許後來的道教覺得，「三清」應當高高在上，按照
「無為」「虛空」的說法不理會人間事，於是又造出一個
「玉皇大帝」來管事，宋代最迷信道教的皇帝宋真宗封了
他一個長長的號叫「太上開天執符御曆合真體道玉皇大天
帝」，而《西遊記》上則叫他是「高天上聖大慈仁者玉皇大
天尊玄穹高上帝」。大家看《西遊記》裡，住在靈霄寶殿，
管天上事，管地獄事，管海龍王的，都是這個靈霄殿的大
神，靈霄殿的兩邊柱子上寫的是「天地無私」、「神明暗
察」，中間寫的是「世間善惡表彰，註定富貴貧賤」。老百
姓不怕官只怕管，正如俗話所說「縣官不如現管」，所以也
都記住了他，連新造民歌都唱：「天上沒有玉皇，地下沒有
龍王」，沒有人提到「三清」，何況「玉皇」又很像地上人
間的皇帝，人們熟悉，所以現實感也很強，對他格外尊崇，
傳說正月初九是他的生日，叫「玉皇誕」。

　　就像人間官僚機構一樣，除了這些等級尊貴的神，道
教還得有各種各樣的管某一方面的專職神仙。最早有三官，
也叫三官大帝，就是上元、中元、下元三元節裡祭祀的那
三位，是天官、地官、水官大帝。此外還有很多，像管生
孩子的「送子娘娘」，和玉皇大帝配對的「王母娘娘」，有
分管四方的四方大帝及玄武、朱雀、青龍、白虎四神，有

圖 10-5：清代繪製元始天尊像

管壽命的壽星，管福的福星，管祿的祿星，有管文人的文昌帝君，有管武人的關聖大帝……還有稀奇古怪的各種各樣的神（如傳說孔子管生兒子，灶君管上天告狀，八仙過海故事裡面的八仙，像呂洞賓、韓湘子、何仙姑、李鐵拐等等，民間常常有八仙的年畫和戲劇）。當然還有各種各樣的鬼，道教的死後世界很有意思，原先古代中國專管人生死的泰山神，後來在道教裡面，一面擴大變成了五嶽，一面又想像成了北陰酆都大帝，更往後在四川還有酆都縣，說是酆都大帝的住地，搞了很多地獄、鬼怪、奈何橋之類的東西。像《太真玉帝四極明科經》裡則說，酆都山在北方癸地，山上、山中間和山下各分成八座獄，共二十四獄，每座獄中都有十二個官吏，又有二千四百力士，拿著金椎鐵杖，專打犯罪的死鬼，而在北周時代的《無上祕要》裡面，道教又把五嶽當成五個恐怖的地獄，在五嶽都有很多刑罰，分別懲罰各種不同性質的死

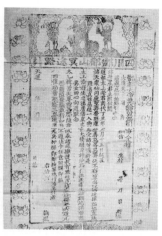

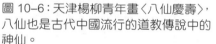

圖 10-6：天津楊柳青年畫〈八仙慶壽〉，八仙也是古代中國流行的道教傳說中的神仙。　圖 10-7：北陰酆都大帝發給死者的「冥途路引」

後罪犯。有人考證說，道教的酆都山受了印度佛教泥犁地獄和古代中國傳統的泰山雙方影響，可最後又和佛教合流成了十殿、閻羅殿、閻羅王，閻羅王底下有各種鬼，管懲罰人間的善惡。

當然，道教各派還有後來由人升格為神的，像正一派（流行於南方包括香港、臺灣，以龍虎山張天師府為中心）的重要神靈中，還有張天師，而全真派，除了王真人外，還有全真七子最有名的丘處機等等。大家看一看就知道了，道教的神鬼世界，基本上是根據人間世界的想像和擴大而來的，世上有皇帝，神裡面也有最高的皇帝，世上民眾怕的相信的是官府，天上也有負責管理的官府，而且比地下

圖 10–8：張天師像　　　　圖 10–9：長春子丘真人像

圖 10–10：《道藏》卷首的三清及眾神圖（局部）

的還細還多。那麼，這麼多道教的神鬼，大概可以分成兩大部門，一個是君臨天下，無處不在的三清和玉皇大帝，以及他們手下的各種職能的神仙，有大臣、有將軍、有土地、有城隍、有灶神、有管文武兩界的文昌帝君和關聖帝君，好像是人間世界的鏡像一樣，他們監視著人們活著的時候的種種行為，負責分配各種幸福、痛苦和命運，第二是死後世界的北陰酆都大帝或者閻王，他們手下有牛頭馬面、有判官、有各種獄卒，他們根據人活著的時候的種種行為，給他們在死後算總帳，然後給予獎懲，這個世界是上個世界的反轉片。好像一個是陽一個是陰，一個管活人，一個管死人，一個主要對善人進行獎勵，一個主要對惡人進行懲罰。道士一方面把世上的信仰者和神鬼世界分開，一方面又用種種方法溝通神鬼和人，代替神鬼來給人們治病、解厄，代表神鬼來監督人的善惡，甚至根據這些善惡來許諾來世的生活等等。

三、齋醮儀式：溝通神鬼人

道教這麼多神鬼，都是為了處理人們生活中的種種問題而幻想來的，那麼，怎麼才能把人的想法和神鬼的旨意溝通呢？道教既然是宗教，宗教需要有信仰者，有信仰者就要對信仰者有所承諾，它就要引導和幫助信仰道教的人們。其中，道士就是溝通人神之間的中介，人有了問題要

告訴神請道士幫忙，人害怕災禍想躲避鬼也要請道士幫忙，反過來，如果人和神鬼可以直接對話，道士要是不能溝通人神之間，道士也就沒有用了，道教也沒有用了，小說裡經常諷刺道士「作法不靈」，所謂作法不靈，就是不能「下情上達」，把意思傳達給神鬼，神鬼就不會下來幫人。為了溝通人神鬼之間，道士有一套獨特的方法和儀式，這些源自上古方技數術的儀式方法是道教的一個重要部分，道家是沒有的，老百姓也是不懂的，只有請道士。

　　道教的儀式非常多，也非常複雜，不僅各地不同，各派不同，而且古代和現代也不太一樣，不過，無論如何複雜，其中，最重要的還是「**齋**」和「**醮**」。

　　我們先講齋。道教的「齋」種類很多，起源也很複雜。「齋」本來並不是一種儀式，是儀式中的一種清潔身心的方法，在上古人們心目中，神是應該尊敬的，而且神不喜

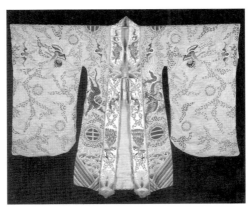

圖 10–11：道士設齋時穿的法服──龍鳳服

歡骯髒葷腥氣味，所以人要和神溝通，就要先把自己身心搞乾淨，身體要沐浴，心靈要純淨，這就叫「齋」，「齋」有儀式，比如要獻上清酒，要供上三牲，還要請巫師唱歌奏樂，道教就繼承了這些思想方法。(1)在「齋」的時候，齋主——也就是有什麼希望神賜予的人——要沐浴、靜心。(2)在選定的日子，在道士指引下，走上齋壇。(3)齋壇有圍欄，圍欄處按照方位要懸掛幡旐，壇分三層，有階梯相連，方壇要象徵性地開若干門，像東北角的「天門」、東南角的「地戶」，壇上點若干燈，這些懸掛的幡、開的門、點的燈，分別象徵著從地下到天上的幾重境界、生死休咎的各種途徑、天上的各種星辰。(4)齋壇上有供桌供上祭品，道士誦經焚香，步虛繚繞（走禹步、唱讚頌），齋主默默的祈禱（求神保佑），道士便誦神名（降神請神的名目），上青詞等等。這時候有種種音樂，道教的音樂之所以很出色，和這種儀式有關，主要用鼓、鐘、磬、琵琶、月琴、胡琴、笛、板等等，武當山和蘇州現在的道教音樂就很有名，有名的二胡演奏家瞎子阿炳就是道士。

在這種儀式中，人與神在道士中介下溝通。古代齋儀是很多種的，比如有上清派的，有靈寶派的，有天師派的，其中上清一派的齋儀主要是追求自心的清淨和冥想，天師派的塗炭齋很苦，在上古人心目中，神是有憐惜心，同情心的，人們受苦受難，神就會幫助他，所以天師道的齋儀上還有一些自虐和入迷的方式，像塗炭齋，人就要自縛，

自撲，以黃泥塗面，拍打胸口，把頭髮綁在欄杆上，七天、十四天甚至四十九天自我折磨，在這種狀態下達到神人之間的契合，而靈寶一派的齋儀在隋唐以後最興盛，有金籙齋、黃籙齋、明真齋、八節齋、自然齋等等，這些齋儀很隆重，像在三元齋也就是正月十五、七月十五和十月十五向天地水三官祈請的時候，還要上章和投簡，上章是用青藤紙寫上祈願禱神的文辭，然後焚燒以達上天，投簡是用銅做的金龍和玉做的簡版，投到深洞或山谷、湖泊中，以達神靈。在古代中國，「齋」有大有小，形式也各不相同，但大體上都是為人們解決具體問題，像求雨、超渡之類。

第二，我們來看什麼是「醮」。道教的「醮」是祭神儀式，也有點像今天道觀裡所作的神仙大會，和「齋法」很相似，早些有五帝醮、六甲醮、七星醮等等，從名字上看就知道這是祭謝五帝、六甲、七星的，《三國演義》裡面諸葛亮五丈原為自己延命，就是北斗七星醮，因為古人相信，人的生命由北斗管。醮儀和齋儀有很多一致的地方，其實有的醮儀就是從齋儀中發展出來的，最早是在齋儀完了以後，要舉行答謝神靈的醮，後來便獨立出來了，唐代以後，醮漸漸比齋還盛行了。道士把被祝禱的眾神供在壇上，像「羅天大醮」要供幾百個神的牌位，把各種懸軸分別布在四周，象徵著天上的境界，然後一一念禱，和齋一樣，也要步虛、繚繞、誦經、奏樂、焚香。

舉一個例子，在傳說是唐代杜光庭刪定的《道門科範

圖 10–12：清代康熙年間所繪製的道教醮儀圖

大全集》中記載祈求子嗣的大醮儀，就很複雜，分為一天四階段（清旦、臨午、晚朝、散壇），先宣咒、唱誦，然後鳴法鼓二十四通，上奏三清，接著稱法位，念誦三清、玉皇、勾陳星官等等，接著把意思上奏，然後是唱方、懺方、三啟、三禮，陳述十二願，覆爐，最後念「出堂頌」，這才可以出門，結束一個階段。在最後一次散壇的時候，還有步虛、散花、降聖等等。

　　「醮」也是給人們祈福消災的手段之一，當然儀式有簡有繁，民間常常有簡化了的儀式，也是傳統的偷工減料罷，民間常「請道士打醮」，就是指的這種儀式。

四、解決世俗困厄的法術：念咒

方法中最普通的是三類，祝咒、符籙、劍鏡印等驅鬼請神的法器。

詛咒的方式在中國歷史悠久，古代人認為一切禍災都有鬼在作祟，而鬼也和人一樣，怕人詛咒，所以古代早就有「咒」，在先秦也叫「祝曲」，道教的「咒」，就是繼承了古代人的傳統。「咒」之所以被人相信有兩方面原因，一是人從自己心理上感到該詛咒很難受，因為詛咒的話在腦子裡會產生聯想，說你「挨刀」，就好像真的脖子癢癢地「挨刀」，說你「天打五雷轟」，就好像真的有轟隆隆雷打，膽大的人心裡難受一下，膽小的人則多半害了怕，古人覺得「鬼」和「人」一樣心理，所以詛咒總是一種有效的威懾手段，二是巫師的咒好像是和神事先約好的一種密碼或切口，就好像打仗時電臺呼叫的暗號，一般人不會，而巫師，後來的道士有通神的本領，所以可以呼叫神來治鬼，所以《太平經》卷五十稱它是「神祝」，有了神力，當然咒語就很靈。道士念咒，要心裡想著神，口中念著針對性的咒。比如陶弘景《登真隱訣》卷中驅疾治病的咒語就是：

「天蓬天蓬」（天蓬元帥，豬八戒的原來職稱）、九元殺童（一專殺鬼的少年神將）……〔念上一大串

神名〕威劍神王，斬邪滅踪〔把邪鬼斬掉，讓它絕
蹤〕（然後啄齒，據説神就召來，惡鬼被念三次，就
眼瞎爛而死）。

鄧有功《上清天心正法》卷一的治病咒語是：

開天門、閉地戶、留人門、塞鬼路、橫金梁、豎玉
柱、收罡氣、捏斗訣、眾神藏、萬鬼滅，急急如律
令。（左手捏捉鬼訣，右手捏劍抉，吹氣三口，可除
妖魅）

後來的咒就太多了，各式各樣，連上廁所也要念咒叫「圊
（廁所）夫人，除某死籍，入以生門」。

五、解決世俗困厄的法術：畫符

　　畫符的方法也來歷久遠，至少漢代就已經有了，但具
體來源尚不清楚，大概也是來自對文字語言的敬畏，我不
知道現在還有沒有人迷信文字的魔力，但古人是迷信的，
尤其是對名字所用的文字。因為古代人相信「名」和「實」
有神祕關係，「名」不是「任意符號」，不是拼音符號呀。
胡適以前在〈名教〉這篇文章裡就說到過，像「叫魂」就
是叫名字，叫名字可以把「魂」叫回來，所以有「天皇皇」

這樣的法術，又有把「招財進寶」寫在一團或把「福」字倒寫的風俗；把別人的名字打上叉或者倒著寫，就可以侮辱或治住別人，所以小孩子在牆上寫了仇人的名字然後打叉，迷信的婦女用刀剁，同時叫仇人的名字，也是因為相信名和人有關，文革中間寫打倒某某的時候就用這種方法。

　　小說裡面常常有這樣的情節，像《封神演義》裡面，張桂芳可以呼名下馬，「黃飛虎還不下馬，更待何時？」《西遊記》裡金角大王用淨瓶裝孫悟空，就是叫了一聲孫悟空的名字，孫悟空一答應，就裝進去了。古人祭祀祖先，寫上祖先名字，就可以供養了，治仇人，把仇人名字咒上，釘上小釘子，也可以治死仇人。胡適總結這種對「名」的信仰說，一是古人非常相信「名」就是魂，二是古人相信「名」有不可思議的力量，三是古代的聖賢也有意提倡一種對「名」的迷信。所以古代中國有「名教」，這個總結是很對的。「名」是「字」，古人確實覺得，文字和文字所代表的事物有必然聯繫，一旦事物有了表達它的文字，它就被文字所固定，所以古代要「敬惜字紙」。

　　回到畫符，畫符最早其實就是寫字，陝西戶縣漢墓出土的曹氏朱書解注瓶上畫的符，左邊畫的星圖是「太一鋒」，下是太一（大天一）即北極，上面三星是太一的前鋒，據《史記・孝武本紀》說這是靈旗圖像，可以戰無不勝，所以文字寫了「大天一」，能驅逐惡鬼，這個符的意思就是驅除鬼的侵擾，右邊這個是由日、月、尾、鬼等字組

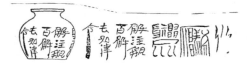

圖 10-13：戶縣出土東漢曹氏解注瓶（上）的
符文與洛陽西郊出土東漢解注瓶（下）的符文

成的，日月是古人崇拜的神，尾鬼是二十八宿，意思是曹
氏遵循日、月之時而死去了，請日、月相信，請尾星保佑
陽間人（尾星據〈天官書〉「尾為九子」、主多子多福）繁
衍、鬼（輿鬼，〈天官書〉「輿鬼、鬼祠事」，《正義》「主祠
事……中一星……主喪死祠祀」）星保佑陰間死者。《太平
經》裡把這種符叫「複文」，可見早期符就是若干文字合在
一起表示某種意思，表達某種願望的，可後來，道教為了
壟斷畫符的專利權，便越畫越奇怪，不可辨認，他們引入
篆書寫法和圖畫畫法，把符畫得根本不像文字了，這樣，
別人也就不明其意，不能自己仿畫了。道士還說，畫符時
要默念咒語默想神靈，然後才能畫符有效，否則「畫符不
知竅，反惹鬼神笑，畫符若知竅，畫得鬼神叫」。葛洪在

圖 10-14：道符之一種

圖 10-15 ： 現代福建福州裴仙宮和莆田忠
門鎮天后宮的兩種符紙

《抱朴子‧遐覽》裡就說，吳國介像能認符字讀符文，可
見三國時符還主要是字的組合，而西晉時就變了。「今符上
字不可讀，誤不可覺。」我們看在流傳的各種符，真是丈
二金剛摸不著頭腦了。

　　不過，就是這些符，現在仍然很流行，而且符的功能
越來越細緻，像天后宮的保平安符、香港曆書裡面的「鎮
宅」、「消災」符，解決所有問題的「百解紙」，好像是廣譜
抗生素藥包治百病，當然還有各種籙、牒等等，籙是寫了
很多天兵天將名號的紙，好像別了這張紙，就可以召請好
多好多的神一樣，它常常和符一起，像「萬法宗壇」發的
符籙，甚至連去地獄也要這種通行證，像道教發的「冥途
路引」，「冥途」就是去陰間的路，「路引」就是通行證嘛。

符傳得很廣，現在日本也有很多種符，有木片上的，有紙的，最早有相當於唐代的，像奈良出土的這一片就是古代的符。

六、解決世俗困厄的法術：法器

在道教裡面，還有很多很多據説有大神通的法器，其中，用劍、印、鏡刻治鬼物的方法就很古老。

中國古代人認為，劍是有辟邪功能的「金精」，又是殺伐號令的武器，傳説中「劍」故事常常很神，比如歐冶子鑄劍，夫妻一起跳到爐中化為雌雄二劍，現在出土越王劍，技術實在是都很高明，埋了千年還是劍光閃閃，所以民間又有劍氣化龍的傳説。道士認為，劍是神器，可以斬鬼，所以在儀式上常常寫到武當道士的劍法，《水滸》裡宋江打不過高廉，沒辦法請了公孫勝來，公孫勝用松紋古劍上陣，念念有詞，喝一聲「疾」，就變出天兵天將，捲一陣狂風，把敵人嚇得直跑。金庸武俠小説也常寫到武當道士的劍法，像張三丰的太極劍法，武當道長的披風劍法等等。就連民間道

圖 10–16：寶劍是道教法器之一

圖 10-17：道教的各種神印及令牌

士，也常用木劍劈空，噴一口茜草水，弄得紅彤彤、血淋
淋的，叫做「劈空斬鬼」。

印是權力的象徵，官府大印更是權力無邊，古人迷信
印，就在想像中創造了道教的印法，道士刻上「北極驅邪
院印」、「太上老君敕令」、「北極殺鬼印」，用來劾治邪鬼，
比如前面說的入陰間的「冥途路引」，就蓋了太上老君大印
（江西南昌明代墓中有），而在前心後背上貼上蓋了大印的

除病符，據說都很管用，甚至吞服蓋了大印的紙，就可以除惡夢，用印紙化水洗眼睛，就可以治眼病等等，我一次去茅山，就參觀了茅山四寶，其中一寶就是宋代皇帝賜給的「九老仙都印」。

大家也許都知道「照妖鏡」的故事，古人相信，妖魔邪怪能變化各種形狀，但只是不能照鏡子，鏡子裡一照就現原形，所以魏晉時人上山，要背一個鏡子在背後，妖邪鬼魅跟在你背後，一看見鏡子裡自己還是原形，就以為沒有變好，於是就不再跟了，這樣，人就能避免傷害。所以後來就有「照妖鏡」一說，《西遊記》裡孫大聖不敵二郎神，變化了到灌口直搗本營，結果被托塔天王用照妖鏡在天上一照就知道了，現在民間家門口，也還掛鏡子避邪。

七、道教是一種宗教，是一種中國的宗教

以上我們說了道教尋求永恆生命的內外丹知識和技術，也講了道教解決人間困厄的神鬼系譜和溝通人、神之間的儀式和方法。這些東西，都是為了解決人們的各種憂患問題，它的中心是人與神鬼、人與天地的溝通。宗教是一種信仰，但也是一種在虛擬的關係中雙向交流的過程，也就是說，在道士的主持和幫助下，人和神鬼天地之間有一種交流，通過道士的幫助，人把自己的意思和希望告訴天地神鬼（如祈禱、上青詞、步虛讚誦之類），也通過道士

所知道的神祕技術，天地神鬼把旨意和承諾賦予人間，至於它是不是真的能夠使人永生和幸福，就要看信仰者是不是真的有虔誠的信仰，因為這需要靠想像甚至幻想來支持的，通過虔誠的想像，信仰者得到天地神鬼的許諾與護佑，通過對道士象徵性動作（印、劍、鏡）的聯想，信仰者得到心理上的安慰與撫平，這彷彿是「心理治療」，馬克思說「宗教是人民的鴉片」，鴉片也有治療的一面，這裡其實是「信」加上「想」，如果你在一旁冷眼旁觀，不投入感情和心情，彷彿看電影始終固執一個「這是拍的電影」的想法，你就不會被感動，也沒有看電影的意義，好像用 X 光機看美人，用地質學看山水畫。但是，你看了卻不發揮幻想和想像，也不行，像道教會念咒畫符，你就要想，咒在鬼身上發生作用，符一燒就降下神兵神將，衣服裡另上法符，你身上彷彿藏了成千上萬天兵天將，於是這時道教法術在信仰者的參與下，就產生了幻覺般的作用。換句話說吧，無論是祈求神靈，還是驅除惡鬼邪佞，最要緊的一條道路是要通過道士的幫忙，最關鍵的一種心理是相信道教的法術，人一旦有了種種困難的苦惱，就要進入一種最虔誠的心情中，以真摯的信仰，幻想神鬼天地的溝通，幻想道士的幫忙，這樣就彷彿請心理醫生，使自己進入催眠狀態，從而得到心理治療一樣，否則，「心不誠則不靈」，宗教信仰也就失卻了意義，道士也幫不了你的忙。

　　道教就是這樣一個宗教，它信仰三清、玉皇等無數神

靈，有著溝通人神的種種技術，也設立了一個追求永生與幸福的終極理想，還以「治」或「洞天福地」為中心建立了自己的教團組織，它把古代中國各種真實的或想像的知識技術、神話傳說統統收到它的口袋裡，也把古代中國人最深刻的生死憂慮和最普遍的生活理想放在它所關心的位置，為他們設計了超越生命和趨吉避凶的道路，這就是中國人的宗教。

第十一回

古代中國的兩個信仰世界

引子：實際的和書本上的

　　這裡講的話題，既有關古代，也有關現代。我們談論古代中國，就是為了理解現代中國，換句話說，就是理解我們所在的這個現代中國，是怎樣從歷史上的那個古代中國轉化而來的。我們需要追問，到底現代中國有哪些地方已經和古代中國斷裂了，哪些地方又還在和古代中國藕斷絲連？到底哪些方面我們已經被西方文化所籠罩，哪些方面我們還保存著自己的傳統？到底哪些古代的影子還支持著現代人的心靈，哪些古代的文化已經被現代的文明摧毀了？

　　前面我們談到的，主要是書本上的、上層士大夫的信仰世界，在這個由書本延續的世界中，古代中國與現代中國似乎已經不同了，可是，在民間信仰世界中，古代和現代並沒有那麼涇渭分明地出現斷裂。順便要說的是，對於這個在日常生活領域中影響很大的民間信仰世界，有兩個原則對於我們很重要，一是要對這些東西有了解的同情，

不要動輒就斥之為「迷信」或者「愚昧」，二是不要太相信書本上、報紙上說的，要下去看一看真實的生活世界才會知道。很早以前，我聽到過一個故事，說的是一個外國很有名的佛教專家，他在大學、研究院讀過很多關於中國宗教的書，別人都對他非常佩服，可是，他第一次到中國農村來做宗教的調查，突然發現，他滿肚子關於中國佛教的知識好像都沒有用，「如入無物之陣」似的，都對不上號。

為什麼？因為學校的書本裡講的，大多是高明的道理，比如說，佛教的般若學說講的「空」，唯識學說的「八識」，最起碼的也是「十二因緣」、「四諦」、「三學」。可是，在普通民眾生活這裡，佛教更重要的不是學問、道理，在他們記憶世界裡面，佛教就是放焰口，是念《血盆經》，是超渡亡靈，是在各種節日裡演目蓮戲等等。特別是在鄉村，祭祀的各種神靈、舉行的各種儀式、以及各種信仰者的禮拜動作和讚頌歌曲，好像都和書本裡講的不一樣，比如明明是佛教的活動，為什麼還有抬關公像？明明是佛教的寺廟，為什麼還會用道士的吹打音樂？後來，這個外國的佛教專家漸漸明白，原來，中國宗教，無論是佛教還是道教，實際上都有兩種不同的信仰世界，一個是人數很少的，高文化水準的人的信仰，這個信仰是由書本傳播，由道理、學說為基礎的，一個是人數很多的，普通人的信仰，這個信仰是以能不能靈驗，有沒有實際用處為基礎的，前一種是自覺的信仰，有理解的信仰，後一種常常是自然的信仰，

不需要理解的信仰。

後一個信仰世界，從古到今的延續性很強。

一、上下分流：兩個不同的觀念世界

真的，上層和下層觀念世界真的是不一樣。

現在環顧我們身邊，很多人在討論 WTO，討論全球化，討論現代性，討論網路對社會的影響，討論遠離自身的那個世界裡所發生的種種不公平和不合理。但是你有沒有注意到，大多數為生活忙碌的人，更關注的是今天有沒有工作，能不能養家糊口，街市的菜是否比昨天貴了，就像不同的人看不同的報紙一樣，不同的人聽不同的音樂，上層貴族、白領愛聽交響樂，愛去展覽會，平民卻要聽流行歌曲。

舉一個「吃」的例子吧。在中國，吃是很能體現文化差異的，據說有教養的中國文化人、上等人，講究的是「清淡」、「原味」，中國理念裡所謂好吃的東西、被標誌為極品的東西，是那些並沒有什麼滋味，要靠「有教養的舌頭」才能體驗出來的東西，是那些眼睛看上去顏色很淡、半透明的東西，是那些吃上去口感很爽脆的東西，像魚翅、熊掌之類。可是，民眾喜歡的呢？卻不一樣，大概還是色濃味重吃來過癮的雞鴨魚肉吧。又舉一個「聽」的例子，像文化人喜歡的戲，比如崑曲，要細細地品，要領悟其中的

韻，要三兩人在清風明月下，無伴奏的情況下唱，所謂絲不如竹，竹不如肉，漸近自然；可是民眾中間看戲是既要「聽」還要「看」，要熱鬧的，翻筋斗，鑼鼓喧天。再說一個「飲」的例子，文化人講究的是瓷杯清雅，松風泉邊，清茶自然，細品慢飲，而絕不是民眾中那種大壺大碗，撸袖喧呼，配菜加料，那是《紅樓夢》裡妙玉諷刺的，都只是「飲驢」似的粗。

同樣，在上層文化人看起來很粗鄙的民間信仰活動，在古代一般人的生活世界裡，倒是非常非常重要的，它才是真正影響大多數人生活的東西。這個道理很簡單呀，舉兩個例子，我們研究古代中國人的文化，天天講四書五經、《老子》、《莊子》，天天講唐詩宋詞，可是一般民眾裡面有多少人讀過它們？如果按照閱讀者的數量和生活裡使用的普遍性來說，直到現在，中國的書，印得最多的，恐怕不是什麼四書五經、《老子》、《莊子》，而是皇曆，就是記日子的曆書，這些書不僅給了人們生活的時間，而且裡面有很多最最普通，可是又最最常用的知識，像什麼時候可以出行，什麼時候可以結婚，什麼時候可以播種，什麼時候需要祭祀祖先？到現在，很多人還是照著這些東西生活，在這裡找到最基本的生活原則。去看看皇曆就明白了，這裡面不光有曆法，有宜忌，還有做人的道德原則，有關於世界的知識，有生活和生產的常識。這就是常識，雖然說起來常識很普通，可是常識卻最重要，就像常備的感冒藥

一樣，像每天吃的大米飯一樣。

　　所以民眾信仰世界和我們書本中說的不太一樣，以佛教為例，在佛教的寺廟裡，就有對民眾進行常識教育的方法，他們深知，對於民眾來說，最主要的就是要他們懂得，「人生苦難」、「因果報應」、「有求必應」，什麼道理呢？我們下面再講，大家可以去看看，很多寺廟裡，他們最經常「流通」的，不是最高明的《涅槃經》、《楞伽經》、《大品般若》、《大智度論》等等，甚至不是《維摩詰》、《起信論》，而是很普通的《阿彌陀經》、《金剛經》、《心經》、〈普門品〉，而佛教在中國社會上最重要，也是最普遍的活動，按照我們的了解，也就是(1)超渡亡靈（佛教之血盆懺，道教之煉度）、(2)驅邪打鬼（有特別需要時作法事以祈禳）、(3)例行的節日中的儀式（如七月半的盂蘭盆、四月八的浴佛節）。

　　其實，如果我們倒退回去一百來年，我們可以看到中國的生活其實和現在很不一樣，我們可以看到，祖先的牌位被很恭敬地供著，人們的生活中，過滿月、賀周歲、婚禮、喪禮是最重要的，人們的想法和行為，常常受制於很多現在看來是很不可思議的知識，比如擇日術、占卜術，今天是否可以出門，今天可不可以動土等等，人們相信很多奇奇怪怪的原則，像生病是因為瘧鬼，小孩夜哭是因為鬼在作祟，人們會花很多時間去拜菩薩、到關帝廟求籤、到城隍廟裡進香。大家都奉行集體優先的原則，聚在一起

居住,而且分出各種等級。那個時候和現在真的很不同,舉一個特別有趣的例子,現在我們知道各種消息是由於電視、廣播、伊妹兒、報紙、文件、書信等等,可是在很多年前,村口大樹下、婦女洗衣服的水井臺、家族的祠堂等等是消息集散的中心。可是,這些知識在我們的歷史書裡都沒有,歷史書裡記載的都是帝王的政治活動、官員的智慧和道德,上層士大夫的生活和信仰。

這就是所謂的「大傳統」和「小傳統」的分別。

二、大傳統與小傳統

所謂「大傳統」和「小傳統」的分別,是美國一個研究社會的學者提出來的。美國人雷德斐爾德在《農民社會與文化》第三章〈傳統社會組織〉中說,所謂大傳統和小傳統,也可以叫做「上層文化和下層文化,正統文化和民間文化,學者文化和通俗文化,科層文化和世俗文化」,在所有的社會裡,都有一種屬於少數上層文化人的文化傳統,叫做「大傳統」,它是經過學院、寺廟的教育而形成的,哲學家、神學家、文化人的這個傳統,是有意識培養和延續的產物,主要是通過有計劃的設計過的教育而傳播;但是,還有一種屬於非文人的文化傳統,它產生於日常生活,而且這種傳統也沒有人專門去培養和發展,它是自然生成的。

這個說法有一定的道理,在中國也大體適用,我們可

以看得很清楚，至少離現在一百年前，確實有一個大傳統，有一個小傳統。

這個大傳統，是由私塾、學校、書院的教育來傳播的。現在受過新式學校教育的人可能會看不起私塾，雖然那些私塾先生很早以前就常常是被文學諷刺的對象，比如《牡丹亭》裡諷刺陳最良把「郁郁乎文哉」都念成「都都平丈我」，魯迅〈從百草園到三味書屋〉裡嘲笑先生搖頭晃腦念「金叵羅」，但是，他們實際上在文化傳播上是最重要的，這個大傳統，就通過一些有財產有教養的家庭環境的影響，和上層社會的通行規則，逐漸建立起來，在古代中國，一個在這樣傳統裡生活的人，從小就受家塾教育，從小就讀經典，長大考經典，成人以後按照經典的禮儀規則參加社會活動，依靠書信、詩詞往來的必要知識，就形成互相認同的一個階層，他們的行為、舉止、談吐是他們互相認同的標誌，這個傳統的延續，也由一代一代的教育來保證，同時，他們還通過科舉考試、通過婚姻關係，使這個階層保持開放性和流動性。

而民眾有民眾的傳統，我們不要以為民眾沒有「知識」，他們只是沒有我們通常認為的書本的、抽象的、學校教出來的「知識」，實際上他們有另一套「知識」。這些知識構成小傳統，而這些知識主要是通過以下幾個途徑來傳播。

第一個是耳濡目染的經驗。鄉土中國在幾千年裡已經

形成一些習俗和規則，像和誰親，和誰疏，哪一類親戚更重要，什麼是父、母、妻三黨，祖、父、子、孫等輩分應該誰尊誰卑，見了什麼人該用什麼態度，到了什麼日子該做什麼，特別是什麼是高貴，什麼是低賤，什麼是榮耀，什麼是可恥，什麼是好，什麼是壞等等，一個人在家裡、在鄉裡、在和小時就一起玩的同伴之間，就漸漸受到這樣的教育，這種教育是無形的。

第二個是文化階層的影響。就是這些不識字或識字有限的人，也會受到文化階層的影響，比如一些通俗的書，會有很多識字的人來講書，這些人像福建的「禮生」、在北方的「鄉秀才」，他們在鄉村是很被尊重的，古代中國鄉村有一個好習慣，就是對讀書人的仰慕和尊敬。很多關於宗教信仰的知識和道理，被記錄在民間善書、皇曆、家族規約等等裡面，有時，鄉村的識字人會來宣傳和講說，也有一些人在鄉村學校教書，在教書中間，不知不覺就把這些道理和知識傳到了下層社會。

第三個是傳統儀式的暗示。在農村裡的節慶日、祭祀日等時間裡，大家看到，會有祠堂的儀式、婚姻的儀式、喪葬的儀式等等，那些儀式裡就告訴一個人，祖先的重要性，而祖先的重要就意味著家庭的重要。家庭放大就是家族，家族是互相認同和互相支持的共同體，維護這個共同體的價值是什麼？而儀式上的站位、先後次序，也傳達了很多道理，比如男尊女卑、家族關係、父黨母黨、家族的

圖 11–1：楊柳青年畫〈楊家將〉，
傳達的是楊家將的「忠義」。

中心和邊緣、道德倫理的報應等等。

　　此外第四個，鄉村生活中很重要的，還有演戲聽說書
之類的娛樂活動，戲文、故事很有用，它常常把最通俗也
是最簡單化了的倫理道德規則傳達給大眾。比如「四郎探
母」，其中就有家庭與國家、個人愛情和民族大義之間的大
道理，「十五貫」，就有關於偷盜等等的因果報應問題，「隔
江救阿斗」，就傳達了忠義的倫理，看了戲，人就接受了這
套知識和道理，你看鄉村人人常常就會引用戲文說事，也

會引用戲曲故事來教小孩子。

　　所以，古代中國民眾的信仰世界，也就和上層的信仰世界不同。

三、不分儒、道、佛：混融的信仰

　　很多人可能都聽說這樣一個事情，統計起來，日本的宗教信仰者人數比總人口還多，為什麼？因為他們一個人可以信仰好幾個宗教，比如結婚的時候，到神社去，那麼算是神道教的信仰者，可是日本人死了的時候，都葬在佛寺裡面，又有很多人也相信天主教，時時到教堂裡面去禱告、禮拜、懺悔。所以，算起來日本宗教信仰者的人數就超過了總人口。中國沒有統計過，不過情況可能也差不多，從古代到現代，中國人就沒有太清楚太嚴厲的宗教界限，像中東的猶太教徒和伊斯蘭教徒、愛爾蘭的清教徒和天主教徒、伊斯蘭教裡面的什葉派和素尼派這樣彼此分界，中國不大有，像古代大詩人李白，很多人說他是信仰道教，不過碰上和尚他也一樣恭恭敬敬，有時候還要談談儒家的大道理，有人說杜甫是儒家思想的堅定信仰者，不過他也照樣信仰佛教，信仰道教，像最激烈反對佛教的韓愈，其實也和大顛和尚很友好，沒有那麼立場堅定，蘇東坡就更明顯，他是儒也信，道也信，佛也信，沒有什麼特別的界限。

圖 11-2：三教合一的眾神像

　　皇帝也一樣，他們常常是各種宗教都提倡，唐玄宗親
自注三部書，一部是《孝經》，一部是《金剛經》，一部是
《道德經》，南宋孝宗的《三教論》就說，「大略謂之以佛
修心，以道養生，以儒治世，可也，又何惑焉」，看上去完
全是實用主義，一直到清朝的雍正皇帝，還在說「佛教治
心，道教治身，儒家治世」，這很有意思，也很實際。當
然，在漢族中國的民眾中間，對於宗教更是不很區分，像
這裡給大家看的一些清代描繪眾神的圖像，就說明古代中
國的宗教信仰是三教合一的，就像一句老話說，「他說是燈

你就添油，他說是廟你就磕頭」，說得一點兒也不錯。

如果簡單地說，從古代中國到近代中國的知識階層常常在各種宗教裡面吸收他們所想要吸收的東西，建立他們自己的人生興趣，一般來說，他們的宗教觀念裡面不太分別什麼是佛教、什麼是道教，大體上信仰的是這樣一些觀念和原則：第一，是關於「空」和「無」的本原思想，他們相信一切的終極本原是佛道所說的擁有無限性的無，或空空如也的空。第二，應當有澹泊的觀念和自然的態度，這才是高雅的和超越的人生。第三，無論如何要服從忠孝為中心的社會道德觀念，這樣才能有社會和家族的秩序。第四，他們也會相信善惡報應的天道觀念，因為他們認為這種觀念有助於秩序的維護。

可是，平民百姓信仰的觀念和原則卻不太一樣。

四、信仰什麼，祈求什麼？

過去十幾年裡，我們對民眾信仰常識做了一些調查，這些調查的結果很普通，可是，普通恰恰說明它確實是很普遍的常識。

第一，信仰的目的是什麼？

在這些信仰者裡面，祈求保佑家人平安無災的，占近兩成，因為家人有病而祈禱病體康復的，占一成半左右，而有關生育，包括生男生女以及求子嗣興旺的，占了三成

半以上，祈求發財生意興隆的，約占一成，至於其他方面，
比如尋找好配偶、企盼升學等等，也大約占了兩成。

　　這很能反映中國普通民眾的宗教願望，中國人都是在
家庭、家族、家鄉中生長，也是要在這些環境中尋找安全
感的，所以個人的幸福、家人的健康、子孫的延續、家宅
的平安，都是相當重要的，這是他們相信宗教的主要原因，
過去，北京、上海常常有商人印行《喜歌》，就是唱給人聽
的賀喜歌，這種歌要唱到人的心裡，很能反映人的願望，
而這些讓人歡喜的歌曲唱的主要就是六類內容：賀登科、

圖 11–3：〈百子圖〉

圖 11–4：清代高密年畫中的〈五子
奪魁〉

圖 11-5：賜福財神像兩種

賀生子、祝壽、蓋房、賀開張、娶親。你就可以知道一般
民眾關心的是什麼，古代中國人的幾個喜事：洞房花燭夜，
金榜題名時，他鄉遇故知，你不能說這是庸俗的願望，應
當說它是世俗的願望，古今中外一樣，像日本，在神社中
的繪馬上，你可以看到主要就是乞求安產、升學、求職嘛。

　　第二，我們再來看一般民眾關於宗教知識，到底有多
少？

　　在我們詢問過這些人裡面，讀過宗教書籍五種以上的，
一個也沒有，讀過宗教書一種的也只是百分之十二，有百

圖 11-6：清代年畫中的送子娘娘

分之八十幾是一本書也沒有讀過的。那麼，他們的宗教知
識從哪裡來？他們的宗教知識有多少呢？在我們對進山朝
拜進香的佛教信眾的調查中，大多數人對於佛教的知識僅
限於知道如來佛、觀音菩薩、彌勒佛，對於佛教的知識，
則只知道「念南無阿彌陀佛，有效驗」，「大慈大悲救苦救
難觀世音菩薩保佑」、「某某廟（或某某神）靈驗、有求必
應」、「前世來世、因果報應」。而在相信道教的人裡面，關
於道教的知識似乎更差，大多數知道的神靈是玉皇大帝、
太上老君、送子娘娘，甚至常常和佛教的菩薩、鬼神也分
不清。不過，在普遍都敬畏的神鬼中，人們最清楚的，是

主管死亡世界的閻王（包括小鬼、牛頭馬面、黑白無常、判官、孟婆茶、奈何橋）。

第三，我們再來看一看宗教儀式與方法。

說起來，正規的，比如佛教的水陸大會、無遮大會、道教的羅天大醮等等，大多數是官方的或上層人士的儀式，與一般民眾無緣。而民眾中間常常進行的佛道儀式有以下幾類：第一類，是超度亡靈的，就是喪葬或忌日請佛道教中人主持的法事，目的在於使死者在另一個世界平安，期盼他們能度過地獄中的苦難歷程，更希望他們能夠護佑後人平安，至少不要來騷擾生者。這在各地民間信仰儀式中占到大多數，常見的比如念《血盆經》（據說，女人生育時血汙地祇，又以血汙於河中洗濯，使下游人用此汙染之水煎茶敬佛，所以，在另一個世界要得惡報，但如果念此經，則可以消災），演目蓮戲（今之《寶蓮燈》即出於此，演目蓮劈山救母出離苦海），道教的水火煉度等等，都是期望把死者救出地獄苦難。第二類，是宗族聚會、祭祀先祖的儀式，也有請佛道的，這在各地都很流行。第三類，是日常的治病驅邪，這是最常見的，比如家中有人生病，要請法師「打鬼」，又如「見怪」（如蛇入屋、鳥糞淋身、母雞鳴、雷擊樹、半夜雞鳴等），也需要用方術驅邪避災，又如「遇祟」，也常常會請人打醮設齋。

顯然，這些都是針對具體生活中的困難和問題來的，沒有這些具體的困難，民眾一般不會主動花錢去請佛道舉

行儀式，古代中國的宗教信仰尤其是民間的宗教信仰是很
實際的，他不去分別佛教還是道教，也不需要堅持什麼無
功利的純粹信仰，只是強調要道德無虧，心裡虔誠。像河
南安陽地區流行一首〈勸孝子〉歌，裡面就說「勸孝子，
你聽清，朝山拜頂枉費神。打什麼醮，齋什麼心，堂上現
放二佛尊（指父母），你能在家孝父母，勝似出外拜金身」，
又如關帝廟裡常見的一副對聯，也說「居心正大，見吾不
拜又何妨」。甚至他們也不很強調宗教儀式和節日的神聖性
和超越性，像家族祭祀時請佛道，常常有娛樂民眾的意思，
宗教節日常常也是農閒季節的商品交換場合、男女交往場
合。但是，他們的信仰，他們內心的虔誠和儀式的隆重熱
鬧，是需要實際回報的，有求必應的回報，就是他們信仰
的目的。

五、民眾宗教信仰的基本觀念

剛才我說過了，在中國民眾中間，對於宗教的深奧道
理其實並不那麼注意，很多民眾是從生活實用方面來信仰
各種宗教的，只要有用，我就相信，要是太抽象太高深了，
我也沒有必要去信仰。信仰是要付出代價的，要花錢，要
用很多時間，進香、磕頭、甚至花錢做功德，捐物造寺渡
人。所以，古代中國民眾的宗教信仰，並不像一種想像中
的、單純而虔誠的宗教信仰，而是一些很實際的信仰。那

麼，在民眾信仰裡面，有沒有很清楚的宗教觀念呢？有的，用幾個最常見的詞彙來說，就是「諸善奉行」、「因果報應」、「有求必應」，這三個詞彙也許很普通，但是這裡面，卻包含了中國民間對於佛教、道教以及其他宗教信仰的世俗性基礎。

第一，在各種佛教道教的寺觀裡，都可以聽到「諸善奉行，諸惡莫作」，這是中國佛寺道院都常念的一個話頭，這句話裡的「善」、「惡」二字，包括了宗教倫理的全部內容，也包括了宗教倫理思想的核心即價值觀念。

世界上所有的人也許都會知道不要作惡而要行善的道理，但是，什麼是「善」什麼是「惡」呢？在中國的宗教裡面，很有趣的是，社會倫理道德原則，基本上是儒家的領地，佛教也好，道教也好，最後都是用儒家的是非善惡標準。特別是元明清以後，佛教與道教的社會倫理基本上全部是以儒家倫理為基礎的，從古代的善書，到現在還十分流行的宗教宣傳品中，我們可以看到，所謂「善」，常常指的是孝順忠誠、重視親情、勤儉自律等等，所謂「惡」，常常指的是犯上作亂、魚肉鄉里、荒淫貪婪等等。也就是說，在人際關係上是以血緣親情為基礎的，在個人品質上是以謙讓和睦為目標的，在日常生活上是以勤勞節儉為標準的。

第二，由什麼來判定人的「善」和「惡」並使人的「善」和「惡」得到監督呢？中國民間凡是信仰佛教道教

的人都會提到的，就是「因果報應」，如果說，「善」和「惡」的倫理原則是根據儒家思想來規定的，那麼，監督和保證這一倫理原則大家都遵守，則要靠佛教與道教，這種監督和保證最有力量的，就是「因果報應」的想像。從古到今，佛教、道教都在宣傳一個天堂或仙境，把那裡說得多好多好，美麗極了，也幸福極了，可是，同時它們又在渲染一個恐怖的世界，就是地獄，那裡有閻王、北陰酆都大帝，有很恐怖的刑罰，有刀山劍樹，有斧劈鋸割。佛教和道教在其最通俗的宣傳中一直在傳播這一「善有善報，惡有惡報」的說法，比如佛教，從初入中國時的安世高譯《十八泥梨經》、康巨譯《問地獄事經》以來，關於善者所去的西方極樂世界和惡人所墮的地獄恐怖世界的故事，就成了世俗生活倫理的象徵性意象，《阿彌陀經》、《無量壽經》對於淨土的描述，以及《經律異相》卷四十九、卷五十，《法苑珠林》卷七裡對地獄的描述，都使得人們不能不對自己的世俗行為有所約束。

　　這成了後來中國民間的普遍信仰。過去各地的城隍廟

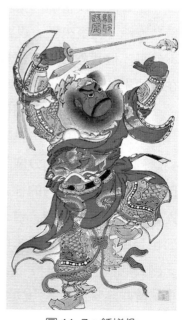

圖 11-7：鍾馗像

裡常常有一副對聯，說「善惡報施，莫道竟無前世事，利名爭競，須知總有下場時」，就是說，你不怕活著的時候遭到失敗，你怕不怕死後那個獎懲很嚴厲的世界的報應？近代民間流行很廣的、關於死後地獄的《全圖十殿寶卷》裡就有一段說，「天理昭彰有報應，黃（皇）天不負善心人」，「善人投胎陽間去，惡人地獄哭悲傷」，過去，漢族中國民眾大都相信，即使人間有不平，陰間也會有公平，這一世不能看到公正的結果，下一世也一定可以看到公正的結果，「善」和「惡」的心理和行為會得到應有的報償。你看有名的《六月雪》，就是《竇娥冤》最後一齣啦，六月天下了雪，裡面有一段就唱，「因何故，六月間，大雪滿天，想必是老天爺，感靈來顯，觀見我，竇娥女，遭此深冤」，人間不公平，但是陰間總有正義，這就是「因果報應」的信仰在戲曲裡的寄託。

第三，在大多數民間信仰者那裡，佛教和道教都宣傳「有求必應」的思想，它對於信仰者是一個許諾，佛教宣揚念佛號、拜菩薩的效應，道教宣傳拜神求仙的好處，在民眾中，凡是有效驗的神廟、寺院，會香火很興盛，很多人會不遠千里去朝拜，這一方面是宗教必須的承諾，一方面也是民眾的期望。過去西湖邊上有個送子觀音院，就有一副對聯說，「我具一片婆心，抱個孩兒送汝，你做百般好事，留些陰騭與他」，就是說一報還一報呀，清代小說《歧路燈》第三十八回裡面就說人刻〈陰騭文〉，讀書人惠養民

就反對，說裡面宣傳異端，是「先圖獲福，才做陰功」，不是真正信仰，可是，普通民眾根本不理你那一套，還是相信這些報應，還是相信「有求必應」，所以還是要去求神拜佛。民間信仰者人人會念的「神仙顯靈」和「菩薩保佑」一類的口頭禪，反映了宗教在中國民間的入世性質和中國民間信仰者的實用心理。人們出於實用心理信仰宗教，宗教也只能由實用的結果來維持信仰。

六、民眾宗教觀念的傳播

前面我們說，大傳統是由教育與閱讀得來的，那麼，小傳統是自然的，由耳濡目染、生活經驗自然傳播的。不過，在中國民眾信仰世界，還是有一些渠道的，前面我們說到了，這裡再重複一下。

首先要注意固定的寺廟法會及臨時性的民間法事。這裡所說的「法會」和「法事」在中國民間生活中曾是極為常見的，前者如四月八之「浴佛」、七月十五之「盂蘭盆」，道教正月初九的「玉皇誕」、正月十五、七月十五、十月十五的「三元節」，都會舉行各種大的儀式，演戲、念經、說法等等。後者如家庭辦喪葬之事，就要請和尚道士來念經、禮懺、步虛、踏斗。在這些法會及儀式中，不光有很多很多吸引人的表演（像湖南的踩火磚、上刀山、滾油鍋、噴火、斬鬼；像阜寧求雨時，請黃靈官、李將軍、宋太尉出

場表演；香港的洪聖誕，也要演粵劇，如八仙、送子等等），還包含了宗教的很多倫理道德思想，比如說在俗稱「放焰口」的活動中，一方面供鬼神，一方面祭亡靈，在祭祖先的亡靈的活動中，關於血緣的倫理思想，比如「孝」、「悌」，以及「輪迴」、「報應」等宗教意識，就自然而然地傳達到了參與者的心中，在佛教最大的儀式「水陸道場」中，有「禮懺」這一節目，這使得參與者要對自己的行為進行反省，在反省過程中，就必然要拿宗教的倫理準則作為衡量的尺度，在回憶中將自己所作所為的「善」與「惡」梳理一過，這樣，「諸善奉行，諸惡莫作」，以換取來世的或現世的福祉。

所以，我們不能小看這些儀式，這些儀式會給觀看的人和參加的人很多知識或者暗示，告訴他們很多道理，比如善和惡、死後的懲罰和報應、未來的幸福和希望等等。在廣東東莞與香港元朗地區，宗族祭祀儀式上都有「建醮」，就是道教祭神儀式，但四天五夜的「建醮」中除了道士「打鬼」、「祭星」、「除邪」之外，還有演戲，像元朗建神棚中，供奉了關帝像、媽祖像、如來、二帝，以及當地的鄧氏主神，祭祀的時候，會發金花榜告示三界（天地人），「敬為十年惠澤，家家享無事之天，戶戶沾有緣之福」，然後由劇團演出，劇目中有各種教化的戲，福建南平的宗族祭祀，甚至還要加演「英雄兒女保江山」、「林沖」，而潮州則加演「賀壽大送子」（送子娘娘鬧劇）、「花好月

圖 11–8：包公戲曲傳達了對公正的期待

圓」，在觀看這些儀式和戲劇中，民眾其實漸漸接受了很多宗教的觀念。

　　上面提到了演出，其實，通俗性的善書、善歌及滲透了佛教倫理思想的民間文藝形式（如說書、評彈、演劇），在傳播宗教觀念方面是很重要的。在近代中國民間，能夠自己閱讀宗教經典並理解宗教思想的人數是極少的，就像我們前面的調查所表示的，一般老百姓對於宗教的了解，常常要通過那些通俗化的形式才能得到，例如唐代就流行的說唱（俗講）、元明就出現的勸善歌詞（寶卷），清代民間也常有的社戲、祠堂戲。比如民國二十三年《河南獲嘉縣志》中就說，「鄉人歷史知識大都自戲劇中得來」，社會

上很受歡迎的文藝表演，像說書、評彈、戲劇等，常常也充當了宗教思想傳播的渠道，像流傳已久的「目蓮戲」、「西遊戲」、「跳無常」等等，就將諸如「報恩」、「還願」、「陰騭」等觀念輸入了人們的思想，成為一些人的「童年經驗」。

　　最後要提到的是，一些寺廟或道觀中常備經文中的教義，及其中的倫理思想也會影響民眾。在中國大陸及香港、臺灣的寺廟道觀中，儘管宗派並不一定相同，但所念誦的經文卻往往相近，教導信仰者的基本經典也大體差不多，我們曾經了解過一些信仰者平時所念誦的經文，發現大多一致，比如現有幾種大陸、臺灣佛寺出售的袖珍經卷，也並無不同，都是《藥師本願經》、《法華經‧普門品》、《心經》、《金剛經》、《阿彌陀經》等等，而道教的宮觀裡，多賣一些《太上感應篇》、《關聖帝君覺世真經》、《陰騭文》等等。包括一些資深的信徒在內，他們真正能夠閱讀和理解的經典是很有限的，這些有限的經典中關於世界本質與生活目標的「一切皆空」論、關於幸福與苦難的「三世輪迴」、「因果報應」思想、關於社會道德與世俗行為的「善」、「惡」標準，常常就在這些比較虔誠的信徒平時看似無心的經文念誦中，對他們進行了潛移默化的影響。

第十二回

從風水說到陰陽五行

引子：從風水說起

　　凡是有華人的地方，很少有不講究風水的，商人建樓要講依山傍水和四至朝向，平民葬親要請風水先生相陰宅，做官的選辦公室，也要挑挑揀揀，看看是否犯煞，是否旺財，是不是需要用什麼沖一沖。就連貴為皇帝也一樣，明清皇帝選皇陵，就是要挑選能夠使皇族興旺的龍脈，這種想法流傳很廣，後來中國大陸講毛澤東之所以能當了天子，就是因為他家的陽宅建得好，怎麼好呢？有人看了他的故鄉韶山沖，原來他家宅院的面前是半畝方塘，屋後是小山掩映，兩側有環抱狀的小坡，合了風水尋找龍脈的要求。

　　這就是風水，風水也叫做「堪輿」，兩千年前的《史記‧日者列傳》、《漢書‧藝文志》裡面就有堪輿的名稱，據說有一次為了漢武帝問某天可不可以娶婦的問題，一大批占卜專家議論紛紛，五行家說可以，堪輿家說不可以，建除家說不吉利，叢辰家說大凶險，曆家大概是根據曆法說不太凶，天人家卻說小小吉利，而太乙家按照太乙之法

說大吉大利。這裡說的堪輿家，大概就是根據天地變化來預測禍福的人。許慎，就是作《說文解字》的大學問家解釋說，堪是天道，輿是地道，所以它是上觀天文，下知地理的大學問，至於為什麼叫風水呢？《地理新書》卷一解釋說，「出處為水，入處為風」，觀察陰陽宅地，就得看水脈、風路，要使這個房子或者墓地，能藏風、能得水，得水就能夠有活路，藏風就有生氣，活人也好，死人也好，沒有水、沒有氣怎麼成呢？所以叫做「風水」。

這門學問，有時候還叫「青囊」，這是用的典故，傳說，晉朝的郭璞是這一行的開山祖宗，史書裡說，他是從一個老人那裡得到知識的，老人是從青囊裡拿出九卷「武林祕籍」給他，所以他就很神，後來，他的弟子還想偷這些祕籍，但是偷到手還沒有來得及讀，就被天火燒了，就是說這是神授天書，你不該看就不能看，偷了也是白偷。當然，這門學問還叫「相宅」或者「卜宅」，道理很簡單，因為這就是給活人和死人找可以保佑將來能夠發達的住處的，活的是陽宅，死的是陰宅。

一、風水之源

風水的理論和方法，什麼時候開始的，說不清楚，但肯定很早，它可以分為兩個來源，一是「數」，和陰陽數術有關，可能是「堪輿」的一系，漢代有《堪輿金匱》書；

一是「形」，和形勢地理有關，漢代也有《宮宅地形》等等，可能可以叫「形法」。前一個的情況，大家看北京大學教授李零的《中國方術考》，後一個呢？有人認為與南北朝時代的風景愛好有關，其實更早，打仗的人懂得「兵形勢」、「兵陰陽」，「形勢」就是所謂「形法」，東漢大學者班固解釋說，「形法者，大舉九州之勢，以立城郭、室舍形，……以求其聲氣貴賤吉凶，猶律有長短，而各徵其聲，非有鬼神，數自然也」，也是很早就有了的。不過，這裡說的「形法」還是觀看整個大形勢，像一個地區一個城市，不是一個小山頭一個小村莊，不過，漸漸這門技術進入民間生活，看大形勢的城市設計師變成跑村串鄉的風水先生，就不能專看大模樣了，也得「深入生活」。到了漢魏以後，可能是中國北方的人口在東晉時代漸漸向南遷徙的緣故罷，南朝的時候，這類著作確實漸漸多起來了，據說這是因為在山多水多的南方開墾、卜居的需要。

把「形」和「數」合起來，就有了風水的基本內容。「形」是看房屋、墓地的朝向、位置、大小、形狀，以及它周邊的水脈山勢等等外在的空間，「數」是根據一套精細的理論，看看房屋、墓地與陰陽五行八卦九宮二十八宿等等的配置關係。

那麼，最早的風水書是什麼樣的呢？很遺憾，我們說不清楚，為什麼？因為長期以來漸漸丟失了。現存最早的相宅書，還是考古重新發掘出來的，就是睡虎地第十一號

秦墓《日書》中的一篇，杜正勝把它命名為《睡虎宅經》，因為其中討論到內即內室，井、廡即廊房、門、倉、廁、水瀆即出水口、池等等。不過，從這個文獻看，好像理論還不那麼複雜，各種配置關係也還沒有那麼講究。後來漸漸發展，有了各種各樣的人加油添醋，增訂刪改，就面貌大變，到了敦煌本 (p. 3865) 唐代的《宅經》（今本《黃帝宅經》上卷即本此）、宋代的《重校正地理新書》（有 1192 年張謙序）、明代萬曆年間王君榮編《陽宅十書》等等，就越來越複雜和麻煩了。

二、想像大地：風水的思想背景

古代中國有所謂的三才說，三才就是天、地、人，這三者有一些很微妙的對應和呼應關係。天上有風，地下有水，人也有經絡氣脈血流，據說，地和人一樣，有「生氣流注」的脈絡，這種脈絡也叫龍脈。古代中國認定從昆侖山延伸出五條龍脈，在中國這個空間，就有三條大龍脈（三大幹），源自昆侖，分為北條、中條、南條，向東延伸。

每個地方也都有自己特別的龍脈。這個具體的龍脈怎樣尋找和確定呢？按照一般的說法，可以分為四大要素叫做「龍」、「穴」、「砂」、「水」，當然，陽宅或者陰宅所處的形勢，一般來說，要背山面水，這叫「負陰抱陽」，這是最基本的，大體上就是，應當北方屬玄武，背後的山要略高，

圖 12-1：理想陰宅的龍、砂、水、穴

要有豐茂的樹木，南方朱雀要開闊，如果是宅子，最好有
月牙形的池塘，如果是村莊，最好有彎彎的河流，而且對
面遠處最好還有「對山」，從背後的山到對面的山，中間穿
過陽宅、陰宅或村莊，成為中軸線，而兩側東西的青龍白
虎，最好也要成為對稱的屏障，這樣才對頭。具體地說來，
第一，背後的山勢走向要像龍身一樣，有起伏的曲線，構
成一個連貫的脈絡，據說這不僅象徵著祖先到子孫的脈絡
延綿，而且就像人的血脈一樣運行無礙，而在背後屏蔽的
那座主山，就叫「鎮山」，又叫「來龍」，以石頭為骨，土
為肉，水為血，草木為皮毛，都得沒有缺陷，山的形狀還
要比較闊大，這一要素就叫「龍」；第二是「砂」，就是說
周邊環抱的山水形勢，和主山要相配，風水術中間講究砂
法，有種種象徵性的說法，比如錦屏、三臺、寶頂、華蓋、

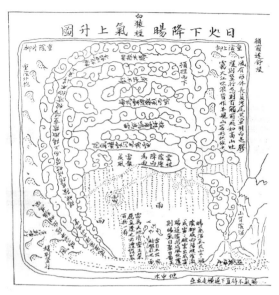

圖 12-2：風水書《白猿經》中的風水示意圖

筆架等等，按照傳統的觀念，主山是君，環抱的群山是臣，
就得講究君臣配合，好像中醫裡面抓藥，講究「君臣佐使」
一樣，一般要小於主山，所謂「近而小，案山也，遠而高，
朝山也」，就是說近處的山彷彿是几案，遠處的山彷彿是來
朝見；第三，選擇陰宅也罷，選擇陽宅也罷，都要注意水
勢，「未看山時先看水」，水是一地的生氣血脈，除了要注
意水脈的彎曲環繞之外，還要注意水和山的相配；第四，
還要看一地的「穴」，所謂「穴」，當然是一種從人體出發
的比喻，就像中醫裡面的「穴位」一樣，是生氣血脈凝聚
的一點，從這一點常常可以激活或者抓住全身，所謂風水

理論裡面講，這是「山水相交，陰陽融凝」的地方，就是龍、砂、水的聚合點，好像畫龍點睛一樣的地方，又好像平衡的焦點所在，比如你要觀察背後來龍山的走向、門前水流的弧度、兩側山的形狀，綜合起來找到一個結合點，如果後山山形略偏，則選擇建陰宅的穴位就要隨之而偏，使其中軸線調整，如果是城鎮或村落，則要把祠堂或明堂建在能夠調整四周山水形勢的中心處。

以上說的，當然多風水的理論而少風水的方法，而且這只是簡化了的理論和方法，真正看風水的方法複雜極了，不光看形勢、配五行、觀察龍脈水口，而且還要下合九宮、上配星辰，這裡沒法一一細說。不過，任何理論和方法，常常就是從簡到繁的，而我們了解它呢，就得倒著來，有一句話叫做「以簡馭繁」，就是「提綱挈領」，只要抓住綱領，就「綱舉目張」，看起來風水理論很複雜，但實際上大體上都是一個原則。即內形看房屋或墓地的形狀，外形看居宅或墓地與周圍山水形勢的配合，然後根據陰陽五行的原理，測定其對居住者的禍福。傳說是明代初期有名的劉基寫的《堪輿漫談》說得很簡明，他說，「堪輿要領不難知，後要崗來前要溪。穴不受風堂局正，諸般卦例不須疑」。「諸般卦例不須疑，穴正龍真便可處，水不須關有案拱，綿綿瓜瓞與人期」。原則就是這樣簡單。當然，有時候，它還受到山水觀念和風景愛好的影響，有人指出，對於風水先生來說，他們看到的好風水，並不是一般人看到

圖 12-3：家族墓地的理想
形態——陳埭丁氏墓地

的山水之美，它對於山勢的延展、遠近、大小、形狀，對
於水的流動、離合、遠近都有不同的理論。風水觀念中理
想的空間是什麼呢？大體上說，就是後面有屏障，左右有
依靠，前面有流水環抱，遠處有案山、朝山呼應。

三、儒者與風水

　　風水在中國民間很流行，可是它一直在上層很受鄙薄。
中國古代理性的文人很多，他們總覺得這些東西是孔子所

瞧不起的「怪、力、亂、神」，儘管這種風水術的背後有很多中國的道理，儘管這些道理也是為中國的家庭、家族組織所用，但是他們還是覺得，第一，現世的政治秩序更重要，第二，做人的倫理道德更重要，第三，內心的自覺更重要，所以他們希望的是憑著政治倫理道德的修養和知識，得到個人、家庭和家族的幸福，不應當靠這些東西，這些東西會使人心存僥倖，走偏鋒，出奇兵，用這些東西來贏得祖先、本人和子孫的幸福。所以，對於風水他們有三種態度，一是懷疑和批判，像東漢的王充，就對風水相宅很懷疑，比如相陽宅中，門的方向很重要，他就質疑說，門重要，為什麼廳堂不重要？如果你看《論衡》，裡面就很多這類的批評。二是敬而遠之，像有名的嵇康寫〈難宅無吉凶攝生論〉，就對吉凶宅相很懷疑，他說，藥可以治病，可以看到驗證，所以君子可以相信，但是「宅之吉凶，其報賒遠，故君子疑之」，很懷疑它的真實。三是儘量改造，唐代的呂才看到有人用郭璞的《葬書》騙錢，就批評人「如使吉凶，拘而多忌」，所以他自己也搞一些關於相陰宅的文書，用埋葬的日月選擇、安葬的吉凶、五姓不同的選墓，來糾正專門選擇山崗流水這些弊病。

這些態度很有意思，可是私下裡也有人對風水暗暗好奇，甚至也有上層人公開表示相信，因為對於陰宅、陽宅關係人的命運的說法，來源很久了。《南史》卷五十三記載一件事，梁武帝的丁貴嬪，是昭明太子蕭統、梁簡文帝的

媽媽，昭明太子很孝順，丁貴嬪去世，他讓人求得一塊很好的墓地，正準備去除草，有一個人通過太監來賣另一塊地，太監就對梁武帝說，這塊地比太子的更好，梁武帝就同意了。可是據說下葬以後，有一個道士就說，這塊地並不好，特別是「不利太子」，如果用法術，也許還可以免除災禍，所以太子「乃為蠟鵝及諸物埋墓側長子位」，但是被一個叫鮑邈之的人告發，梁武帝很不高興，就把道士給殺了，而太子也因此不得梁武帝喜歡。

　　這個故事說明，這種關於墓地和命運的說法，上層人裡面，像編了《文選》的蕭統那樣有文化的人都相信，可見沒有多少人能夠抵擋命運的誘惑，在不可知的未來的壓力下，就是有理性傳統的文化人，也只好對這種知識和技術網開一面。像北宋仁宗就讓司天監的官員修了有關「地理」（不是現在的地理學）的官方著作《重校正地理新書》，而作序的就是當時赫赫有名的翰林學士王洙，後來的大理學家程頤、朱熹、陸九淵等等，也對看風水、相陰宅的說法，既表示有限度的贊成，又試圖努力往「氣」（氣之厚薄與富之盛衰）和「道德」（孝敬之心的表現）方面引導，讓這種知識更加理性化一些。所以，宋代雖然有像司馬光〈葬論〉和〈言山陵擇地札子〉那樣，反駁朝野流行的選擇葬送時日和查看山水形勢，相信這些會對子孫福禍有影響的言論，但還是有很多士大夫對這種東西睜一隻眼閉一隻眼，甚至有的理學家對此還甚有興趣，比如南宋紹熙五年

(1194)，為宋孝宗選擇陵寢之地，一個叫趙彥逾的官員覺得原來選的地方不好，因為土淺肉薄，下面五尺就有水石，兩個當權的大官趙汝愚和留正意見不一，而六十五歲的朱熹就為這件事情，上了〈山陵議狀〉，說皇帝的陵墓應當好好地尋找「吉土」，所以不要著急，要「廣求術士，博訪名山」，而且在他和弟子的議論中，他雖然說，不要固執「山是如何，水須從某方位盤轉，經過某方位，從某方位環抱」，但是他還是覺得應當盡心盡力去找好地方。我想，正是在士大夫這種集體的態度曖昧和默認中，風水術才能夠在民眾生活裡面存在，並且越發盛行了。

四、降而為風水先生

風水形成雖然很早，但到了唐宋以後，風水觀念好像越發流行，風水理論也漸漸整齊，風水書也多起來了，這是為什麼？

簡單說，到了宋代，天下比較安定了，城市商業越來越發達，書本印刷也越來越方便，政府越來越鼓勵和提升文化人，而且文武學、宗學、京學、縣學這些官方的學校之外，到處都有鄉校、家塾、舍館、書會，還有後來最興盛的書院，這使得讀書人越來越多。美國學者賈志揚 (John Chaffee) 曾經統計，說宋代成年男性中的百分之三點二，會參加科舉考試，北宋大文人蘇轍〈上皇帝書〉裡面就說，

現在農工商賈的後代都不守舊業去當讀書人了，他擔心這種情況越來越厲害，天下沒有人生產，而且他也說，這些讀書人不管家庭、到處遊蕩，真是麻煩。

讀書人多了，就有了出路的麻煩，科舉考試，比現代的大學考試要難得多，要想在千軍萬馬中衝過科舉考試的獨木橋，那是難上加難。很多本來從小讀書的人，到了成年，無法通過科舉這個充滿荊棘的大門，就只好另謀出路，南宋袁采（約 1140–1195）編的《袁氏世範》就說，士大夫的子弟，如果沒有世代相傳的產業，當然只好去讀書，可是讀書人裡面大多數不能通過考試成為文人和官員的怎麼辦呢？他說，可以「開門教授以受束脩之奉」，就是當中學老師啦，可是還有更多的連中學老師都當不了的怎麼辦呢？他說，一是可以「事筆札，代箋筒」，就是幫人寫寫信謀生，二是可以「習點讀，為童蒙之師」，就是當小學老師，再不行連這都混不上呢？他說，那就可以「醫卜星相，農圃商賈」，都可以做。這後面說的醫卜星相裡面，就包括當風水先生。元明清幾代裡面，真的有很多讀書人就成了風水先生，大的替皇帝、貴族安排官邸府第、祠廟陵墓，甚至設計城鎮布局，小的幫民眾找家族和家庭的陽宅陰宅。還有一些很大的讀書人學問家，還寫了一些風水地理的著作，像明代項喬有《風水辨》，清初陳確有《葬書》、《地脈論》等等。像明代的一個有名的文人金瑤，就說他的一個精通風水的同鄉朋友吳樂山很了不起，他說，地理之學（就

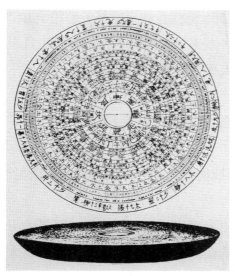

圖 12-4：古代的式——風水
先生的工具羅盤的前身

是看風水）有三到，一是心到，二是目到，三是足到，好
像我們今天説的要用心思考，要勤於觀察，要多跑多走，
吳樂山就是三樣都很有造詣，所以他看風水很出名，還寫
了一本書叫《三到心法》，對龍、穴、砂、水四法有特別的
心得，完全不是普通世俗的風水先生。

　　其實，就算是普通的風水先生，也並不丟人，畢竟還
是「先生」，在古代能叫先生的，一定是有特別本領的人，
在中國鄉村能看風水的，多是對鄉村影響很大的鄉秀才一
類的下層知識分子。説起來，看風水也是一門很專門的技
術，本來這門技術也是大學問，它背後有很深刻的知識背
景，就像東漢大史學家班固在《漢書·藝文志》裡面引西
漢末年劉歆的話説，「方技者，皆生生之具，王官之一守

也」，什麼意思呢？就是說，這些看病、抓藥、念咒，也包括這些風水堪輿的東西，本來也是人類生存的必要工具，原來也是官方需要派專人學習和傳授的知識。

五、陰陽五行，為什麼是陰陽五行？

那麼，前面說的這門技術背後的大知識背景是什麼呢？就是陰陽五行呀。

《紅樓夢》裡面有史湘雲的丫頭翠縷說的一段話，可以說明中國人對於陰陽的知識，真是深入人心，她的話大意是，天底下的什麼事兒都有陰陽，樹葉正面是陽反面是陰，磚頭上面是陽底下是陰，連個蠓蟲兒也分公母，有陽有陰，而人裡面呢？主子是陽，奴才是陰，也分得出陰陽。這大概是「普遍常識」，這本事在中國真的是常識，像現在的中國人，就憑著感覺，能把好多吃的食品分出上火的陽性食品和去火的陰性食品。

陰陽的觀念，來源很早很早，早到什麼時候？現在說不太清楚，至少在周代就有了，傳說周幽王二年，發生大地震，一個叫伯陽父的人就說，周王朝將滅亡了。為什麼呢？他說，天地陰陽之氣是不能亂的，亂就要發生問題，地震就是因為「陽伏而不能出，陰迫而不能烝」，現在三川地震，是陰陽失調。果然後來西周就滅亡了。這個陰陽，貫穿整個自然，也同樣貫穿社會和人。人也有陰陽，這不

僅僅是說男和女，對應了陰陽，就是一個人的身體內部，也有陰陽的問題，陰陽要平衡，不平衡人就會死亡，《左傳》裡面就記載西元前 541 年，醫和討論晉侯之病，就說過陰陽是「陰、陽、風、雨、晦、明」六氣中的兩氣，它上和自然氣候變化相關，和四時（春夏秋冬）對應，下同人的生理相關，過了頭就會成災，「陰淫寒疾，陽淫熱疾」。特別是，古代中國「陰陽」概念，絕不會僅僅停留在寒熱晴雨等具體事物和現象之中，而是貫穿了其他感覺上相近的所有的現象和事物，把自然、社會、人的所有東西都按照陰陽分配，這就是所謂的「物生有兩」，兩兩相配，所以《左傳》說，一切都有「清濁、大小、短長、疾徐、哀樂、剛柔、遲速、高下、出入、周疏，以相濟也」，這就是《國語‧越語》裡面說的「因陰陽之恆，順天地之常」。

　　至於五行呢？也一樣來源很早很早，以前，顧頡剛先生就說「五行是中國人的思想律，是中國人對於宇宙系統的信仰」，不過，最早記載五行的《尚書‧洪範》裡面，五行就是金、木、水、火、土，這五行有五種性質，水是滋潤向下，火是炎熱向上，木有曲有直，金可以製皮革，土則適於種莊稼，而且它們也各有各的味道，水偏鹹，火偏苦，木偏酸，金偏辣，土偏甘。漸漸的，它就也像陰陽一樣，開始貫穿各個領域了，比如，它和大地的五方（東南西北中）、色彩中的五色（青赤白黑黃）、天上的五星（金木水火土）、五聲（宮商角徵羽）等相聯繫，甚至傳說裡

面，古代還有配合五行的五方神，這就成為了一種宇宙觀，大家有興趣，可以看《左傳》昭公二十五年引子產的話，他就說五行是來自自然的，是符合天地的，所以叫「則天之明，因地之性，生其六氣，用其五行。氣為五味，發為五色，章為五聲⋯⋯」。

這種陰陽和五行的思想，後來結合在一起，就成了古代中國認識一切現象的宇宙觀。當然，後來的陰陽五行思想，比起我們說的要複雜多了，它不僅加上了更複雜的「數」，像八方（或者八卦、八風）、九宮、十二辰（或者十二月）、二十八宿等等，而且深入到古代中國人生活的各個方面，包括醫療保健、政治軍事、天文地理，因為古人想像，宇宙既然是一個彼此相連又和諧的整體，而且把天地人鬼貫通起來的就是氣（一）、陰陽（二）、三才（三）、五行（五）、八方（八）等等基本要素，宇宙間萬事萬物就有共同的存在方式，天地人鬼之間也有可能發生神祕的但又是必然的聯繫和感應，方技、數術基本上就是根據這一思想而產生的。其中大家最熟悉的，可能就是中醫了，當陰陽和人的「氣」、五行和人的「五藏」聯繫起來的時候，它就進入這個宇宙觀念裡面去了，大家如果看《黃帝內經》就會知道，裡面觀察、分析、判斷和處理人的生命、健康的支配性觀念，不就是陰陽五行嗎？

六、「相其陰陽，觀其流泉」

　　風水之學，其實基礎也就是陰陽五行的一套。這來源也很早，《詩經‧大雅‧公劉》有兩句說，周族的祖先尋找棲息地，就「相其陰陽，觀其流泉」，本來陰陽就是山南山北、水北水南的意思，陰陽兩個字都從「阜」這個偏旁，阜就是小山嘛。

　　風水就是這麼漸漸發展起來的，也許最早的時候，它只是為活人尋找一個適於生存的空間，為死人安頓一個合適的地方，觀察的主要是自然環境，但是，漸漸地它就有了各種各樣的附加意義，其中兩點最重要，第一點是它有了關於吉凶的實用意義，也就是要考慮，活人的陽宅合不合陰陽五行的規矩？如果不合規矩，吉利不吉利？死人的陰宅是否能夠得到自然天地的配合，使死去的人安穩，使活著的子孫幸福？所以就衍生出來種種神祕的「形」和「數」，之所以要神祕，一來是它確實和天地之大道理有關，不是一般人可以懂得的，二來是它也要成為一個由某些有專業知識的人的「專利」，不能變成「家為巫醫、人能通神」的混亂局面。第二點是它有了審美的意義，你看，無論是人找陽宅還是陰宅，最好都是找風景秀麗、草木蔥蘢的地方，隨著風水擇地觀念的普遍，墓地、村落、住宅都漸漸有了風景的配合，後來的風水書裡面就說，如果「氣

吉,則形必秀麗,端莊圓淨,氣凶,則形必粗頑,欹斜破碎」,所以有人就說,風水知識和中國的山水觀念、山水畫,有很大的關係呢。

順便介紹一下,最早的風水書之一,就是有名的《葬書》(或名《葬經》),這本書傳說是晉代大學問家郭璞寫的,郭璞注過《山海經》,是很博學的人,這部書是不是他的作品?不好說,不過,大體上我們都相信是六朝時候的著作,它是風水這一行的古代經典,也是確定風水背後的哲理的書。後來這本書很流行也很權威,不過,也有很多人把風水流行的後果算在郭璞的身上,宋代人羅大經說,很多人迷信郭璞的這本書,為了追求吉利的墓地,多年不能滿意,以至於十幾年都無法把死人下葬,也有人家,已經下葬了,覺得不吉利,於是又挖開另外下葬,一葬再葬,有埋下挖開三四次的,甚至還有人為了買好的地而打官司的,也有因為聽了不同風水師的話,骨肉互相成為仇人的,他說,這都是郭璞造下的罪過。

七、在歷史中看才是公平的

一般來說,古代中國的讀書人,就是我們說的士大夫或者精英分子,多數不怎麼相信這些風水的說法,像北宋的司馬光就批評說,「世俗信葬師之說,既擇年月日時,又擇山水形勢,以為子孫貧富貴賤」,他覺得,這樣的迷信,

一是風水說法不一造成爭論不已，二是搞得已經去世的親人久久不能入土為安，三是讓很多愚昧的人把希望寄託在這上面，對於社會來說是很不好的事情。所以，儘管我們前面也說有很多知識人對風水有興趣，不過，畢竟是少數，而且是私下裡，而司馬光這種看法卻代表了主流，中國傳統的知識分子裡面，這種理性傾向還是很強烈的，何況中國古代知識系統，總是把道德與政治放在首位，對這種東西不很重視，所以風水在古代中國，還是屬於邊緣性的、民眾生活世界的知識。這種舊傳統，在近代以來又加上新傳統，西方的科學知識傳進中國，構成了一個科學主義的信仰傳統，這更使風水技術，以及風水技術背後的陰陽五行觀念背景，失去了它的合理性。從晚清到民國初年，我們看到，對於風水的批評幾乎不斷，而且極其嚴厲，道理呢？一般來說，就是指責它違背科學。

它確實不符合科學。可是，我們今天卻要從歷史角度來評價它，第一，它是來源於古代中國知識世界的一種知識和技術，它在古代中國的歷史中，在那個知識世界裡面，是應當可以得到合理解釋的，也就是說，它是從那個基礎上正常地生長出來的。第二，古代中國的知識世界，也就是以陰陽五行為基礎的知識世界，可能是需要同情地理解的，因為它有可能是另一種觀察世界的角度，它構成了和西方現代科學不一樣的知識體系，它有其歷史合理性。第三，在現代西方科學之外，有沒有一些可以得到認同的知

識，對於人類是有益有效的？西方科學是否已經終結了認識的歷史？如果沒有，那麼，古代中國陰陽五行這類知識，是否還有其意義？比如中醫在陰陽五行基礎上的、至今有效的診斷、預防和治療技術，豈是一個「科學」或者「迷信」可以概括？

也許我們可以從裡面尋找一些資源？也許我們可以從中體會古人的思想？現在已經有人把風水與中國的建築、中國的空間觀念聯繫起來討論，試圖從裡面找到一些啟示了。而我們在這裡，是希望各位懂得一個歷史學的道理。也就是，把一切放在歷史裡面看，人們更容易對古代有確切的理解，也更能夠體會古人曾經擁有的智慧，而不至於有現代人對古代人無端的和盲目的傲慢。

結 語

文化，什麼是中國的文化？

引子：從「古代」走到「現代」的中國

生活在現代中國的人，當然要了解現代中國的事情，不過，要了解現代中國，可能還是要知道傳統的中國，西方人有一句名言，叫做「過去即一個外國」(The past is a foreign country)，那麼，為什麼要了解過去或外國呢？其實所謂了解「過去」也好，了解「外國」也好，都是為了了解「現在的中國」。道理很簡單，因為你不知道那個過去的中國，你就沒法知道現代這個中國怎麼個現代法，不知道外國有什麼和我們不同的文化習慣風俗特點，就不知道中國的文化習慣風俗哪些是「中國」的，這就像你不拿個鏡子不知道自己什麼樣，不看另一個人就無法知道自己是高是矮是胖是瘦一樣。這就是歌德說的「只知其一，便一無所知」(He who knows one, knows none)。特別是，現在的中國，畢竟是從傳統的中國延續過來的。

如果可以回到百年以前來看中國，你就會看到，那個時候的中國，和現在的中國大不一樣。舉幾個例子，人們

讀的書不是休閒雜誌、電腦書籍、報紙漫畫，主要還是儒家的古典，以及由這些古典衍生出來的童蒙課本、考試範文，當然也有一些小說、散文和詩歌，但是那主要是士大夫的讀物；人獲得知識和消息的途徑主要不是報紙廣播電視，而是一些刻印的書本、道聽途說的見聞以及鄉親父老的經驗傳授；人們的社會生活空間主要是在大家族、家鄉中進行的，家鄉彷彿是一個圓心或者軸心；人們對於地理遠近的觀念和今天大不相同，從北京到天津就是出了遠門了。對於一般的人來說，不斷的婚、喪、嫁、娶，加上一些年節、常常有的驅邪打鬼舉動，似乎是最普通的儀式或節日，佛教和道教和人們的生活隔得並不遠。飲食方面呢？無論粗細，傳統的米飯、麵餅、雜糧、小菜加上飲茶，都是主要的東西，吃飯是大事，占了生活中的不少時間。

　　通常，我們自己不會太注意這些往日生活的記錄，因為那個時候的人們意識裡會覺得，這很普通，普通得沒有必要仔細記錄，倒是外國人到了中國，他也看到了一個「過去」或者「外國」，他會看到一些生活場景，這些場景和他們西方的、近代的生活不一樣，所以他們會很驚詫，會津津樂道，他們就畫了好多畫，拍了好多照片，現在，我們看很多當時外國人的文字記載和攝影作品，我們可以回過頭來看到自己百年前的舊風景。

一、回首已是百年身：喚回歷史記憶

　　當今天的中國人通過這些舊照片、回憶錄來回頭看自己這些舊時代的生活時，也覺得有些陌生了，也覺得有距離了。這是因為今天的中國，和那時的中國有了巨大的變化，很多人都說，二十世紀中國發生了翻天覆地的變化，變化的開端是十九世紀末。

　　現在，一般人都會同意當年張之洞的一個說法，自從十九世紀近代西洋文明進入中國，使中國經歷了一次「兩千年未有之大變局」，中國似乎與傳統有了「斷裂」。舉一些身邊日常生活裡的例子，比如，我們現在的時間觀念和過去大不一樣了，因為政府的推動，我們不再用王朝與皇帝的紀年，而改用西洋的公曆了，可按照傳統的觀念，「天不變，道亦不變」，曆法改了，這就是「改正朔」一樣的天翻地覆呀。又比如風俗也不一樣了，今天我們禁止吸食鴉片、婦女纏足，而且我們變革了舊日的稱呼，法律規定了男女平等、一夫一妻和自由結婚離婚。我們也漸漸把注意公共衛生和提倡清潔習慣當做文明來提倡，禁止有礙風化的印刷品和廣告，而且革除了舊時的禮儀。說一個故事，一個叫做包天笑的人在他的《釧影樓回憶錄》裡曾經說到，以前北方人就是請安，請安也有很多很多規矩，作大官的要會旋轉式的請安，因為可能有很多下屬會圍著你，你得

回禮，滿族婦女則要會請雙安，當然見了皇帝還要三叩九拜，「請安請得好，算是風芒、漂亮、邊式」。可是到了民國時代，1912 年就規定新的《禮制》，男子共五條，在各種場合都是脫帽鞠躬，只是多少略有不同，這雖然只是一個小小的禮節，但也體現了很大的變化，也就是說人與人的關係變化了。

再說語言文字罷，今天的漢語已經羼入了太多的現代的或西方的新詞彙，報紙、信件、說話，裡面有好多「經濟」、「自由」、「民主」這些看似相識卻意義不同的舊詞，也有「意識形態」、「電腦網路」、「某某主義」這些過去從未有過的新詞，口語中也越來越多地有了 「一般說來」、「因為所以」、「作為我來說」這樣的語句，甚至還有「秀」(show)、「酷」(cool)、"WTO" 這樣的進口詞，如果一個百年以前的人還能從墳墓中走出來，就像張藝謀拍的「秦俑」中的那個人，他肯定聽不懂我們說的話。

今天的中國已經大變，中國擁有了太多的現代城市、現代交通、現代通信，過去我們的生活世界，是四合院、園林、農舍，人們從一個地方到另一個地方，要乘牛車馬車，所以從四川快運荔枝到長安，就得跑死馬，成為奢侈的話題，蘇軾被貶海南，就不像今天的旅遊節目，連林冲發配滄州，一路上也好像遠得可以，董超、薛霸來得及做好些次手腳，而魯智深得天天護送；至於信件，更比不上「伊妹兒」，所以那個時候的中國人關於空間遠近、時間快

慢的觀念，和今天大不同，今天的人才真的覺得「天涯若比鄰」。同樣，今天的中國生活已經變得越來越西方化了，麥當勞成了年輕人的 favorite，吃飯的觀念越來越不同於過去了，就說住罷，現代人與人可能頭對腳上下樓住得很近，比舊時代的人與人相鄰而居還近，但公寓單元式的住房卻使人與人實際隔得很遠，過去那種大雜院、村落式的鄰里關係已經在城市裡消失了，至於大家族，那是更少見了，七姑婆八連襟，堂兄堂弟姑嫂舅甥的那種矛盾或融洽，都已經像田園詩時代的舊事情，離我們似乎很遙遠了，大家族的親戚關係已經被小家庭的契約關係所替代，所以舊時中國建立社會秩序的基礎，也就是家族關係、家族禮儀和倫理觀念，也已經成了過去的故事。

二、文化與文明：不得不分辨的兩個概念

可是，為什麼現代還要講「過去的故事」呢？這一點我們最後再來細說，先說一下「文化」和「文明」的差別。

本來這兩個詞的差別不是很清楚的，不過，為了下面討論的方便，我們採取歐洲人伊里亞斯 (Norbert Elias, 1897–1990) 在《文明的進程》一書裡的說法。第一，我們把「文化」看成是使民族之間表現出差異性的東西，它時時表現著一個民族的自我和特色，而把「文明」看成是使各個民族差異性逐漸減少的那些東西，表現著人類的普遍

的行為和成就。換句話說，就是「文化」使各個民族不一樣，「文明」使各個民族越來越接近。第二，我們把「文化」看成是一種不必特意傳授，由於耳濡目染就會獲得的性格特徵和精神氣質，而把「文明」看成是一種需要學習才能獲得的東西，因而它總是和「有教養」、「有知識」等詞語相連。第三，在某種意義上說，各個民族的「文化」往往是固守的、不變的，它表現出一種對外來文化的抗拒，而「文明」常常是始終在運動的、前進的，表現著殖民和擴張的傾向。也就是說，「文化」與傳統有關，表現著過去對現在如影隨形的影響，而「文明」與未來有關，表示著將來普遍的趨勢和方向。

那麼，在漢族中國的古代的歷史和傳統中，足以表現出與其他類型的文化不同的究竟是什麼呢？

三、家族與親情：
中國（漢族）文化的若干側面

很多人特別是生活在另一文化環境裡的異國異族人，如果乍一進入到漢族中國生活世界，或者在本國突然接觸漢族中國移民群，很容易感覺到的是，對於中國人尤其是漢族人來說，血緣所形成的親族關係和家庭家族中的親情，是相當重要的和可以依賴的，所謂「血濃於水」這個詞就可以形容這種關係，所謂「打虎還需親兄弟，上陣仍靠父

子兵」，也可以說明這種關係和感情的重要。

　　在前面第二回〈從婚禮喪儀想像古代中國〉裡，我已經詳細地說明這一點。並不是說其他文化圈裡的人不重視親情，而是說在漢族中國，親緣和親情不僅表現了個人與家庭、家族的密切關係，而且從中衍生出了整個社會賴以建立的結構和基礎。中國的父子夫妻兄弟姐妹等等親族，不僅在名分上要區別得清清楚楚，強調不同名分之間的不同等級，同時又強調不同名分和等級的人們之間，要各安其位，才能和諧相處。而和諧相處的前提，就是「男女有別，上下有序」，費孝通在《鄉土中國》裡就說，中國和西洋的基本社會單位不同，我們的格局不是一捆一捆紮清楚的柴，各自立在那裡，而是好像把一塊石頭丟在水面上所發生的一圈圈推出去的波紋。我在前面已經講到，古代中國依靠「五服」和「九族」的觀念和制度，建立嚴格而又整齊的家族秩序。其中，最重要的是「父」、「母」或者「夫」、「妻」兩姓之間的差別，一定要分清楚，這是「內」和「外」。老話講「胳膊肘子不能向外拐」，就是說，從道理上說，要偏向同姓的族人或家人，這是大原則。老話又說，「女生外向」，就是說嫁出去的女性，她的立場會傾向於夫家，而夫家是另一姓，所以是向外，因此有「嫁出去的女兒潑出去的水」的說法，這個內外界限非常清楚。

　　但是，如何使內外溝通、兩姓和睦？第一，恰恰是在內外分清的基礎上建立關係，通婚使兩姓有了親戚關係，

比起沒有親戚關係的家族來說，這兩姓之間就比較密切，但是兩姓之內，又需要各偏男性姓氏，這樣就關係理順了。第二，古代中國又強調在一個家庭或家族之內，要上下有序，也就是分清上下長幼以建立相互尊重和愛護的關係，父子之間有孝，兄弟之間有悌，兄弟姐妹之間、堂兄弟姐妹之間、表親之間，甚至同姓一族的人之間，都要有大小上下的次序。大的要愛護小的，長的要照顧幼的，但是小的也要服從大的，幼的也要尊重長的。換句話說，就是按照遠近親疏的不同等級，把家庭、家族、宗族甚至不同姓氏的家族的秩序建立起來，甚至依據這種秩序擴大到整個社會，建立了國家的、社會的秩序，所以，古代中國不僅有家族族長的權威可以籠罩整個家族干預任何家庭內部的現象，也有「國家」這樣把「國」和「家」連在一起的詞彙，也有把地方官叫「父母官」的傳統。

從家庭、家族到國家，這種秩序叫做「倫理」，什麼叫「倫」，原來的意思就是「水文相次有倫理也」，用在人類身上，就表示社會各種關係有次序、類別、條理。倫理最重要的是分別親疏遠近，《禮記》裡面講有十倫，是鬼神、君臣、父子、貴賤、親疏、爵賞、夫婦、政事、長幼、上下，幾乎把現實的和虛構的關係全囊括了，但主要就是在區別，主要是在區別父子、遠近、親疏。這是不可以改變的社會秩序，所以《禮記·大傳》裡說「親親也，尊尊也，長長也，男女有別，此其不可得與民變革者也」，就是說這

是社會的基本秩序，社會無論怎麼變，這是不可以變的，
變了就不是「這一個」「古代中國」了。

四、歷史與現實：合理的與不合理的

歷史地說，在古代社會中這種秩序有它的合理性，它
把社會秩序和國家權力建立的依據和基礎，放在了人性中
最自然的親情上了，因為父子之情、手足之情而擴展到社
會，成了君臣之義、朋友之誼，而內外有別、上下有序，
也就成了建構社會等級制度的基礎，使得社會不至於混亂。
但是，從現代價值觀念上看，這背後也隱藏了深刻的問題，
就是說，當這種所謂的親緣和親情被放大化、絕對化了的
時候，「孝」就絕對優先於一切，甚至使真理和原則也退置
於次要地位，形成對長上的絕對服從，所謂「子為父隱，
直在其中」就是極端的說法。當本來擁有優先價值的親情
被政治權力所占有，成為一種絕對的倫理律令，於是，本
末就倒置了。當這種血緣的天然關係被放大到社會國家的
時候，本來應當由社會契約和社會共識確認的政治關係，
卻成了似乎不需要論證的自然等級關係，於是，君臣的
「忠」不僅壓倒了父子的「孝」，而且成了對個人專制的基
礎，像「君要臣死，臣不得不死」就是專制政治的極端。
顯然，當這種家庭、家族的秩序放大為國家政治秩序，並
且擁有絕對正確性而不可違逆的時候，國家便不僅絕對優

先於家庭，而且絕對優先於個人了，這樣，從親情開始建構的社會秩序，反而走向了絕情的極端。

　　不管怎麼說，家庭、家族或宗族為基礎的親緣關係，是古代中國的一個相當清楚的傳統，這種傳統一直延續到現在，產生了很多後果，比如：㈠它使得中國人至今還是相當看重家庭、看重親情、服從長上，這也許是漢文化的一個特色。㈡它也是古代中國社會的相當重要的基礎，由於這種社會似乎建立在天經地義的服從、愛護、彼此依賴的「親族」關係上，所以在上面的統治者擁有父親一樣的權威、擁有不言而喻的正義和真理、擁有天然的合法性，所 以 古 代 中 國 形 成 了 「絕 對 的 和 普 遍 的 皇 權」(unconditional and universal kingship)。㈢這種皇權的統治下，又使得中國不像西方那樣，可能存在與皇權分庭抗禮的宗教權力，皇帝以及朝廷掌握了政權、話語權和神權，於是像佛教、道教以及後來的天主教、基督教、伊斯蘭教等等，都只有漸漸屈服，並改變自己的宗教性質和社會位置，在皇權和主流意識形態的範圍內，行使輔助性的功能，而同時它又使得宗教信仰者也常常並沒有特別清晰和堅定的宗教立場，形成所謂三教混融的實用性宗教觀念。在第十一回〈古代中國的兩個信仰世界〉中，我已經比較詳細講了這個問題。這就在極大程度上決定了中國的社會與文化特徵，也在很大程度上影響了現代中國。

五、天人之際：
中國（漢族）文化的若干側面（續）

　　接下來我要和各位討論的，是關於「天」與「人」之間的關係，在古代中國尤其是漢族人的理解中，天人關係似乎相當特殊。

　　古代中國人普遍相信，「天」不僅是人類生存於其中的空間與時間，還是人類理解和判斷一切的基本依據，「天」和「人」之間有一種神祕的互相依賴、互相摹仿和互相感應的關係，所以，人一方面應當仿效「天」的構造，模擬「天」的運行，遵循「天」的規則，就可以獲得思想與行為的合理性。近年來考古發現的一些早期文獻裡面也說，不僅是治理國家要「尚（上）可合星辰日月，下可合陰陽四時」，就連修煉身心，也要和「天地四時」對應配合，就是「治身欲與天地相求，猶橐籥也」，天地的一些規律像四季，也影響著人的生活，所以人要像天一樣「春產，夏長，秋收，冬藏，此彭祖之道也」，就是說，人的生存原理，就是使自己「與燥濕寒暑相應」，治身就是使天人相應，與天地四時的變化相應，從中求得永恆。

　　在古代中國人的心目中，凡是仿效「天」的，就能夠擁有「天」的神祕與權威，於是，這種「天」的意義，在祭祀儀式中轉化為神祕的支配力量，在占卜儀式中轉化為

神祕的對應關係，在時間生活中又顯現為神祕的希望世界，支撐起人們的信心，也為人們解決種種困厄。不僅是一般民眾，就連掌握了世間權力的天子與貴族，也相信合理依據和權力基礎來自於「天」，秦漢時代皇宮的建築要仿效天的結構，漢代的墓室頂部要繪上天的星象，漢代皇家的祭祀要遍祭上天的神祇，祭祀的場所更要仿造一個與天體一致的結構，在人們的心目中，「天」仍然具有無比崇高的地位，天是自然的天象，是終極的境界，是至上的神祇，還是一種不言自明的前提和依據。

雖然荀子曾經呼籲中國人要　「制天命」　也就是征服「天」（自然），但是似乎這種想法在古代中國起的作用並不大，古代中國主流的觀念裡，人和天一定要和睦相處，人要尊重和仿效「天」，因為這個「天」是「天經地義」的「天」，是「天理」的「天」，是「人法地，地法天，天法道，道法自然」，體現著「道」和「自然」的東西。那麼怎麼才是「奉天承運」或者是「順天行事」、「替天行道」呢？就要按照一些化約了的「數字式概念」來思考和處理問題。

六、數字式概念：陰陽五行八卦九宮十二月

什麼是化約了的「數字式概念」？就是一些由「天」所顯示的自然法則，在古代中國被用一二三這樣的數字表達出來，而古代中國人就在這些簡潔的思路中，把「天」與

「人」聯繫起來。

　　其中，首先當然是「一」，這是一個可以被理解為「中心」、「絕對」、「神聖」或「唯一」的概念，在秦漢時代它既是唯一的本原、至上的神祇，又是天下一統、君主權威、理性法則、知識基礎和一切的終極依據，還是天下籠罩和控制眾多蠻夷戎狄的唯一中心，「一切都取法於天行或宇宙的結構」，但又不僅指宇宙的運行與結構，這是一種「秩序的觀念」，在第一回中，我曾經講到它對於古代中國天下觀念的影響；其次是「二」，「二」當然即陰陽，但它既可以被比擬成日月、天地，也可以被象徵君臣、上下，以及從陰陽中進一步引申出來的冷暖、濕燥、尊卑、貴賤，而且也暗示了一系列的調節技術；再次是「五」，在古代中國人那裡，他們曾經把宇宙中最基本的「五」視為五種基本元素「金木水火土」，叫做五行，而且還為「五」並列出種種匹配的事物和現象，甚至對應人的五種品德「仁義禮智聖」，這說明人們普遍接受和相信「五行」可以歸納和整理宇宙間的一切，使宇宙整齊有序，而有條不紊是符合宇宙法則和人類理性的，相反，如果五行、五色、五聲、五味、五方、五臟、五祀等等發生紊亂，人們就要用技術將其調整過來，否則人就會生病，社會就會混亂，宇宙就會無序。比如朝代的變更，要順序地吻合五德的排行，人們的服飾，要順序地吻合五色的輪次，祭祀的對象，要順序地凸顯五方的地位。

　　這只是簡單地說，如果細說，從一到十二都有種種象徵：

　　一，生成天地陰陽萬物的「道」，或者是天穹上唯一不動的「極」，或是眾神之神的「太一」，這是絕對與唯一的存在本源。

　　二，天地（或陰陽、乾坤、黑白、寒暑）。

　　三，天地人，這叫三才，或直接代表人（天一地二人三）。

　　四，四時（春夏秋冬）、四方（東南西北）、四神（青龍、朱雀、白虎、玄武）等等。

　　五，五音（宮商角徵羽）、五行（木火土金水）、五色（青赤白黑黃）。

　　六，六合（左右前後上下）、六律（黃鐘、太蔟等）等。

　　七，七曜（日月和五星）、或七星（北斗）。

　　八，八卦（乾坤等）、八風（八方之風）。

　　九，九宮（八方加上中央）、九土（九州、九野）、或九天。

　　十，十日（十天干）。

　　十一，六氣五行（天六地五）。

　　十二，十二辰（十二地支）、或十二月。

　　這種「數字式的概念」發生很早，經歷了漫長的整合和論證過程，在秦漢時代終於以系統的形式固定下來，並

滲透到各個領域，影響著古代到現代中國人想問題的思路，並且由此衍生出種種知識與技術。

七、東西大不同：這理性不是那理性

　　這也是一種「理性」的結果，不過，它當然和黃仁宇所說的「數字式管理」是兩回事，也與西方思想有根本的差異。這裡不能細說，只是略舉一例，《懷海德對話錄》裡說到，中國發明了磁針，可是，孔子的態度是，「好了，這就足夠了，事實就是一切」，他不願意去追究背後的「理」，而是很快把注意力轉向社會道德和倫理領域，可是西方人卻不同，中國發明的指南針傳到歐洲，人們就會提出種種無聊的問題，比如為什麼它要指向北方？要去探究背後的「理」，而正好這種問題是實用主義者所漠視的，但在西方，它卻使種種有益的成果紛紛出現，他認為孔子和杜威一樣，「排斥無聊的想法，單純的事實便該足夠你使用了，別多浪費時間去追問藏在那些單純事實之下之最後原因」。

　　看起來似乎是這樣的。古代中國人並不是很善於推究現象之下的深層道理，也並不是非常習慣用細緻的純粹的邏輯進行分析。西方的阿奎那 (Thomas Aquinas) 在證明上帝存在的時候，用層層推進的五層邏輯即聖托馬斯五路來推論，這樣的事情，在中國是很少有的，所以，有人總說漢族為主的中國人，思維特徵一是經常「化約」，二是多用

「譬喻」或「象徵」、「暗示」，三是思路不是「邏輯」或
「推理」而常常是「體驗」和「類推」。這也許沒有錯。不
過，關鍵是要知道，古代中國人的思維，早就有這樣一個
關於「天」、「地」、「人」的基本預設，正是從這個基本的
平臺出發，依據這種今天看來相當特殊的思路，推想和假
設一切現象或事物的本質和關聯，然後按照這種假設或推
想處理和應對面前的世界，形成自己的知識、技術和思想。
這個基本的預設，是「天人」關係，而根據天人合一、天
人感應這一基本預設出發，它用來理解和判斷世間一切現
象事物的方法，就是「陰陽五行」。

　　比如，中國的中醫藥學，它就是按照陰陽五行的理論
和思路來建立它的診斷和治療的（《黃帝內經》的理論基礎
就是陰陽五行），在中醫中藥中，很多病症和藥物被「陰」
和「陽」的學說歸納為若干種性質，這些性質彷彿天地間
的寒熱四季變化，用在「人」的身上，它被表達為「寒
熱」、「濕燥」或者是較細緻的「熱、溫、涼、寒」等等詞
語中，病症被這些術語分為不同的類型，而使用的藥物又
被比喻為「君、臣、佐、使」，彷彿社會領域的政治關係，
按照互相制約與互相支持的關係，搭配使用。可是，所謂
「陰陽」、「熱寒」，很多是憑藉經驗和感覺的，所謂「去
火」或「上火」的性質，所謂「陰氣」、「陽氣」也是無法
用實驗判斷而只能由體驗和感覺總結的，古代中國人對於
藥物、食品、天氣、空間的陰陽判斷，很多西洋人很難理

解，但是，直到現在，中國人還是憑著感覺區分陰陽。像什麼蘿蔔清火，人參上火，橘子上火，廣柑不上火，豬肉性溫，羊肉性燥，冬天可以進補，夏天則要清涼等等。這都是洋人覺得莫名其妙的。難道這裡沒有一點「道理」嗎？

　　同樣，關於人的身體，五臟、五官、四肢和五行、五味、五色、五音等等的相互關係，以及分屬五行的各種現象和事物何以能夠相生相剋，如何在不同的環境和季節下得到配合，這種關係又如何可以衍伸到人的身體狀況和對身體的治療方法，更是不可以用西洋式的思路和邏輯來理解。像經絡學說，從西洋的解剖學上完全沒有辦法解釋，可是古代的中國人憑藉自己的體驗和揣摩，就是確信「氣」和「血」一樣，在身體中有它的流動運行路徑，像湖北張家山出土的漢代的《引書》、《脈書》、雙包山出土的漢代針灸木人，都說明古代人從另一思路，發現了一些真理，而現代對於經脈、對於針灸的實踐，也證明古代中國人思想有其特殊處。

　　當然，並不只是中醫中藥，我在前面已經講到了，在古代中國，很多事情都與陰陽五行有關，比如建造陵墓，需要看陰陽，建造房屋，需要看風水，這都要配合陰陽五行，比如祭祀天地祖先，祭祀的壇場或祠堂要按照陰陽五行的適當方位，明堂、圜丘、天壇、靈臺等等，也要遵照陰陽五行以及九宮八卦的原理，所有的年月日也都配上了陰陽五行，於是每天的行動也要符合陰陽五行的宜避，而

天上的星辰、地下的方位，更是被分配了陰陽五行，於是凡是在空間中的行為，也無法離開這種陰陽五行。也許大家還記得，我在關於道教的一回中，曾經在「外丹」和「內丹」兩部分裡詳細地談到了這種陰陽五行學說，在道教思想技術中的關鍵性意義。

八、漢字如魔方：
中國（漢族）文化的若干側面（再續）

最後我想舉出來漢族中國文化的特點，是漢字及其對古代思想方式的影響。

我總覺得漢族人很多思考的方式、認知的方式，都和漢字有關，在全世界，現在只有漢字還保存著最初象形文字的基本格局，而古老的埃及象形文字、蘇美的楔形文字等等，都早已在歷史中消失，碩果僅存的納西族文字使用範圍很小，可以存而不論。那麼，這種以象形為基礎，既表意又表音的文字，是否會影響古往今來的中國人呢？比如說對文字表達有一種異常的感覺、對純粹符號運算有一種不適應，對形象思維如比喻、象徵的特殊習慣，善於將抽象問題形象化的思考方式，這些和漢字是否都有關係？

古代中國的漢字很有意思，很多字是「象形」的，很直接，像日月木水火手口刀等等。但也有很多字需要更仔細的更複雜的表述，於是就別出心裁加上一些，像刀口上

加一點是「刃」而不是刀背，手放在樹上是「采」，牛關在圈裡是「牢」，可是這還算簡單，魯迅曾經舉過一個例子是「寶」，繁體的「寶」字，是一個屋頂、一串玉、一個缶、一個貝，而且缶還是杵和臼合成的，五個加在一起，這是「會意」。但是會意不夠用，因為有的形太接近，寫字又不能畫得太細緻，所以又有用義類來區分，並加上聲音來標誌不同，於是有了「形聲」，像江河松柏等等。

　　但是，基礎還是「形」，漢字很多意思是可以從字的形狀中猜測出來的，而且很多意義的字也是從有直接象形的字中孳生出來的，像「木」指樹，而「日」在「木」中，太陽從東方升起，就是「東」。「日」是太陽，如果它落在「草」中，那麼就是「莫」（暮）。「手」象徵力量，而手持木棒，就是掌握權力的「尹」、是威嚴的「父」，可如果是下面加上「口」，表示動口不動手的，就是「君」。而「人」這個字呢？它的衍生就多了，很多與人有關的字如「大」、「天」、「欠」、「兄」、「既」、「企」、「見」、「臥」等等，都可以看到它字形所表示的意義。這樣，漢字就影響了人的思考和想像，也使中國讀書人有了「猜」、「揣」，或者說「望文生義」的閱讀和思考習慣。

　　現在還不能說明白漢字對中國文化以及對漢族人思維的影響。說到漢字對中國文化的影響，很多人都特別喜歡提起書法，但這種影響絕不僅僅在書法等方面。漢族中國人有一些和異族不同的文化現象，也許真的和漢字有關。

舉一些例子，比如說：㈠「一目十行」的感覺式閱讀，以及「望文生義」的詮釋和理解方式（古人相信，一貫三為王、推十合一為士，其實就是從文字形狀中倒推原始意義的，而古人相信甲像人頭，乙像人頸，自環者謂之私，背私者謂之公，則是想像漢字，至於「色」字如蛇，精氣等字從「米」，那更是摻入了很多後人的道德觀念後，對漢字的臆測）。㈡在中國思想世界中，總認為指代的文字符號與被指代的現象世界不可分割，這是說象形的字形和指代的事物之間，不像表音文字那樣，只是一個「純粹的符號」，它的形狀和原始的涵義有關，原始的涵義又與現在的意義有聯繫，「能指」和「所指」彼此相關，也就是說，文字與它所指代的事和物之間有很深的關係。可能正是因為如此，古代中國人不習慣脫離具體事物，在抽象的純符號純邏輯中思維。古代中國人對於文字有特別的敬畏，關於倉頡造字時「天雨粟，鬼夜哭」的故事，說明了人們想像中文字的魔力，而古代中國人敬惜字紙的習慣，和道教相信畫符（文字）念咒（語音）能夠靈驗的心理，都說明了這種觀念。㈢可以提出來的，還有中國古典文學中近體詩和駢偶文、對聯的發達，這些文學特徵的形成，都依賴於它的語言基礎是漢字。㈣特別是因為這種主要依賴字形而不是依賴聲音書寫的文字，使得使用不同方言的各地漢族人，都有一種可以識別的文字，使他們不至於分裂成不同的區域和文化，維繫著漢族的認同。

九、文化分類：究竟什麼是「中國的」文化？

　　文化的問題相當複雜，上面只是舉了一些我覺得重要的例子，並不是想以偏概全，對中國文化作一個完整的論述。

　　問題是，既然很複雜，那麼，究竟什麼是中國或者說是漢民族的文化或傳統？這裡有一點要特別請大家注意，當我們用「中國」或「漢族」這個詞作定語，來修飾「文化」或「傳統」的時候，我們就要描述一個可以概括它們同一性的特徵，這是很困難的。我們知道，人類可以有種種不同的分法，但任何分法都不能深刻和準確地區分「文化」的歸屬問題。比如，你當然可以從人種分，有黑種人、白種人等等，但是，這並不能說明問題，漢族為主的中國人種可能是由蒙古和馬來兩個人種組成的，在歷史上還曾經融入了相當多不同種族的血液和基因，流行歌曲中唱的「黑頭髮，黃皮膚」，看來是說中國人，但是又如何區分出也是「黑頭髮黃皮膚」的日本人和韓國人？所以人種或基因並不是根本的區分方法。當然你也可以按照語言來分，講漢語的就是漢族人，可是並不一定，漢語的使用者中，還有很多其他族裔的人，使用漢字的更是應當包括古代日本和朝鮮，漢字文化圈這一個概念，其實比漢族文化要大，何況在講漢語的人中間，還有現在很多「少數民族」。你還

可以按照宗教來分，但是宗教更不能區分中國與外國、漢族與其他族群，因為漢族並沒有一個統一的宗教，他們中間的一部分人和其他一部分民族共享一個宗教，而另一些人又與其他族群分享一種宗教，甚至一個漢族人可以相信好幾種宗教。或者你說，我們可以從地域分，「中國」這個詞當然可以包括大部分人，也包括香港澳門和臺灣人，但是，海外的很多華人，他們也認同中國漢族，他們的文化算不算中國文化？所以地域也不能算劃分的基本依據。最後，你也許覺得還可以從階層分，上等人和下等人，有知識的人和沒有知識的人，精英和民眾，富人和窮人，我承認，大傳統與小傳統確實差異很大，但是這種階層卻同屬於我們說的「中國文化」。

所以無論「人種」、「語言」、「信仰」、「地域」和「階層」，都不能和「文化」重疊。那麼，文化是什麼？既然我們前面說了「文化是表現著一個民族的自我和特色」的東西，那麼，在什麼地方才最深刻地表現了中國或漢族的自我和特色？

一個比較籠統的說法是，「文化是指一種由歷史延續下來，被深深地植根於一個民族心中的，無論何時何地何種階層都無須思索地信奉和認同，並且在他們的日常生活的各個方面都會始終表現出來的傳統精神」，當然這太抽象了，但是目前我們沒有更好的表達和論證的方法，只能說，中國文化建構了一個文化的中國，這個文化中國有一種傳

統，它使得中國人和其他人有著不一樣的價值標準、生活習慣和精神氣質。順便說一個有趣的笑話，在很多書裡都有很多關於不同民族文化特徵的比喻和故事，這些故事和比喻不一定準確，不過不妨聽一聽。其中一個故事說，面對大象，各民族人被要求寫出一篇描述的論文，於是，德國人寫的是一厚冊《大象在生物學分類中的位置及其哲學意味》，英國人寫的是一本《論大象的紳士風度》，法國人寫得最薄，一小冊《大象的愛情》，日本人寫得最厚，三大冊《大象研究資料彙編》，而中國人呢，寫的是《象、相、像考》。這當然是玩笑，但是各個文化傳統下的人，肯定有相當不同的地方，過去曾經把這種不同稱為「民族性」或「國民性」，即英文的 nationality，而國民性或民族性，是由於傳統積累與薰染的緣故，而同時對這種氣質精神不由得有認同感和親切感，就成了一個民族形成和凝聚的原因，這種傳統是每一個人的記憶中自然擁有的東西，也是他們回應變化的環境的時候的天然資源。

十、重新思考中國文化

也許這還是一個相當難以講述和理解的東西，不過我們要盡可能地在這裡進行描述。因此，在前面的十二回裡，我講的就是這個很大的題目：「究竟什麼是中國文化的特色」，在這十二回裡面，我講到古代中國的天下觀念，它是

怎麼樣影響古代中國人對於自我和對於異族的態度的，還
從古代中國的家族和儀式講起，說到儒家和古代中國政治
學說的形成，也簡單地從老子到莊子，討論道家的思想和
影響，還討論了古代中國和外部世界交往的途徑，當然主
要是從佛教進入中國的途徑說起的，另外，還簡單地介紹
了佛教和道教的思想、方法、技術和影響，其中特別重點
地介紹了觀音信仰和禪宗思想，原因是前者在中國民間的
影響實在是大，而且它的形象和故事演變很有意思，可以
折射出不同文化的差異，後者當然是佛教真正中國化的一
個典型，它對於中國知識人的影響超過了所有的佛教宗派，
也反映了一種異文化要進入中國這種擁有自我完足文化系
統，需要什麼樣的適應和改變。最後，我還特別介紹古代
中國的兩個信仰世界，因為和其他文化圈比較起來，可能
這種宗教界限相當模糊而文化層次相當清晰的信仰情況，
在中國特別突出。只是這裡需要再次提醒各位的是，其實，
主要並不在於我「講」，而在於您「聽」，如果您是中國（漢
族）人，那麼，恰當的途徑應當是通過我的「講」，「激活」
您的記憶、體驗與經驗，反身體驗一下自己的周圍、自己
所處的社會、自己所熟悉的文化，調動心底的「儲備」，和
我所「講」的內容一道，重建「中國（漢族）社會與文化」
這個大概念。

建議閱讀文獻

第一回

《中國古代地圖集》三冊，北京：文物出版社，1990。

洪煨蓮（業），〈考利瑪竇的世界地圖〉，載《洪業論學集》，
　　北京：中華書局，1981。

陳觀勝，〈利瑪竇對中國地理學的貢獻及其影響〉，載《禹
　　貢》第五卷，第三、四合期，1936。

艾儒略，《職方外紀》，謝方校釋，北京：中華書局，1996。

李孝聰，《歐洲收藏部分中文古地圖敘錄》，北京：國際文化
　　出版公司，1996。

葛兆光，《天下、中國與四夷》，《學術集林》卷十六，上海：
　　上海遠東出版社，1999。

第二回

錢玄等，《三禮辭典》，南京：江蘇古籍出版社，1998。

袁庭棟，《古人稱謂漫談》，北京：中華書局，1997。

費成康等編，《中國的家族法規》，上海：上海社科院出版
　　社，1998。

川瀨昌久著，錢杭譯，《族譜：華南漢族的宗族、風水、移
　　居》，上海：上海書店出版社，1999。

弗里德曼 (Maurice Freedman)，《中國的宗族與社會：福建
　　和廣東》，*Chinese Lineage and Society: Fukien and
　　Kwangtang*, The Athlone Press of the University of London,

1966.

J. J. M. Groot, *The Riligious System of China* （《中國宗教系統》），Vol. I–VI, 1892–1910.

梁章鉅，《稱謂錄》，《稱謂錄、親屬記》合印本，北京：中華書局，1996。

第三回

班傑明・史華茲 (Benjamin I. Schwartz) 著，程鋼譯，《古代中國的思想世界》第三章〈孔子：論語的通見〉，南京：江蘇人民出版社，2004。

葛瑞漢 (Angus C. Graham) 著，張海晏譯，《論道者——中國古代哲學論辯》一〈天命秩序的崩潰〉，北京：中國社會科學出版社，2003。

郝大維、安樂哲 (David L. Hall and Roger Ames)，《孔子哲學思微》(*Thinking through Confucius*)，中譯本，南京：江蘇人民出版社，1996。

葛兆光，《七世紀前中國知識、思想與信仰世界——中國思想史第一卷》，上海：復旦大學出版社，1998。

黃進興，《優入聖域：權力、信仰與正當性》，臺北：允晨文化實業公司，1994；西安：陝西師範大學出版社，1998。

第四回

梁啟超，《佛學研究十八篇》二〈佛教之初輸入〉，北京：中華書局重印本，1989。

呂澂，《中國佛學源流略講》第一講〈佛學的初傳〉，北京：

中華書局，1979，1993。

湯用彤，《漢魏兩晉南北朝佛教史》第一冊第二章〈永平求
　　法傳說之考證〉，北京：中華書局重印本，1983。

任繼愈主編，《中國佛教史》第二章第三節〈兩漢之際佛教
　　的輸入〉，北京：中國社會科學出版社，1981。

季羨林，〈浮屠與佛〉，《中央研究院歷史語言研究所集刊》
　　第二十本，1947；〈再談浮屠與佛〉，《歷史研究》1990 年
　　2 期。

周一良，〈牟子理惑論時代考〉，收於周一良《魏晉南北朝史
　　論集》，北京：中華書局，1963。

俞偉超，〈東漢佛教圖像考〉，載《先秦兩漢考古學論集》，
　　北京：文物出版社，1990。

第五回

梁啟超，《佛學研究十八篇》二《佛教之初輸入》，北京：中
　　華書局重印本，1989。

任繼愈主編，《中國佛教史》第一、二、三卷，北京：中國
　　社會科學出版社，1985–1988。

鐮田茂雄，《簡明中國佛教史》，上海：譯文出版社，1986。

許理和，《佛教征服中國》，裴勇、李四龍譯，南京：江蘇人
　　民出版社，1998。

白化文，《佛光的折射》，香港：中華書局，1988。

第六回

葛兆光，《禪宗與中國文化》，上海：上海人民出版社，

1986。

葛兆光，《中國禪思想史——從六世紀到九世紀》，北京：北京大學出版社，1995。

鈴木大拙，《通向禪學之道》，葛兆光譯，上海：上海古籍出版社，1990。

印順，《中國禪宗史》，南昌：江西人民出版社，1990。

第七回

杜德橋 (Glen Dudbridge)，《妙善傳說——觀世音菩薩緣起考》，中譯本，臺北：巨流出版公司，1990。

孫昌武，《中國文學中的維摩與觀音》，北京：高等教育出版社，1996。

釋聖嚴，〈佛教救世的精神——觀世音菩薩之事跡〉，載《從東洋到西洋》，臺北：東初出版社，1987。

業露華等，《中國佛教圖像解說》，香港：中華書局，1993。

趙超，〈妙善傳說與觀世音造像的演化〉，《中國佛學》一卷一號，臺北，1998。

西大午辰走人訂著，朱鼎臣編輯，《全相南海觀世音菩薩出身修行傳》，《古本小說集成》影印明煥文堂本，上海：上海古籍出版社，1986。

第八回

陳鼓應，《老子注釋及評介》，北京：中華書局，1984。

陳鼓應，《莊子今注今譯》，北京：中華書局，1983。

葛瑞漢著，張海晏譯，《論道者：中國古代哲學論辯》，北

京：中國社會科學出版社，2003。

劉笑敢，《莊子哲學及其演變》，北京：中華書局，1987。

葛兆光，《中國經典十種》，上海：上海書店出版社，2002。

第九回

陳國符，《中國外丹黃白法考》，上海：上海古籍出版社，1997。

席文 (Nathan Sivin)，《中國煉丹術的初步研究》，*Chinese Alchemy: Preliminary Studies*, Cambridge, Mass.: Harvard University Press, 1968.

李約瑟，《中國科學技術史》第二卷《科學思想史》，中譯本，北京：科學出版社，1990。

第十回

福井康順等，《道教》三卷本，中譯本，上海：上海古籍出版社，1990–1992。

窪德忠，《道教史》，中譯本，上海：上海譯文出版社，1990。

吉岡義豐，《永生への願い》，《世界の宗教》9，京都：淡交社，1970。

任繼愈主編，《中國道教史》，上海：上海人民出版社，1994。

葛兆光，《道教與中國文化》，上海：上海人民出版社，1987。

柳存仁，《道教史探源》，北京：北京大學出版社，2000。

第十一回

王秋桂、李豐楙編，《中國民間信仰資料彙編》第一輯，三十一冊，臺北：學生書局，1989。

馬西沙、韓秉方，《中國民間宗教史》，上海：上海人民出版社，1992。

歐大年著，劉心勇譯，《中國民間宗教教派研究》，上海：上海古籍出版社，1993。

田仲一成著，錢杭、任余白譯，《中國的宗族與戲劇》，上海：上海古籍出版社，1992。

第十二回

Johann Jakob Maria de Groot, *The Religious System of China*, Vol. III，牧尾良海譯，《中國の風水思想》，東京：第一書房，1986。（參看《東方宗教》八十八號，1996，頁 55–60，宮崎順子為牧尾氏《風水思想論考》所寫的書評）

渡邊欣雄，《風水：氣の景觀地理學》，京都：人文書院，1994。

瀨川昌久著，錢杭譯，《族譜：華南漢族的宗族、風水、移居》，上海：上海書店出版社，1999。

王其亨主編，《風水理論研究》，天津：天津大學出版社，1992。

漢寶德，《風水與環境》，天津：天津古籍出版社，2003。

鄭正浩，〈臺灣における風水の傳承〉，載《牧尾良海博士頌壽紀念論集：中國の宗教・思想と科學》，東京：國書刊行會，1984。

杜正勝，〈內外與八方：中國傳統居室空間的倫理觀和宇宙觀〉，載黃應貴主編，《空間、力與社會》，臺北：中研院民族學研究所，1995。

慈悲清淨——佛教與中古社會生活

劉淑芬／著

　　你知道嗎？早在西元六世紀的中國，就已經出現了有如今日「慈濟功德會」一樣的民間團體。他們本著「夫釋教者，以清淨為基，慈悲為主」的理念，施濟於貧困中的老百姓，一如當代的「慈濟人」。本書以生動活潑的筆觸，描繪中國中古時期（三至十世紀）在佛教強烈影響之下，人民生活的各個層面。透過細膩的歷史索隱，本書將帶您走入中古社會的佛教世界，探訪這一道當時百姓心中的聖潔曙光。

奢侈的女人——明清時期江南婦女的消費文化

巫仁恕／著

　　「女人的錢最好賺。」這句話雖有貶損的意味，但也代表女人消費能力之強。明清時期的江南婦女，經濟能力大為提升，無論是流行時尚的服飾妝扮、精緻可口的美味佳餚，甚至出外遊山玩水、廟會進香，都成為當時江南婦女生活中精采的一部分。不僅限於富貴人家，中產之家也起而效尤，爭相比美。本書從消費的角度，重新觀察明清婦女的生活、地位及其對當時產業的影響，期望能予讀者明清婦女另一面貌。

救命——明清中國的醫生與病人

涂豐恩／著

　　三百年前的世界，兩位醫生，一個想著科舉及第；一個早在文人圈備受敬重。兩個看似悖反的生命故事，一同帶我們進入一個複雜而多樣的醫療情境。在這醫生缺乏權威，病人對自己的病症很有想法；醫生需要到處奔波看診；面對病人與家屬的挑戰及環境下，醫生們要如何接招？本書將帶您一探由一群醫生與病人共同交織的歷史。

畫外之意——漢代孔子見老子畫像研究

邢義田／著

　　漢代人為何鍾愛以「孔子見老子圖」來裝點墓室？又為何津津樂道於孔子向七歲小兒項橐問學的故事？在漢代人心目中，「孔子見老子」圖究竟代表什麼意義？傳統歷史研究依靠文字多過圖像，然而透過圖像資料，卻能發現更多在文字中得不到的答案。本書透過解讀漢代畫像石、畫像磚與墓室壁畫的意義，並結合文獻，試圖透析漢代人的所思、所想與所信。

立體的歷史——從圖像看古代中國與域外文化

邢義田／著

　　前人為我們留下的歷史材料浩如煙海，除了平面的文字資料外，更有豐富多樣的圖畫資料，如果同時考察文獻與圖畫，就能跳脫平面的歷史，進入「立體的歷史」。所謂立體的歷史，是三度空間整體的歷史畫面，由文字和非文字的材料、經歷史研究和寫作者的手，傳遞給讀者，三者互動而後產生，希望讀者們閱讀本書時，能夠看到一些不同於過去、富於縱深的歷史畫面。

三國人物與故事

倪世槐／著

　　《三國演義》妙筆生花，其中人物如劉備仁義，關羽義重，孔明神機，可說是家喻戶曉，人盡皆知。但這些英雄往往有更為人稱道的另一面，像是劉備的自知知人；關羽的天真高傲；孔明則是明知不可為而為之，「鞠躬盡瘁，死而後已」。本書清晰勾勒出《三國演義》中的精妙文字，剖析精心安排的章節架構，引領我們體會每個人物，感受每個故事，頁復一頁，深深地走進《演義》的世界。

游道——明清旅遊文化　　　　巫仁恕、狄雅斯／著

旅行團包套的「套裝旅遊」，你以為是現代的產物嗎？其實早在明清時期，中國已有各式各樣的旅遊活動，而且旅遊設施逐漸走向商品化，比起同時期的西方有過之而無不及。無論是美酒佳餚、游船肩輿、旅遊導覽、遊伴相隨，皆讓旅途可以更舒適、更盡興。士大夫更是明清旅遊文化興盛的一大推手，明清士大夫所撰寫的遊記，看似文學作品，實則背後反映了士大夫的身分焦慮感。

天朝向左，世界向右——近代中西交鋒的十字路口　　　　王　龍／著

康熙皇帝與彼得大帝出生時代相同，在位時間相當，同樣具有非凡的雄才大略；然而，為何彼得大帝能使落後的俄羅斯一躍成為世界強國，而康熙皇帝開創的盛世卻逐漸走向「悲風驟至」的無底深淵？本書係駐足於近代東西方社會激烈動盪、交鋒的十字路口，對比中外歷史上二十位精英人物在關鍵時刻選擇之道路，破解歷史玄機，探究大國浮沉，追尋近代中國迷失、落後的深層原因。

滿清之晨——探看皇朝興起前後

陳捷先／著

努爾哈齊是滿清的奠基者，皇太極是滿清的創造者。他們的豐功偉業在官私檔案中皆有可觀的紀錄，卻也留下不少史事啟人疑竇：究竟《三國演義》與滿族的建國大業有無關係？皇太極為何愛哭？皇太極真的會解夢、預言嗎？本書即以史料為憑據，解答上述疑問，同時引領讀者一窺努爾哈齊、皇太極的智慧與權謀。

透視康熙

陳捷先／著

　　愛新覺羅・玄燁是順治皇帝的第三個兒子，他既非皇后所生，亦非血統純正的滿族人，卻因出過天花而得以繼位，成為著名的康熙皇帝。他對內整飭吏治、減輕賦稅，年未三十便平定三藩，為大清帝國立下根基。本書暢談康熙皇帝的外貌、飲食、嗜好、治術和人格特質，不僅通俗可讀，其所揀選分析之史料也值得細細品味。

民族主義與近代中國思想

羅志田／著

　　本書著眼於民族主義與近代中國思想的互動，梳理夷夏之辨這一近代中國民族主義的本土思想資源，論證中西文化競爭造成的思想與社會權勢轉移，分析中外民族主義的異同，揭示近代中國民族主義以激烈反傳統和嚮往「超人超國」為特徵的特殊表現形式，及中國民族主義與世界主義和社會主義之間複雜曲折的關聯。

國家圖書館出版品預行編目資料

古代中國文化講義／葛兆光著.——二版二刷.——臺
北市：三民，2020
　　　面；　公分.——（歷史天空）

　ISBN 978-957-14-6489-3　（平裝）
　1. 文化史 2. 中國

630　　　　　　　　　　　　　　　　107017367

歷史 天 空

古代中國文化講義

作　　　者	葛兆光
發 行 人	劉振強
出 版 者	三民書局股份有限公司
地　　　址	臺北市復興北路 386 號 (復北門市) 臺北市重慶南路一段 61 號 (重南門市)
電　　　話	(02)25006600
網　　　址	三民網路書店 https://www.sanmin.com.tw
出版日期	初版一刷 2005 年 7 月 二版一刷 2019 年 1 月 二版二刷 2020 年 1 月
書籍編號	S630170
I S B N	978-957-14-6489-3

三民書局